# COMENTÁRIOS AO ESTATUTO DA CRIANÇA E DO ADOLESCENTE

SÉRIE ESTUDOS JURÍDICOS: DIREITO PRIVADO

intersaberes

*Mário Luiz Ramidoff*

intersaberes

Rua Clara Vendramin, 58 . Mossunguê . Cep 81200-170 . Curitiba . PR . Brasil
Fone: (41) 2106-4170 . www.intersaberes.com . editora@intersaberes.com



**Dados Internacionais de Catalogação na Publicação (CIP)**
**(Câmara Brasileira do Livro, SP, Brasil)**

Ramidoff, Mário Luiz
Comentários ao Estatuto da Criança e do Adolescente/ Mário Luiz Ramidoff. Curitiba: InterSaberes, 2022.
(Série Estudos Jurídicos: Direito Privado)

Bibliografia.
ISBN 978-65-5517-187-7

1. Estatuto da Criança e do Adolescente (ECA) I. Título. II. Série.

22-113600 CDU-347.157.1(81)(094.46)

**Índices para catálogo sistemático:**
1. Brasil: Estatuto da Criança e do Adolescente: Comentários 347.157.1(81)(094.46)
2. Estatuto da Criança e do Adolescente: Comentários: Brasil 347.157.1(81)(094.46)

Eliete Marques da Silva – Bibliotecária – CRB-8/9380

1ª edição, 2022.

Foi feito o depósito legal.

# Sumário

# Apresentação

O direito da criança e do adolescente não se iniciou no Brasil a partir da Lei n. 8.069, de 13 de julho de 1990 (Brasil, 1990b) – Estatuto da Criança e do Adolescente –, mas a partir da Constituição da República de 1988 (Brasil, 1988), que, em seu art. 227, sintetizou a denominada *doutrina da proteção integral*. Esta, por sua vez, é a consolidação dos direitos humanos especificamente destinados à criança e ao adolescente, como diretriz internacional adotada pelo Poder Constituinte no Brasil (Ramidoff, 2012).

A doutrina da proteção integral foi encaminhada ao universo jurídico por meio do alinhamento político-ideológico do

Poder Constituinte, com as diretrizes internacionais dos direitos humanos afetos à criança, então consignados na Convenção Internacional sobre os Direitos da Criança (Veronese; Petry, 2004), a qual foi aprovada por unanimidade pela Assembleia das Nações Unidas, em 20 de novembro de 1989 (Ramidoff, 2012).

A Lei n. 8.069/1990, por sua vez, constitui-se no dever/ser jurídico-legal que organiza, regulamenta e prescreve os interesses indisponíveis, difusos e coletivos, bem como os direitos individuais e as garantias fundamentais, especificamente destinados à promoção e à proteção integral da criança e do adolescente (Ramidoff, 2012). A Lei n. 8.069/1990 deve ser aplicada e interpretada conforme as orientações da doutrina da proteção integral, segundo a qual a criança e o adolescente são sujeitos de direitos (art. 2°) que se encontram na condição humana peculiar de desenvolvimento (art. 6°) da personalidade, de modo que devem ser atendidas com absoluta prioridade (Ramidoff, 2012).

O Estatuto da Criança e do Adolescente é constituído de sistemas e subsistemas protetivos que se articulam orgânica, estrutural e funcionalmente para o atendimento direto e indireto da criança e do adolescente, bem como de seus respectivos núcleos familiares e comunitários (Ramidoff, 2012). A legislação estatutária regulamenta a responsabilização administrativa, civil e criminal de dirigentes, gestores públicos, atores sociais, operadores do direito e técnicos que desenvolvem suas atividades e atribuições legais nos programas destinados à proteção integral da criança e do adolescente (Ramidoff, 2012).

Esse estatuto é uma boa lei, condição necessária para uma mudança teórico-pragmática do tratamento jurídico, político e social em prol da infância e da adolescência; enfim, para a consolidação da democracia (Batista, 2003). Por tudo isso, é possível afirmar que a Constituição da República de 1988 e a Lei n. 8.069/1990 constituem-se nas leis de regência do direito da criança e do adolescente (Ramidoff, 2008).

Nesta obra, buscamos abranger a temática de modo amplo, com comentários sobre títulos, capítulos e seções do Estatuto da Criança e do Adolescente, os quais foram embasados na doutrina da proteção integral e observaram a sequência em que os temas são tratados na estrutura legal.

Boa leitura!

# Capítulo 1

## *Disposições preliminares*

Do art. 1º ao 6º da Lei n. 8.069, de 13 de julho de 1990 (Brasil, 1990b), estão dispostas as prescrições preliminares que se vinculam às demais figuras estatutárias e legislativas que regulamentam a proteção, a promoção, a defesa, o atendimento e o exercício de direitos individuais e garantias fundamentais pertinentes à infância e à adolescência (Ramidoff, 2012).

O Estatuto da Criança e do Adolescente é o marco legal – descritivo-objetivo – do que se convencionou denominar *proteção integral*, isto é, do asseguramento prioritário dos direitos individuais e das garantias fundamentais afetos à infância e à adolescência (Ramidoff, 2012).

A regulamentação legislativa da proteção integral (art. 1º da Lei n. 8.069/1990) é a operacionalização analítica da consolidação no ordenamento jurídico brasileiro das opções políticas adotadas pelo Poder Constituinte – arts. 227 e 228 da Constituição da República de 1988 – em alinhamento com as diretrizes internacionais acerca dos direitos humanos da criança e do adolescente (Ramidoff, 2012).

O art. 2º da lei em foco estabelece critérios etários que servem de delimitadores da cidadania infantil e juvenil: descreve-se a concepção estatutária (legal) de criança, vale dizer, "pessoa até doze anos de idade incompletos", e de adolescente, ou seja, pessoa com idade entre "doze e dezoito anos" (Ramidoff, 2012).

Em verdade, o que se descreve aqui são os sujeitos de direito desse novo âmbito jurídico-legal, então destinado à proteção integral desses cidadãos. Contudo, observa-se que, ao passo que a criança e o adolescente são novos sujeitos de direito, por certo, não se pode confundir esses sujeitos com a condição humana peculiar de desenvolvimento em que se encontram. Afinal, a infância e a adolescência, que se perfazem no objeto de proteção especial, integral e absolutamente prioritário desse novo direito (Ramidoff, 2012).

A infância e a adolescência, como fases da vida da pessoa humana peculiares de desenvolvimento, constituem-se no objeto de proteção integral; e as crianças e os adolescentes são declarados novos sujeitos de direito (Ramidoff, 2012).

Os conceitos legais de criança e de adolescente são decorrentes mesmo da construção social acerca do que se entende por infância e adolescência, suas características, seus limites e suas peculiaridades distintivas segundo a concepção cultural dominante (Batista, 2011). Portanto, entende-se que a reunião de qualquer uma daquelas subjetividades jurídicas – da qualidade subjetiva de criança (pessoa com idade até 12 anos incompletos) ou da qualidade subjetiva de adolescente (pessoa com idade entre 12 e 18 anos) –, com sua correlativa condição humana peculiar de desenvolvimento (infância ou adolescência), consolida os aspectos subjetivo e objetivo da cidadania infantojuvenil (Ramidoff, 2012).

A cidadania infantojuvenil contempla a proteção integral e direta da criança e do adolescente – como o dever legal de atendimento direto pela família, por inúmeros segmentos sociais e pelas instituições do Poder Público –, e, indiretamente, de seus interesses individuais, difusos e coletivos, bem como de seus direitos e respectivas garantias fundamentais, precisamente, por se encontrarem na condição humana peculiar de desenvolvimento (Ramidoff, 2012).

O Estatuto da Criança e do Adolescente, de maneira expressa (art. 2º, § único, da Lei n. 8.069/1990), prevê que será excepcionalmente possível aplicar suas regras às pessoas que têm idade entre 18 e 21 anos. Por isso, apenas nos casos expressamente previstos na legislação estatutária será possível a aplicação das regras que regulamentam a proteção integral à criança e ao adolescente. Exemplo disso é o que se encontra disposto no parágrafo 5º do art. 121 do referido estatuto (Ramidoff, 2012).

No art. 3º do estatuto, afirma-se, de modo propositivo, a subjetividade jurídica das crianças e dos adolescentes, na condição de seres humanos que têm direitos fundamentais, e, que, por isso mesmo, são detentores de garantias e proteção integral ao desenvolvimento físico, mental, moral, espiritual e social, em condições humanas de liberdade e dignidade (Ramidoff, 2012).

Os direitos fundamentais inerentes à pessoa humana não se encontram consagrados apenas no art. 5º da Constituição de 1988, isto é, naquilo que se convencionou doutrinariamente denominar *catálogo dos direitos e das garantias fundamentais*. Diversamente, esses direitos e garantias fundamentais perpassam todo o texto constitucional e a legislação infraconstitucional, também denominada *ordinária* (Ramidoff, 2012).

Ademais, pode-se observar que, com o advento da Lei n. 13.257, de 8 de março de 2016 (Brasil, 2016a), houve a inclusão do parágrafo único ao art. 3º, passando, assim, a contemplar outras condições e situações existentes que a criança e o adolescente possam experimentar (Ramidoff, 2012).

Os direitos constitucional e infraconstitucionalmente destinados à criança e ao adolescente não podem deixar de ser aplicados em virtude de

> discriminação de nascimento, situação familiar, idade, sexo, raça, etnia ou cor, religião ou crença, deficiência, condição pessoal de desenvolvimento e aprendizagem, condição econômica, ambiente social, região e local de moradia ou outra condição que diferencie as pessoas, as famílias ou a comunidade em que vivem. (art. 3º, § único, Lei n. 13.257/2016, Brasil, 2016a)

No art. 4º do Estatuto da Criança e do Adolescente, encontram-se elencados alguns dos direitos fundamentais afetos à criança e ao adolescente, mas não de modo exaustivo. Ademais, a mencionada figura legislativa passa a descrever o que compreende a garantia da prioridade (absoluta), a qual compreende: a primazia de proteção e socorro, a precedência do atendimento público, a preferência nas políticas sociais públicas e a destinação orçamentária privilegiada (Ramidoff, 2012).

O art. 5º do mesmo estatuto prevê que crianças e adolescentes não podem mais ser considerados objetos de tutela, muito menos destinatários de ações e omissões negligentes, discriminatórias, exploratórias, violentas, cruéis ou opressivas. Ainda, determina a responsabilização administrativa, civil e penal de qualquer atentado a seus direitos fundamentais (Ramidoff, 2012).

O art. 6º consolida objetivamente os critérios hermenêuticos jurídico-estatutários que deverão ser levados em conta na aplicação das regras que regulamentam as ações e relações sociais, nas quais se encontrem, em discussão, os interesses, os direitos e as garantias afetos à criança e ao adolescente (Ramidoff, 2012).

Dessa maneira, deverão ser levados em conta: os fins sociais a que se destina o estatuto; as exigências do bem comum, como interesse de todos; os direitos e deveres individuais e coletivos; e preferencialmente a condição peculiar da criança ou do adolescente como pessoa em desenvolvimento (Ramidoff, 2012).

Essas disposições preliminares constituem, por assim dizer, uma proposta de "teoria jurídica" do direito da criança e do adolescente, haja vista que ali estão consignadas as categorias elementares, que, de modo sistemático, devem ser recorrentemente observadas para o aperfeiçoamento dos direitos individuais e das garantias fundamentais afetos à infância e à adolescência (Ramidoff, 2012).

As orientações principiológicas estão erigidas sobre as categorias elementares e fundantes do direito da criança e do adolescente (Ramidoff, 2008); quais sejam: a) dignidade da pessoa humana; b) doutrina da proteção integral; c) garantia da absoluta prioridade; d) criança e adolescente como sujeitos de direito; e) criança e adolescente encontram-se na condição humana peculiar de desenvolvimento.

# Capítulo 2

## *Direitos fundamentais*

A condição humana peculiar de desenvolvimento de crianças e adolescentes requer efetivação prioritária dos direitos individuais, de cunho fundamental (Paula, 2002). Eis aí motivo pelo qual se entende que se deve tomar a cautela de empreender, precisamente, com a formatação constitucional dos valores humanos mais próximos à vida da criança e do adolescente (Ramidoff, 2012).

Os direitos fundamentais destinados especificamente à criança e ao adolescente, na Lei n. 8.069, de 13 de julho de 1990 (Brasil, 1990b), não constituem um rol taxativo e sequer impedem interpretação extensiva, uma vez que a esses novos sujeitos de direito também se destinam os direitos individuais e as garantias fundamentais assegurados a todos os cidadãos (Ramidoff, 2012).

A criança e o adolescente poderão emancipar-se na condição de sujeitos de direito, isto é, melhorar sua qualidade de vida individual e coletiva, de acordo com o princípio da dignidade da pessoa humana, nos termos do inciso III do art. 1º da Constituição de 1988 (Ramidoff, 2012).

A emancipação subjetiva da pessoa humana é a potencialidade de acumulação de direitos não só fundamentais, mas também de todos aqueles que sejam essencialmente indispensáveis a sua realização como ser humano (Ramidoff, 2012). Logo, para que se alcance a proteção adequada (Dimoulis; Martins, 2007), será indispensável identificar e reconhecer os direitos fundamentais específicos e destinados à criança e ao adolescente (Ramidoff, 2012).

## — 2.1 —
## Vida e saúde

Desde o art. 7º até o art. 14 da Lei n. 8.069/1990, há prescrições legais que se destinam à regulamentação da proteção à vida e à saúde, por meio da efetivação de políticas sociais públicas, para que se assegurem o nascimento e o desenvolvimento da criança e do adolescente, em condições dignas de existência (Ramidoff, 2012).

Entre os direitos individuais fundamentais estabelecidos estatutariamente, por certo, o direito à vida e o direito à saúde são inerentes à condição humana da pessoa que se encontra em uma das peculiares fases de sua existência, isto é, na infância ou na adolescência (Ramidoff, 2012).

Diante de tal reconhecimento, o Estatuto da Criança e do Adolescente estabeleceu um conjunto de garantias fundamentais e medidas protetivas que visam assegurar desde a concepção, passando então pelo nascimento, até que a pessoa alcance a maioridade, os direitos fundamentais à personalidade humana (Elias, 2005), constitucional e infraconstitucionalmente reconhecidos a esses novos cidadãos (Ramidoff, 2012).

Em que pese a posição tópica do direito à saúde conjuntamente com o da vida, observa-se que também tem sido destacado nas pautas públicas governamentais e não governamentais a importantíssima temática da saúde mental infantojuvenil (Ramidoff, 2012).

O Protocolo de San Salvador, que entrou em vigor em novembro de 1999 (Rosa, 2011), intenta preservar o bem-estar geral, assegurando o direito à saúde – entendida como o gozo do mais alto nível de bem-estar físico, mental e social – e o reconhecimento como bem público. Eis a razão para este ser considerado direito individual de cunho fundamental exercitável, pois, na maior extensão possível (Ramidoff, 2012).

As políticas públicas também estão previstas estatutariamente em prol do núcleo familiar em que vive a criança e o adolescente, oferecendo-se apoio institucional à família, para que sejam implementadas as medidas de cuidado desde a gestação – maternidade e paternidade responsáveis – até que a criança alcance a maioridade (Siqueira, 1991), destacadamente as políticas sociais públicas específicas (Ramidoff, 2012).

De acordo com a Lei n. 13.257, de 8 de março de 2016 (Brasil, 2016a), então denominada *Lei da Primeira Infância*, o art. 8° do Estatuto da Criança e do Adolescente passou a contemplar, em sua redação, o acesso de todas as mulheres aos programas e às políticas de saúde da mulher e de planejamento reprodutivo.

De igual maneira, entende-se que às gestantes também deve ser assegurada a nutrição adequada, para além do atendimento humanizado à gravidez, ao parto e ao puerpério, inclusive, assegurando-se o atendimento pré-natal, perinatal e pós-natal integral pelo Sistema Único de Saúde (SUS).

A Lei n. 12.010, de 3 de agosto de 2009 (Brasil, 2009a), por sua vez, modificou o teor do parágrafo 4° do art. 8° da Lei n. 8.069/1990, para, assim, determinar ao Poder Público que proporcione "assistência psicológica à gestante e à mãe, no período pré e pós-natal, inclusive como forma de prevenir ou minorar as consequências do estado puerperal".

Já a Lei n. 13.798, de 3 de janeiro de 2019 (Brasil, 2019a), acrescentou o art. 8°-A ao Estatuto da Criança e do Adolescente para, assim, instituir a Semana Nacional de Prevenção da Gravidez na Adolescência, que deverá ser "realizada anualmente na semana que incluir o dia 1° de fevereiro", a cargo do Poder Público em conjunto com organizações da sociedade civil.

O objetivo da Semana Nacional de Prevenção da Gravidez na Adolescência é veicular informações dirigidas prioritariamente ao público adolescente sobre as medidas preventivas e educativas que tenham o potencial de contribuir efetivamente para a redução da incidência da gravidez na adolescência.

O art. 9° da Lei n. 8.069/1990 regulamenta o dever legal dos poderes públicos, das instituições e dos empregadores de propiciar condições adequadas para o aleitamento materno.

A Lei n. 13.436, de 12 de abril de 2017 (Brasil, 2017b), alterou o Estatuto da Criança e do Adolescente, com o intuito de garantir o direito a acompanhamento e orientação à mãe com relação à amamentação, passando, assim, a acrescentar o inciso VI ao art. 10. Em decorrência disso, o Estatuto passou a regulamentar a obrigatoriedade do acompanhamento, por hospitais e demais estabelecimentos de atenção à saúde de gestantes (públicos e particulares), da prática do processo de amamentação. Impôs, ainda, a prestação de orientações sobre a técnica adequada enquanto a mãe permanecer na unidade hospitalar (Ramidoff, 2017).

O art. 10 da Lei n. 8.069/1990 determina que os hospitais e demais estabelecimentos de atenção à saúde de gestantes, públicos e particulares, devem prestar informações acerca do processo e da técnica adequada de amamentação, além da obrigação de: manter por 18 anos os registros das atividades desenvolvidas; identificar o recém-nascido (registro de impressão plantar e digital); diagnosticar anormalidades no metabolismo do recém-nascido; fornecer declaração de nascimento e intercorrências do parto; manter alojamento conjunto do neonato e de sua mãe.

A Lei n. 14.154, de 26 de maio de 2021 (Brasil, 2021), que acrescentou os parágrafos 1º, 2º, 3º e 4º ao art. 10 da Lei n. 8.069/1990, determina o aperfeiçoamento do Programa Nacional de Triagem Neonatal (PNTN), mediante "testes para o rastreamento de doenças no recém-nascido" (§ 1º), "considerados os benefícios do rastreamento, do diagnóstico e do tratamento precoce" (§ 2º). Em razão disso, tornou-se obrigatória a prestação de informações sobre a importância do teste do pezinho, pelos profissionais de saúde, à gestante e a seus acompanhantes, durante os atendimentos de pré-natal e de puerpério imediato.

A Lei n. 13.257/2016 regulamentou as políticas públicas para a primeira infância, mediante alterações no Estatuto da Criança e do Adolescente, assegurando, assim, o acesso integral à saúde por intermédio do SUS, em atenção ao princípio da equidade no acesso a ações e serviços para promoção, proteção e recuperação da saúde (art. 11).

A criança e o adolescente portadores de deficiência, em razão disso, deverão receber atendimento especializado, sem discriminação ou segregação, em suas necessidades vitais básicas de saúde e específicas de habilitação e reabilitação; inclusive, mediante o fornecimento gratuito de, "àqueles que necessitarem, medicamentos, órteses, próteses e outras tecnologias assistivas relativas ao tratamento, habilitação ou reabilitação para crianças e adolescentes, de acordo com as linhas de cuidado voltadas às suas necessidades específicas" (art. 11, § 2º).

De acordo com a Lei da Primeira Infância (Lei n. 13.257/2016), que alterou o Estatuto da Criança e do Adolescente, nos casos de internação hospitalar de criança ou adolescente, os estabelecimentos de atendimento à saúde (unidades neonatais, terapia intensiva e cuidados intermediários) têm o dever legal de assegurar a permanência em tempo integral de um dos pais ou responsável (art. 12).

O art. 13 da Lei n. 8.069/1990 (Estatuto da Criança e do Adolescente) foi alterado pela Lei n. 13.010, de 26 de junho de

2014 (Brasil, 2014c), passando, assim, a vigorar com o acréscimo da descrição normativa das situações específicas de violência – "castigo físico, de tratamento cruel ou degradante" (art. 13) – contra a criança e o adolescente, para além do que já previa como "maus tratos".

As concepções normativas "de castigo físico" e "de tratamento cruel ou degradante", para os efeitos da Lei n. 8.069/1990, encontram-se expressa e respectivamente descritas nos incisos I e II do art. 18-A, também acrescido ao Estatuto da Criança e do Adolescente pela Lei n. 13.010/2014. Logo, estatutariamente, considera-se "castigo físico" a "ação de natureza disciplinar ou punitiva aplicada com o uso da força física sobre a criança ou o adolescente que resulte em [...] sofrimento físico; ou [...] lesão". Ainda, considera-se, estatutariamente, como "tratamento cruel ou degradante" a "conduta ou forma cruel de tratamento em relação à criança ou ao adolescente que [...] humilhe; ou [...] ameace gravemente; ou [...] ridicularize".

Portanto, os casos de suspeita ou confirmação de qualquer uma dessas novas modalidades de violência contra a criança ou o adolescente, além, é certo, dos "maus-tratos", obrigatoriamente, deverão ser comunicados ao Conselho Tutelar, sob pena não só de responsabilização estatutária – conforme prevê o art. 18-B acrescentado pela Lei n. 13.010/2014 ao Estatuto da Criança e do Adolescente –, mas também de sanções administrativa, civil e criminal.

Nos municípios em que existir mais de um Conselho Tutelar, a comunicação deverá ser encaminhada para a regional que atender o território (localidade) em que se deu a ofensa ou naquele em que residir a criança ou o adolescente que for vítima.

A pessoa que realizar a comunicação dos casos de suspeita ou de confirmação de castigo físico, tratamento cruel ou degradante, ou de maus-tratos à criança ou ao adolescente, também poderá adotar outras providências legais que se destinem a responsabilização estatutária, administrativa, civil e criminal do agente, bem como as que se destinem à proteção integral da criança ou do adolescente que for vítima.

A Lei da Primeira Infância (Lei n. 13.257/2016) revogou o parágrafo único do art. 13 da Lei n. 8.069/1990 (Estatuto da Criança e do Adolescente), que, então, tinha sido acrescido pela Lei n. 12.010/2009, para, assim, acrescentar os parágrafos 1º e 2º, os quais, respectivamente, passaram a regulamentar a obrigatoriedade do encaminhamento das gestantes ou mães que manifestarem interesse em entregar seus filhos para adoção, ao Juízo de Direito da Vara da Infância e da Adolescência competente; e o atendimento prioritário de crianças que se encontrem na primeira infância com suspeita ou confirmação de violência, inclusive, mediante formulação de projeto terapêutico que inclua intervenção em rede e até mesmo acompanhamento domiciliar.

No mais, anota-se que, acerca da já citada obrigatoriedade do encaminhamento das gestantes e mães à Justiça da Infância e da Adolescência, pode acontecer de ser distinta a competência jurisdicional para a destituição do poder familiar da família que pretende concessão de eventual e futura adoção. Contudo, é importante esclarecer que a adoção, como uma das modalidades de colocação da criança e do adolescente em outro núcleo familiar, não é a única ou mesmo a melhor medida legal a ser judicialmente determinada para a efetivação do exercício do direito fundamental à convivência familiar e comunitária (Ramidoff, 2012).

De igual maneira, ficam asseguradas a assistência médica e a odontológica para a prevenção das enfermidades que afetam a população infantil, e devem ser realizadas campanhas que se destinem à educação sanitária para pais, responsáveis, educadores e alunos, por meio do SUS.

A Lei de Primeira Infância também determinou a renumeração do parágrafo único do art. 14 da Lei n. 8.069/1990, para, assim, determinar que permanece obrigatória a vacinação das crianças nos casos recomendados pelas autoridades sanitárias (§ 1º). O SUS tem o dever legal de promover a atenção à saúde bucal das crianças e das gestantes, de forma integrada (transversal, integral e intersetorial) "com as demais linhas de cuidado direcionadas à mulher e à criança" (art. 14, § 2º).

Ademais, observa-se que a Lei n. 13.438, de 26 de abril de 2017 (Brasil, 2017c) alterou o Estatuto da Criança e do Adolescente e, ao acrescentar o parágrafo 5º ao art. 14, tornou obrigatória a adoção pelo SUS de protocolo que estabeleça padrões para a avaliação de riscos para o desenvolvimento psíquico das crianças.

A partir de então, é "obrigatória a aplicação a todas as crianças, nos seus primeiros dezoito meses de vida, de protocolo ou outro instrumento construído com a finalidade de facilitar a detecção, em consulta pediátrica de acompanhamento da criança, de risco para o seu desenvolvimento psíquico".

— 2.2 —

## Liberdade, respeito e dignidade

Do art. 15 ao art. 18, a Lei n. 8.069/1990 (Estatuto da Criança e do Adolescente) renova a concepção de que crianças e adolescentes são sujeitos de direitos, passando, então, a identificar a liberdade, o respeito e a dignidade humana não só com os processos de desenvolvimento desses sujeitos, mas também com os direitos civis, humanitários e sociais assegurados na Constituição de 1988 e no estatuto (Ramidoff, 2012).

Os aspectos que caracterizam cada um desses direitos individuais, de cunho fundamental, passam a ser descritos com a clara intenção exemplificativa, sobretudo por descrição afirmativa das conquistas civilizatórias e humanitárias decorrentes da redemocratização das relações sociais (Ramidoff, 2012).

A orientação protetivo-humanitária de tais direitos individuais fundamentais, por isso, deve ser muito mais do que um conjunto sistemático de medidas judiciais – ou de atos e atividades estatais – que apenas operam posteriormente aos acontecimentos sociais. Na verdade, a proteção integral, na condição de vetor orientativo, deve constituir uma fundamental razão para ensejar movimentos sociais que produzam políticas públicas em prol da infância e da adolescência (Ramidoff, 2012).

A violência e os direitos individuais fundamentais, no fundo, são assuntos que importam, individualmente e coletivamente, ao interesse público. Dessa maneira, toda ameaça ou violência que se pratique contra os direitos fundamentais da personalidade humana, próprios dessas novas cidadanias, também ofende a dignidade infantojuvenil (Ramidoff, 2012).

O art. 17 da Lei n. 8.069/1990 contempla temática importante sobre a saúde mental infantojuvenil, uma vez que a redemocratização das relações sociais também perpassa, assim, pelas relações públicas destinadas à proteção, à promoção e ao desenvolvimento dos direitos fundamentais da personalidade humana afetos às pessoas com sofrimento mental grave (Ramidoff, 2012).

Isso significa reafirmar as diretrizes antimanicomial e anti-hospitalicêntrica tão pouco desenvolvidas em um recentíssimo tempo passado. As novas experiências, os estudos e as pesquisas desenvolvidos em Centros de Atenção Psicossocial (CAPs), Centros de Atenção Psicossocial Infantojuvenil (CAPsI), e Centros de Atenção Psicossocial para Usuários Abusivos de Álcool e Drogas (CAPsAD) têm proporcionado uma mutação a partir da própria racionalidade estatal acerca da saúde mental (Ramidoff, 2012).

Afigura-se como fundamental a criação e a manutenção de CAPsI em todos os municípios do Brasil, atendendo, assim, não só a diretiva organizacional prevista no parágrafo 2º do art. 227 da Constituição de 1988. Isto é, a construção dos logradouros e dos edifícios de uso público, a fim de garantir acesso adequado para pessoas portadoras de deficiência - sensorial e mental -, por vezes, com significativas limitações físicas, aos serviços públicos de atendimento à saúde integral (Ramidoff, 2012).

O respeito significa o compromisso que se assume em prol da humanidade do outro, isto é, a responsabilidade pelo outro, pois a humanização das relações intersubjetivas deve ser estabelecida pela perspectiva respeitosa e responsável pelo outro que também (re)significa o eu (Ramidoff, 2012).

O respeito e a responsabilidade pelo outro é uma nova proposta ética que assegura democraticamente a espacialidade necessária para a alteridade, isto é, o reconhecimento e a aceitação do outro em sua semelhança na diferença (Kehl, 2002). Enfim, é permitir que o adolescente construa sua identidade em termos individuais e coletivos (sociais), situando-se organicamente no mundo (Costa, 2001a), de forma consequente e responsável (Ramidoff, 2012).

O disposto no art. 18 acerca da dignidade humana da criança e do adolescente deve ser reportado não só ao que restou consignado no art. 5º da Lei n. 8.069/1990, mas também no inciso III do art. 1º, e no *caput* do art. 227, ambos da Constituição de 1988 (Ramidoff, 2012).

Sobre o art. 18-A, então, acrescentado ao Estatuto da Criança e do Adolescente pela Lei n. 13.010/2014, é importante observar que os atos de ameaça e de violência já se encontravam contemplados no Estatuto da Criança e do Adolescente, seja como proibição, seja como prevenção, respectivamente, em seus arts. 5º e 70.

O art. 125 da Lei n. 8.069/1990, entretanto, estabelece como dever legal do Estado zelar pela integridade física e mental dos adolescentes privados de liberdade, inclusive, mediante a adoção de medidas adequadas de contenção e disciplina.

Portanto, nas hipóteses de apreensão em flagrante, de internação provisória, bem como de acompanhamento do cumprimento de medidas socioeducativas privativas de liberdade (internação e semiliberdade) judicialmente determinadas a adolescentes. Segundo regulamenta a Lei n. 12.594, de 18 de janeiro de 2012 (Brasil, 2012a) – Lei do Sistema Nacional de Atendimento Socioeducativo (Sinase) –, os poderes públicos estaduais e distrital poderão adotar medidas adequadas para contenção e disciplina.

A Lei n. 13.010/2014, contudo, não modificou o Código Civil, Lei n. 10.406, de 10 de janeiro de 2002 (Brasil, 2002), que continua a admitir, em tese, o uso de "castigo" a título de educação e ou disciplina, uma vez que apenas sujeitará o pai ou a mãe ao processo judicial de perda do poder familiar nos casos em que "castigar imoderadamente o filho" (art. 1.638, I, Código Civil).

O "castigo físico", agora, segundo a Lei n. 13.010/2014, art. 18-A, parágrafo único, é conceituado como "ação de natureza disciplinar ou punitiva aplicada com o uso da força física sobre a criança ou o adolescente que resulte em: a) sofrimento físico", vale dizer, não importando que seja moderada ou imoderadamente aplicado.

As modificações promovidas pela Lei n. 13.010/2014 apenas objetivaram legislativamente - sobretudo para quem não é da área infantoadolescente - as interpretações integradas com os demais dispositivos estatutários.

Alguma novidade pode ser o rol de medidas preventivas a serem adotadas, fomentadas e desenvolvidas por meio de políticas sociais públicas especificas de prevenção a ameaças e violências contra a criança e o adolescente, então expressas no art. 70-A acrescentado à Lei n. 8.069/1990. Ainda assim, isso não é algo que uma interpretação sistematizada do Estatuto da Criança e do Adolescente não pudesse evidenciar a todo aquele que fosse desenvolver suas atribuições legais perante o Sistema de Justiça Infantoadolescente ou como política de atendimento.

O parágrafo único do art. 18-A, acrescentado ao Estatuto da Criança e do Adolescente pela Lei n. 13.010/2014, conceitua na norma cada uma das modalidades legalmente descritas de ameaças e de violências à criança e ao adolescente sob o pretexto de assistir, criar, cuidar, disciplinar e/ou educar.

O agente agressor, portanto, pode, numa mesma conduta, praticar cumulativamente mais de uma daquelas modalidades ofensivas que estão descritas e conceituadas na letra da lei, o que certamente importará tanto para a responsabilização estatutária, quanto para as demais sanções cabíveis - administrativa, civil e criminal.

O escopo jurídico do art. 18-B da Lei n. 8.069/1990, por sua vez, é assegurar o direito da criança e do adolescente à educação e aos cuidados sem o uso de castigos físicos ou de tratamento cruel ou degradante.

A Lei n. 14.344, de 24 de maio de 2022, então denominada Lei Henry Borel, alterou inúmeras figuras legislativas da Lei n. 8.069/1990 (Estatuto da Criança e do Adolescente).

Ao art. 18-B da Lei n. 8.069/1990 foi acrescentado do inc. VI, para, assim, assegurar à criança e ao adolescente que forem vítimas de castigo físico ou tratamento cruel ou degradante a garantia de tratamento de saúde especializado.

Por mais esta vez, observa-se que o Estatuto da Criança e do Adolescente já contemplava tais medidas legais. É o que se verifica em seu art. 129 combinado com o art. 136, que regulamenta as atribuições do Conselho Tutelar, referente aos comportamentos praticados pelos pais ou responsáveis. Por responsáveis, assim, era razoável compreender toda pessoa que regularmente se encontrava temporariamente ou permanentemente obrigada a criar, educar e assistir a criança ou o adolescente.

A concepção de responsável, assim, vinculava-se a uma construção hermenêutico-protetiva – conforme a doutrina da proteção integral – o que permitiria a verificação de tal obrigação legal a partir da consideração das condições e situações fáticas de cada um dos casos legais (concretos) levados ao conhecimento do Conselho Tutelar e ou do Sistema de Justiça.

No entanto, agora, o legislador entendeu por bem especificar legalmente cada uma das hipóteses em que o agente tenha o dever legal de cuidar e disciplinar criança ou adolescente. Contudo, observa-se que a concepção genérica de "responsável" permaneceu, e encontra-se elencada no rol de tais hipóteses, continuando, assim, a contemplar as demais, como qualquer outra forma de criar, educar e/ou assistir.

Agora, expressamente passam a ser considerados responsáveis – por exemplo, criminalmente, como garantes (alínea "a" do parágrafo 2º do art. 13 do Código Penal, Decreto-Lei n. 2.848, de 7 de dezembro de 1940 – Brasil, 1940) – todos os agentes contemplados no rol descrito pela Lei n. 13.010/2014: os "pais, os integrantes da família ampliada, os responsáveis, os agentes públicos executores de medidas socioeducativas ou qualquer pessoa encarregada de cuidar de crianças e de adolescentes".

— 2.3 —

## Convivência familiar e comunitária

O direito à convivência familiar e comunitária regulamentado pelo Estatuto da Criança e do Adolescente sofreu significativas modificações pela Lei n. 12.010/2009, indevidamente denominada *Lei Nacional da Adoção*, haja vista que a adoção não é a única maneira – nem mesmo a melhor! – para assegurar o efetivo exercício desse direito fundamental da criança ou do adolescente. A referida lei foi concebida sob o intuito de reduzir o tempo de institucionalização, isto é, de permanência de crianças e adolescentes nas entidades de atendimento, bem como desburocratizar os procedimentos de adoção, na condição de estratégias de efetivação do direito à convivência familiar e comunitária. Contudo, entende-se que a preocupação prioritária deverá ser com a criança e com o adolescente, os quais deverão ser criados, educados e assistidos, sempre que possível, por seus núcleos familiares de origem (Ramidoff, 2012).

Até porque nem todas as crianças e adolescentes que se encontram acolhidos – anteriormente utilizava-se a expressão *abrigados* – nas entidades de atendimento deverão ser encaminhadas para adoção. A adoção não deve ser a medida, por excelência, a ser determinada judicialmente, sob pena de se legitimar a inação familiar, comunitária, social e estatal, uma vez que a responsabilidade é concorrente entre tais atores sociais, nos termos do art. 227 da Constituição da República de 1988 (Ramidoff, 2012).

E, nesse sentido, a versão original da Lei n. 8.069/1990 já era suficientemente clara ao dispor que as famílias de origem deveriam receber obrigatoriamente apoio institucional dos poderes públicos (art. 23, § 1º). Não se olvide que a violência estrutural, isto é, a reiterada violação das liberdades substanciais de crianças e adolescentes e de seus respectivos núcleos familiares, somada à falta de execução dos programas oficiais de auxílio e apoio institucional à família, é um dos fatores que promovem o abandono e, consequentemente, o acolhimento prolongado (Ramidoff, 2012).

O vínculo socioafetivo não necessariamente se estabelece pela via parental, pois não são raros os casos em que os pais, responsáveis, ascendentes e descendentes simplesmente abandonam a relação familiar, rompendo, assim, com toda sorte de convivência e experiência pessoal que se desenvolvem, por excelência, nos núcleos familiares (Ramidoff, 2012).

O vínculo parental não expressa necessariamente, portanto, o estabelecimento regular, saudável, social e afetivo entre os membros de uma família ou comunidade familiar. A atenção e o cuidado especiais, por isso mesmo, devem ser prioritariamente iniciados no núcleo familiar de origem, o qual deverá receber apoio institucional, uma vez que, na verdade, constitui lugar de excelência para o crescimento saudável dessas pessoas que se encontram na condição humana peculiar de desenvolvimento (Ramidoff, 2012).

## — 2.3.1 —
## Disposições gerais

Ao longo dos arts. 19 a 52-D, consta prescrito e regulamentado o exercício do direito à convivência familiar e comunitária que se estabelecerá por meio da guarda, da tutela e da adoção.

A convivência familiar e comunitária é assegurada legalmente, inclusive, sendo prevenida a coexistência familiar em ambiente livre da presença de pessoas dependentes de substâncias entorpecentes. A discussão que se trava, hoje, fixa-se precisamente no afastamento ou não, do ambiente familiar, dos dependentes de substâncias entorpecentes. Isso porque, na verdade, a convivência familiar, em muitos casos, é um referencial importante para a redução de danos aos usuários e dependentes químicos. O afastamento, assim, apenas deverá ser recomendado nas hipóteses em que efetivamente houver ameaça ou violência aos direitos individuais fundamentais da criança ou do adolescente (Ramidoff, 2012).

O asseguramento do exercício do direito fundamental à convivência familiar, no entanto, conta com a utilização de outras metodologias para a remodelação da família nuclear, com o objetivo de que se proporcione à criança e ao adolescente uma situação de normalidade sociofamiliar (Silva, 2004). O apoio institucional à família, assim, constitui condição mínima a ser estabelecida por políticas públicas sérias e permanentes ao pleno exercício do direito fundamental à convivência familiar e comunitária. Afinal, toda criança ou todo adolescente tem direito a ser criado e educado no seio de seu núcleo familiar de origem (Ramidoff, 2012).

Em que pese, em regra, ser direito da criança e do adolescente serem criados e educados no seio de sua família de origem, lhes são também asseguradas a criação e a educação, excepcionalmente, em família substituta, garantindo-se, assim, o exercício pleno da convivência familiar e comunitária, em ambiente que promova o seu desenvolvimento integral (*caput* do art. 19 da Lei n. 8.069/1990, então alterado pela Lei n. 13.257/2016). Até porque, não raras vezes, a criança e o adolescente encontram-se muito mais vulneráveis às violências desenvolvidas em seus respectivos núcleos familiares, pois permanecem à mercê de seus integrantes, principalmente quanto maior seja a vulnerabilidade em que o núcleo familiar se encontre ante a violência estrutural (Ramidoff, 2012).

A Lei n. 13.509, de 22 de novembro de 2017 (Brasil, 2017f) alterou a Lei n. 8.069/1990, a Consolidação das Leis do Trabalho (CLT) - Lei n. 5.452, de 1º de maio de 1943 (Brasil, 1943), e a Lei n. 10.406/2002 (Código Civil); e, assim, respectivamente, regulamentou a entrega voluntária, a destituição do poder familiar, o acolhimento, o apadrinhamento, a guarda e a adoção de crianças e adolescentes, bem como estendeu as garantias trabalhistas aos adotantes, além de acrescentar possibilidade de destituição do poder familiar, na legislação civil.

Dessa maneira, entende a Lei n. 12.010/2009, que, ao seu tempo, modificou a Lei n. 8.069/1990, e agora, com o advento da Lei n. 13.509/2017, encontra-se derrogada em relação às citadas temáticas, que os programas de acolhimento familiar ou institucional de criança e adolescente deverão ter sua situação reavaliada, no máximo, a cada três meses.

A autoridade judiciária competente, ao receber relatório, o qual deverá ser elaborado pela equipe interprofissional ou multidisciplinar, decidirá pela possibilidade de reintegração familiar ou pela colocação em família substituta da criança ou do adolescente acolhido, em quaisquer das modalidades previstas no art. 28 do estatuto, isto é, por meio da guarda, tutela ou adoção.

O inciso IX do art. 93 da Constituição de 1988 estabelece que a decisão judicial que determinar a reintegração familiar ou a colocação em família substituta da criança ou do adolescente acolhido deverá ser necessariamente fundamentada.

Contudo, a permanência de criança e adolescente em programa de acolhimento institucional não poderá ser superior a 18 (dezoito) meses, salvo excepcionalmente a situação de comprovada necessidade que atenda a seu superior interesse, devidamente fundamentada pela autoridade judiciária.

O acolhimento familiar ou institucional deverá ser reavaliado periodicamente. Essa medida se destina a estabelecer parâmetros para sua manutenção ou para reintegração familiar; tais providências deverão ser antecedidas do indispensável relatório da equipe interprofissional (multidisciplinar). A inserção de crianças e adolescentes em programa de acolhimento institucional deve ser reavaliada com base em relatório de equipe interprofissional (multidisciplinar); deverão ser reintegradas em suas respectivas famílias de origem ou ser determinada judicialmente a colocação em famílias substitutas, por meio de guarda, tutela ou adoção (Ramidoff, 2012).

Contudo, o lapso temporal de acolhimento institucional está limitado, em regra, uma vez que existe a possibilidade de sua ampliação nas hipóteses comprovadas de necessidade de atendimento, preservação e defesa dos superiores interesses da criança ou do adolescente (Ramidoff, 2012).

A limitação de tempo da permanência em programa de acolhimento institucional, contudo, pode ser excepcionada segundo o interesse da criança ou do adolescente. A prorrogação da permanência, assim, dependerá da necessidade devidamente comprovada que demandará decisão judicial fundamentada, nos termos não só do parágrafo 2º do art. 19 do Estatuto da Criança e do Adolescente, mas também em conformidade com o disposto no inciso IX do art. 93 da Constituição de 1988 (Ramidoff, 2012).

A manutenção e a reintegração familiar são medidas preferenciais a qualquer outra providência legal a ser judicialmente determinada (§ 3º do art. 19, modificado pela Lei n. 13.257/2016); contudo, em quaisquer daquelas hipóteses, será necessária a inclusão do núcleo familiar em serviços e programas de proteção, apoio e promoção (Ramidoff, 2012), nos termos do parágrafo 1º do art. 23, incisos I e IV do *caput* do art. 101, e incisos I a IV do *caput* do art. 129, todos da Lei n. 8.069/1990.

A Lei n. 12.962, de 8 de abril de 2014 (Brasil, 2014b) incluiu o parágrafo 4º ao art. 19 da Lei n. 8.069/1990, de acordo com o qual deverá ser garantida a convivência da criança e do adolescente com a mãe ou o pai, ainda que "privados de liberdade, por meio de visitas periódicas promovidas pelo responsável ou, nas hipóteses de acolhimento institucional, pela entidade responsável, independentemente de autorização judicial".

De outro lado, é certo que se impõe a garantia da convivência integral da criança com a mãe adolescente que se encontrar em acolhimento institucional, nos termos do parágrafo 5º do art. 19 da Lei n. 8.069/1990; sendo certo que essa mãe adolescente que se encontra institucionalmente acolhida deverá ser assistida por equipe especializada multidisciplinar (art. 19, § 6º).

A Lei n. 13.509/2017 acrescentou o art. 19-A à Lei n. 8.069/1990 para, assim, determinar que a "gestante ou mãe que manifeste interesse em entregar seu filho para adoção, antes ou logo após o nascimento", deverá necessariamente ser encaminhada à Justiça da Infância e da Juventude. Será, então, ouvida pela equipe interprofissional, que encaminhará relatório circunstanciado ao órgão julgador competente, inclusive, reportando "eventuais efeitos do estado gestacional e puerperal".

O órgão julgador competente deverá adotar as providências administrativas e legais para o asseguramento da saúde física, psíquica e social da gestante ou mãe e, com a expressa concordância da mãe ou gestante, poderá encaminhá-la para a "rede pública de saúde e assistência social para atendimento especializado" (art. 19-A, § 2º).

Não fosse isso, observa-se que até mesmo é possível a decretação judicial da extinção do poder familiar e a colocação da criança sob a guarda provisória de quem estiver habilitado para sua adoção; contudo, é preciso respeitar os requisitos processuais e pressupostos legais para tal desiderato – parágrafos 3º a 10 do art. 19-A da Lei n. 8.069/1990.

A Lei n. 13.509/2017, ao acrescentar o art. 19-B à Lei n. 8.069/1990, regulamentou o programa de apadrinhamento para crianças e adolescentes que se encontrem em programa de acolhimento institucional ou familiar. Normativamente, conceitua *apadrinhamento* como medida legal que se destina a "estabelecer e proporcionar à criança e ao adolescente vínculos externos à instituição para fins de convivência familiar e comunitária e colaboração com o seu desenvolvimento nos aspectos social, moral, físico, cognitivo, educacional e financeiro" (art. 19-B, § 1º).

No mais, a nova figura legislativa estatutária dispõe os requisitos legais para ser padrinho ou madrinha, bem como o perfil da criança e do adolescente para fins de apadrinhamento, além, é certo, do propósito legal que se busca alcançar em prol da emancipação subjetiva desses novos sujeitos de direito – parágrafos 2º a 6º do art. 19-B da Lei n. 8.069/1990.

Em linha com o disposto no parágrafo 6º do art. 227 da Constituição de 1988, o Estatuto da Criança e do Adolescente reafirma a vedação de designações discriminatórias relativas à filiação (art. 20). O poder familiar deverá ser exercido, em igualdade de condições, pelos genitores (art. 21), alinhando-se, assim, ao parágrafo 5º do art. 226 da Constituição, o qual estabelece que os direitos e deveres relativos à sociedade conjugal deverão ser exercidos igualmente pelo homem e pela mulher (Ramidoff, 2012).

O sustento, a guarda e a educação dos filhos infantes e adolescentes são atribuições estabelecidas aos pais ou responsável legal, pois constituem deveres legais; e, não, diversamente, deveres jurídicos decorrentes de solidariedade social. Senão, que, de igual maneira, encontram-se em linha com o que a primeira parte do art. 229 da Constituição dispõe, isto é, que os pais têm o dever de assistir, criar e educar seus filhos menores (Ramidoff, 2012).

A redemocratização das relações sociais, certamente, encontra no art. 23 do Estatuto da Criança e do Adolescente uma de suas mais significativas expressões afirmativas, pois se contrapõe à injusta distribuição de renda que caracteriza a economia, se não propriamente a sociedade e o Estado brasileiro. A cidadania infantojuvenil, assim, restará assegurada com a manutenção ou a reintegração familiar de crianças e adolescentes, cujas situações econômico-financeiras de seus respectivos núcleos familiares sejam instáveis ou mesmo empobrecidas. Logo, a situação econômico-financeira familiar não pode servir de critério balizador para perda, suspensão e mesmo manutenção do poder familiar (Ramidoff, 2012).

A Lei n. 13.257/2016 alterou o conteúdo normativo do parágrafo 1º do art. 23 da Lei n. 8.069/1990, e, assim, atualmente, entende-se que, se não houver outro motivo que por si só autorize a decretação da perda ou suspensão do poder familiar, a criança, ou o adolescente, deverá ser mantida em sua família de origem; contudo, a falta ou carência de recursos materiais para o sustento do núcleo familiar determinará obrigatoriamente a inclusão da família de origem em serviços e programas oficiais de proteção, apoio e promoção.

No entanto, o empobrecimento das famílias em decorrência mesmo das vulnerabilidades sociais ensejadas pelas disfunções estatais não autoriza a inação dos poderes públicos, os quais deverão estabelecer programas oficiais de apoio institucional (auxílio), nos quais, obrigatoriamente, as famílias de origem deverão ser incluídas (Ramidoff, 2012).

A Lei n. 13.715, de 24 de setembro de 2018 (Brasil, 2018), modificou a redação do parágrafo 2º do art. 23 da Lei n. 8.069/1990, para, assim, regulamentar a perda do "poder familiar pelo autor de determinados crimes contra outrem igualmente titular do mesmo poder familiar ou contra filho, filha ou outro descendente". Quando a mãe ou o pai for criminalmente condenado, é certo que essa responsabilização penal, por si só, não implicará a automática destituição do poder familiar. Contudo, nos casos em que houver condenação do pai ou mãe por crime doloso – e que se imponha a pena de reclusão – contra outrem igualmente titular do poder familiar ou contra filho, filha ou outro descendente, será possível determinar a destituição do poder familiar.

Ao serem finalizadas as disposições gerais do capítulo destinado à regulamentação do direito à convivência familiar e comunitária, o art. 24 da Lei n. 8.069/1990 assegura às famílias de origem que a perda e a suspensão do poder familiar apenas se darão por meio do devido processo legal e seus consectários da ampla defesa e do contraditório. Inclusive, reporta-se a motivação aos casos objetivamente descritos no Código Civil brasileiro, isto é, nos arts. 1.637 e 1.638 da Lei n. 10.406/2002 (Ramidoff, 2012).

## — 2.3.2 —
## Família natural

A **família natural** - de origem - é a biologicamente constituída pela comunidade formada entre os pais e seus filhos (art. 25 da Lei n. 8.069/1990); ou, ainda, de modo monoparental (Fachin, 1996), por qualquer um deles - pai ou mãe - e seus descendentes. Dessa maneira, há similitude normativa ao que se encontra disposto no parágrafo 4° do art. 226 da Constituição de 1988 (Ramidoff, 2012).

A **família extensa** - ou ampliada -, por sua vez, é a formada pela relação de parentesco (Rossato; Lépore, 2011a). É aquela que se constitui para além do núcleo familiar então formado entre pais e filhos (art. 25, § único, Lei n. 8.069/1990); isto é, pela comunidade decorrente do parentesco próximo e da convivência familiar estabelecida pela afinidade e afetividade para com as crianças e adolescentes que ali são criadas, educadas e assistidas (Ramidoff, 2012).

Em decorrência mesmo do comando constitucional (art. 227, § 6°, Lei n. 8.069/1990), segundo o qual não deverá haver qualquer discriminação em relação aos filhos havidos ou não fora do casamento, intentou-se, por meio da legislação estatutária (art. 26), assegurar o exercício do direito à identificação familiar (parental). Dessa maneira, facultou-se o reconhecimento dos filhos havidos das relações extramatrimoniais, por meio de ato conjunto ou separado dos pais, bem como no termo de nascimento, por testamento, escritura ou outro documento público, independentemente da origem da filiação (Ramidoff, 2012).

A legislação estatutária, assim, alinha-se às prescrições da Lei n. 8.560, de 29 de dezembro de 1992 (Brasil, 1992), que, ao regulamentar a investigação de paternidade dos filhos havidos fora do casamento, elencou a possibilidade de reconhecimento voluntário da filiação perante a autoridade judicial. Adverte-se que o reconhecimento da filiação sob quaisquer daquelas modalidades anteriormente apontadas é irrevogável – art. 1º da Lei n. 8.560/1992 (Ramidoff, 2012).

A legislação estatutária, alinhada à previsão constitucional e à civilista, intenta assegurar o exercício do direito à filiação mediante a facilitação procedimental que favoreça a voluntariedade do reconhecimento. Este pode ocorrer antes do nascimento do filho (criança) ou mesmo ser posterior ao falecimento de uma das partes; contudo, desde que seja possível coletar informações biológicas por meio de seus descendentes – identificação genética/perfis (Ramidoff, 2012).

O reconhecimento do estado de filiação é declarado normativamente pelo Estatuto da Criança e do Adolescente (art. 27) como um direito individual, de cunho fundamental, e que se vincula à subjetividade da criança e do adolescente. É direito personalíssimo porque se relaciona à condição humana peculiar de desenvolvimento da personalidade da criança e do adolescente, na condição de sujeitos de direito – subjetividade jurídica (Ramidoff, 2012).

Tal reconhecimento é indisponível precisamente por se vincular ao estado de pessoa, isto é, criança e adolescente, cujos interesses relativos à personalidade são intransigíveis. É também imprescritível, uma vez que, quando se trata de estado de pessoa, a identificação decorrente do próprio estado de filiação constitui-se direito humanitário a ser preservado como conquista civilizatória (Ramidoff, 2012).

Contudo, adverte-se que os efeitos patrimoniais decorrentes do reconhecimento do estado de filiação não encontram idêntico tratamento, sujeitando-se, assim, às regras da legislação civil acerca de sua prescritibilidade. Nesse sentido, vigora o teor da Súmula n. 149 do Supremo Tribunal Federal (STF, 1963a), acerca da imprescritibilidade da investigação de paternidade e da prescritibilidade da petição de herança (Ramidoff, 2012).

## — 2.3.3 —
## Família substituta

A família substituta é aquela formação comunitária que se compõe por meio de guarda, tutela ou adoção, como modalidades de colocação de crianças e adolescentes em núcleos familiares distintos daqueles constituídos pela convivência biológica e ou parental – família natural (origem); família extensa ou ampliada. As modificações operadas pela Lei n. 12.010/2009, na verdade, acrescentaram providências que eram judicialmente estabelecidas, e agora constituem atos procedimentais para a colocação da criança ou do adolescente em famílias substitutas (Ramidoff, 2012).

Para tanto, impõe-se a observância de providências específicas e procedimentalmente estabelecidas. A ouvida prévia da criança ou do adolescente pela equipe interprofissional, por exemplo, já se constituía medida legal determinada judicialmente. O intuito era que a parte técnica precisasse especificamente a adequabilidade da medida a ser adotada, segundo o estágio de desenvolvimento e o grau de compreensão daqueles jovens acerca das implicações, não só jurídico-legais, das determinações judiciais (Ramidoff, 2012).

## — 2.3.4 —
## Guarda

A guarda é uma das modalidades previstas no Estatuto da Criança e do Adolescente (art. 33) para a colocação de criança e adolescente em família extensa, ampliada ou substituta, assegurando, assim, o exercício do direito à convivência familiar e comunitária. A guarda, de outro lado, garante todos os direitos relativos à condição de dependente, inclusive, para fins e efeitos previdenciários, nos termos do parágrafo 3º do art. 33 (Ramidoff, 2012).

A guarda é um dever legal, pois determina a responsabilidade legal de prestar assistência material, moral e educacional à criança ou adolescente, àquele que judicialmente a assume, mediante compromisso de bem e fielmente desempenhar tal encargo (Cury, 2011). Por essa razão, a guarda confere ao detentor o direito de opor-se a terceiros, inclusive aos pais, na defesa e promoção dos direitos individuais e das garantias fundamentais afetos à criança e ao adolescente (Ramidoff, 2012).

A guarda é judicialmente deferida não só para regularização da posse de fato, mas também liminar e incidentalmente, nos procedimentos de tutela e de adoção (art. 33, § 1º; e art. 157, Lei n. 8.069/1990), salvo nas hipóteses de adoção por estrangeiros. A guarda, ainda, poderá ser excepcionalmente deferida para atender a situações peculiares ou suprir a falta eventual dos pais ou responsável, independentemente de terem sido deduzidos judicialmente pedidos de tutela e adoção. Nessa modalidade de guarda, possibilita-se a concessão do direito de representação para a prática de atos determinados (Ramidoff, 2012).

O deferimento judicial da guarda de criança e adolescente a terceiros não impede o exercício do direito de visitas pelos pais, assim como o dever de prestar alimentos. A autoridade judiciária, no entanto, poderá impedir o exercício do direito de visitas sempre que não se afigurar a medida vantajosa ao desenvolvimento sadio e responsável da criança e do adolescente (Ramidoff, 2012).

A Lei n. 12.010/2009 acrescentou o parágrafo 4º ao art. 33 da Lei n. 8.069/1990, assegurando o exercício do direito de visitas pelos pais, bem como o dever de prestar alimentos, os quais deverão ser especificamente regulamentados, tanto a pedido do interessado quanto do Ministério Público, nas hipóteses em que o deferimento da guarda de criança ou adolescente a terceiros for aplicada em preparação para adoção; ressalvando-se, contudo, determinação judicial em contrário, de forma expressa, específica e fundamentada.

A decisão judicial que impedir o exercício do direito de visita deverá, necessariamente, ser fundamentada e contemplar os motivos de fato e de direito em que se apoia. De igual maneira, nos casos em que o deferimento judicial da guarda for medida preparatória para adoção de criança e adolescente, não se permitirá o exercício do direito de visitas pelos pais. O acolhimento de criança e adolescente afastados do convívio familiar (art. 34) que se realiza por meio da guarda deve ser estimulado pelo Poder Público, por meio de assistência jurídica, incentivos fiscais e subsídios (Ramidoff, 2012).

Em que pese o acolhimento familiar ter preferência em relação ao acolhimento institucional, não se pode esquecer que tais medidas devem ser temporárias e excepcionais. A pessoa ou casal cadastrado no programa de acolhimento familiar poderá receber a criança ou adolescente mediante guarda judicialmente deferida, nos termos do parágrafo 2º do art. 34 da Lei n. 8.069/1990 (Ramidoff, 2012).

A Lei n. 13.257/2016 acrescentou os parágrafos 3º e 4º do art. 34 da Lei n. 8.069/1990, para, assim, estabelecer como política pública a implementação de serviços de acolhimento em família acolhedora. Esses serviços de acolhimento deverão contar com equipe técnica e multidisciplinar para a organização estrutural e funcional do acolhimento temporário de crianças e de adolescentes em residências de núcleos familiares que se já se encontrem selecionadas, capacitadas e acompanhadas, ainda que não estejam no cadastro de adoção (§ 3°, art. 34).

A manutenção dos serviços de acolhimento em família acolhedora poderá ser custeada com recursos públicos - federais, estaduais, distritais e municipais -, inclusive, com a possibilidade de repasse desses recursos para a família acolhedora (parágrafo 4° do art. 34).

A guarda pode ser revogada a qualquer tempo, mediante ato judicial fundamentado, mas não sem antes oportunizar pronunciamento ministerial a respeito da adequabilidade de tal medida (art. 35).

## — 2.3.5 —
## Tutela

A tutela, de igual maneira, constitui uma das modalidades de colocação da criança ou do adolescente em família substituta, para que se assegure o exercício do direito à convivência familiar e comunitária. A tutela de pessoas com idade inferior a 18 anos, apesar de se encontrar prevista na Lei n. 8.069/1990, deverá observar a legislação civil, consoante o que expressamente prevê o art. 36. O deferimento da tutela de criança ou adolescente, no entanto, pressupõe a prévia decretação judicial da perda (destituição ou extinção) ou suspensão do poder familiar. E nisso reside uma das principais diferenças em relação à guarda, como instituto jurídico-legal (estatutário) para colocação de criança e adolescente em família substituta. A tutela, assim, implica necessariamente o dever de guarda, isto é, de assistência material, moral e educacional da criança ou adolescente (Ramidoff, 2012).

O tutor também pode ser nomeado por testamento. Nessa hipótese, terá o prazo legal de 30 dias após a abertura da sucessão - com a morte ou ausência, sucessão provisória e definitiva, nos termos da legislação civil - para deduzir pretensão perante o Juízo de Direito da Vara da Infância e Adolescência competente. O tutor deverá deduzir judicialmente pretensão, consoante o procedimento previsto nos arts. 165 a 170 da Lei n. 8.069/1990, haja vista que o intuito é estabelecer controle judicial do ato. A tutela apesar, de ser indicada ou disposição de última vontade, por certo, deverá constituir medida vantajosa à criação, educação e assistência integral da criança e do adolescente (Ramidoff, 2012).

O pedido de tutela decorrente da indicação e disposição de última vontade ainda se vincula à demonstração de que não existe outra pessoa em melhores condições de assumir a responsabilidade legal (tutela) pela criança ou adolescente. A preocupação do controle judicial do ato não só se vincula com a indicação e disposição de última vontade, mas, principalmente, com o melhor interesse e a proteção integral da criança e do adolescente. A destituição da tutela poderá ser decretada judicialmente, em procedimento contraditório, nas hipóteses de descumprimento injustificado do dever de sustento, guarda e educação dos tutelados; e da obrigação de cumprir e fazer cumprir as determinações judiciais (Ramidoff, 2012).

### — 2.3.6 —
### Adoção

A adoção por nacionais e por estrangeiros residentes fora do Brasil (adoção internacional), ao lado da guarda e da tutela, é um dos institutos jurídico-legais destinados à colocação adaptada de crianças e adolescentes em famílias substitutas. A adoção, dessa maneira, apenas deverá ser judicialmente determinada como forma de asseguramento do efetivo exercício do direito individual fundamental à convivência familiar e comunitária, ou como forma de proposição afirmativa do superior, melhor e indisponível interesse da criança e do adolescente (Ramidoff, 2012).

A preocupação absolutamente prioritária é com o pleno bem-estar físico, psicológico e social da criança e do adolescente, os quais, como sujeitos de direito, merecem atenção especial que lhes assegure a emancipação como maneira de melhoria da qualidade de vida individual e coletiva, em dignidade. A adoção, por isso mesmo, encontra seus limites nas regras estatutárias que foram formuladas e, assim, devem ser aplicadas tendo em vista a proteção integral da criança e do adolescente, por meio da efetivação de seus direitos e garantias fundamentais, com absoluta prioridade (Ramidoff, 2012).

A adoção de crianças e adolescentes, isto é, de pessoas com idade, respectivamente, entre 0 e 12 anos incompletos, e 12 anos completos e 18 anos incompletos, precisamente, por se vincular ao exercício e à garantia de direito individual de cunho fundamental - convivência familiar e comunitária - desses novos sujeitos, é regulamentada pela Lei n. 8.069/1990 (art. 39). A adoção, certamente, não constitui medida legal que por si só tem a possibilidade técnica de resolver os sérios problemas sociais - abandono, maus-tratos, abuso e violência sexual, entre outros - relacionados à criança e ao adolescente. Eis que se trata de uma medida excepcional e irrevogável que intenta esgotar todos os meios necessários e adequados para que as famílias criem, eduquem e assistam os seus filhos infantes e adolescentes (Ramidoff, 2012).

A Lei n. 12.010/2009 incluiu o parágrafo 2° ao art. 39 da Lei n. 8.069/1990 para fazer constar que é expressamente proibida a realização de adoção por meio de procuração, em razão das vicissitudes e peculiaridades desse procedimento especial regulamentado estatutariamente, que visa garantir a convivencialidade, levando-se em conta a afetividade e a afinidade entre o interessado e a criança ou o adolescente.

A Lei n. 13.509/2017, por sua vez, acrescentou o parágrafo 3° ao art. 39 da Lei n. 8.069/1990, para, assim, expressamente determinar a prevalência dos interesses e direitos do adotando, nas hipóteses em que houver conflito com os interesses e direitos de outras pessoas, ou mesmo com os interesses dos pais biológicos.

O art. 40, ao vedar a dedução de pedido para pessoas com idade igual ou superior a 18 anos, estabelece uma exceção, qual seja: a de já se encontrar o adotando sob a guarda ou tutela dos adotantes. Do contrário, a legislação civil é a que se aplica, uma vez que o estatuto apenas se destina a regulamentar os direitos da criança e do adolescente, isto é, pessoa com idade de até 18 anos incompletos. A condição de filho não admite que se opere qualquer espécie de discriminação, nos termos do parágrafo 6º do art. 227 da Constituição da República de 1988; senão, aqui, no art. 41 da Lei n. 8.069/1990, declara-se o caráter pleno da adoção, a qual projeta efeitos jurídicos sobre todos os direitos individuais, de cunho fundamental, inerentes à subjetividade jurídica (Ramidoff, 2012).

Apenas com a adoção é que se extingue o vínculo parental originário (natural) – ou, por vezes, o estabelecido por outra adoção – ao mesmo tempo que imediatamente estabelece o outro, em relação ao(s) adotante(s) e adotado(s). A destituição (perda) e a suspensão do poder familiar não têm o condão de extinguir ou mesmo estabelecer vínculos parentais, senão, apenas por meio de adoção. Os processos e procedimentos judiciais, por isso mesmo, são distintos, devendo-se, pois, preliminarmente, destituir o poder familiar ou obter o consentimento dos pais biológicos, para, assim, declarar a criança ou o adolescente em condição ou estado de adoção. Entretanto, os impedimentos matrimoniais permanecem, com o intuito de que se evitem confusões na vocação hereditária e de consanguinidade (Ramidoff, 2012).

A manutenção dos vínculos de filiação entre o adotado e o cônjuge ou concubino do adotante, bem como de seus respectivos parentes, é medida que se impõe; pois, do contrário, haveria a hipótese absurda de o pai ou a mãe ter de adotar seu próprio filho infante ou adolescente. De acordo com a legislação estatutária, os ascendentes e os irmãos do adotando não podem adotar (§ 1º do art. 42 da Lei n. 8.069/1990), sob pena de ocorrer a confusão de parentesco com importantes reflexos nos direitos e interesses da criança e do adolescente, conforme dispõe a legislação civil acerca da vocação hereditária, por exemplo (Ramidoff, 2012).

A adoção conjunta também é legalmente admitida, desde que os adotantes sejam civilmente casados ou mantenham união estável, e tudo isso a depender da comprovação da estabilidade do respectivo núcleo familiar, com base nos meios de prova, em direito admitidos (§ 2º do art. 42 do Estatuto da Criança e do Adolescente - Lei n. 8.069/1990). Na prática, será muito rara a adoção por pessoas com idade de 18 anos, pois permanece a regra de que a diferença de idades entre adotante e adotado seja de 16 anos (§ 3º do art. 42 da Lei n. 8.069/1990) e, por isso mesmo, não atingirá o maior número de crianças que podem ser adotadas, uma vez que se limitará àquelas que têm, no máximo, 2 anos de idade (Ramidoff, 2012).

Contudo, no Brasil, é justamente a partir de 2 anos de idade que a criança tem o maior índice de rejeição para as hipóteses de adoção; popularmente conhecida por "adoção tardia", ou seja, a adoção de crianças com idade superior a 2 anos. Logo, a mudança legislativa em nada contribui para a garantia da convivência familiar por meio da adoção. Nessa passagem é patente a falta de sistematicidade da reforma pontual do Estatuto da Criança e do Adolescente, o que, muitas vezes, tem causado incompatibilidades não só normativas (antinomias), mas, principalmente, absoluta falta de efetividade jurídica e social de alguns comandos (Ramidoff, 2012).

O parágrafo 4º do art. 42 (Lei n. 8.069/1990) contempla outro contrassenso, quando não uma contradição em termos ao espírito que norteou a elaboração da reforma do Estatuto da Criança e do Adolescente. Isso porque a facilitação da adoção de crianças institucionalizadas era o mote da reforma estatutária, e, aqui, nesta figura legislativa, restringe-se incompreensivelmente a adoção por pessoas divorciadas, judicialmente separadas e ex-companheiros, uma vez que a concessão judicial é tratada como uma "excepcionalidade" (Ramidoff, 2012).

A Constituição de 1988, em seu art. 226, já havia consignado que não existirá mais qualquer diferença entre filhos nascidos do e fora do casamento ou convivência. Logo, não pode ser uma excepcionalidade a adoção de filhos cujos pais sejam divorciados, judicialmente separados e ex-companheiros. Então não teria razão de ser a permanência dessa prescrição limitativa à efetivação da adoção por pais divorciados, judicialmente separados e ou ex-companheiros. Assim, entende-se que os divorciados, judicialmente separados e ex-companheiros, precisamente, como continuam a ser pais biológicos, com maior razão, poderão adotar independentemente de qualquer outra condição que não seja a comprovação de vínculos afetivos e familiares, inclusive entre os futuros irmãos biológicos e adotivos, pois, de igual maneira, serão filhos de pais separados, mas não órfãos (Ramidoff, 2012).

O divórcio, a separação judicial e o encerramento da sociedade de fato, certamente, não põem ponto final no poder-dever (múnus) destinado aos pais de criar, educar e assistir seus filhos infantes e adolescentes, consoante determina o art. 229 da Constituição de 1988. Enfim, essa modalidade de adoção não pode mais se constituir em uma "excepcionalidade" legalmente determinada (Ramidoff, 2012).

Não só nas hipóteses do parágrafo 4º do art. 42 do Estatuto da Criança e do Adolescente, mas em todos os casos de adoção, deverá ser necessariamente comprovado a partir dos meios de prova, em direito admitidos, o "efetivo benefício ao adotando" (art. 42º, § 5º). É o que também já se encontra consignado no art. 43 dessa legislação especial.

Ademais, observa-se que, ao se assegurar, no parágrafo 5º do art. 42 da Lei n. 8.069/1990, a "guarda compartilhada", nos termos da legislação civil, consignou-se o reconhecimento, se não um incentivo a mais, para a adoção entre pessoas divorciadas, judicialmente separadas e ex-companheiros (Ramidoff, 2012).

O que resta, no entanto, é ressaltar criticamente a opção pela legislação civil, pois, quando se trata de uma reforma legislativa, poder-se-ia muito bem estabelecer uma emenda modificativa no art. 33 do estatuto, para assim acrescentar uma modalidade estatutária de guarda, isto é, uma guarda compartilhada para fins dessa lei especial. O parágrafo 6º do art. 42 constitui-se na única hipótese legal em que a sentença que decretar a adoção de criança ou adolescente projeta retroativamente seus efeitos para data diversa do seu trânsito em julgado (Ramidoff, 2012). A sentença deverá, pois, retroagir à data do falecimento do adotante, com o intuito de que sejam assegurados interesses indisponíveis e direitos individuais, como os relativos a personalidade, parentesco, sucessão, vocação hereditária e patrimonial. Não deveria haver qualquer concessão acerca das reais vantagens para o adotando, bem como dos motivos legítimos da adoção de crianças e adolescentes, haja vista que se constituem verdadeiras proposições afirmativas de seus superiores e melhores interesses (indisponíveis), direitos individuais e garantias fundamentais assegurados constitucional e estatutariamente (Ramidoff, 2012).

O detentor da guarda e o tutor não poderão adotar a criança ou adolescente que se encontrem respectivamente sob sua responsabilidade legal enquanto não prestarem conta da administração e saldar seu alcance. Isso equivale dizer que o curador e o tutor deverão demonstrar que bem administram o patrimônio de seu pupilo ou curatelado, bem como recolher imediatamente a estabelecimento bancário oficial os saldos de alienações de bens e de dinheiro proveniente de qualquer outra procedência lícita (Ramidoff, 2012).

A adoção poderá ser consentida, ou seja, dependente do consentimento dos pais ou do representante legal da criança ou adolescente a ser adotado (art. 45 da Lei n. 8.069/1990). Entretanto, tal consentimento poderá ser dispensado quando os pais do adotando não forem conhecidos ou tiverem sido destituídos do poder familiar. No caso de adoção de maior de 12 anos de idade, isto é, nas hipóteses de adoção de adolescente, também será indispensável o consentimento do adotando (Ramidoff, 2012).

O estágio de convivência deverá preceder necessariamente à adoção, pelo prazo máximo de 90 dias, levando-se em consideração tanto a idade da criança ou adolescente quanto as peculiaridades e vicissitudes de cada caso (*caput* do art. 46 da Lei n. 8.069/1990).

No entanto, observa-se que esse prazo legal poderá ser prorrogado por igual período, uma única vez, por meio de decisão judicial especificamente fundamentada nesse sentido (art. 46, § 2º-A, Lei n. 8.069/1990).

O estágio de convivência com a criança ou o adolescente poderá ser judicialmente dispensado quando o adotante detiver a tutela ou a guarda legal do adotando por tempo suficiente à avaliação da conveniência da constituição do vínculo afetivo.

Por isso mesmo, é preciso ter sempre a cautela no deferimento judicial de concessão da guarda legal, haja vista que não pode se tratar de estratégia jurídica que direta ou indiretamente prejudique o direito das pessoas que já se encontram cadastradas para adoção (Ramidoff, 2012).

A coabitação comum e o atendimento das necessidades vitais básicas, que, por vezes, possam caracterizar a denominada "guarda de fato", por si sós, não têm o condão de determinar a realização do estágio de convivência. A realização deste não poderá ser automaticamente dispensada nos casos de simples guarda de fato, pois, em todos os casos, dependerá da avaliação judicial da constituição do vínculo afetivo (Ramidoff, 2012).

A Lei n. 13.509/2017 modificou a redação do parágrafo 3º do art. 46 da Lei n. 8.069/1990, para, assim, estabelecer o prazo mínimo de 30 dias e, no máximo, de 45 dias, para a realização do estágio de convivência, nos casos de adoção por pessoa ou casal residente ou domiciliado fora do país, sendo certo que esses prazos poderão ser prorrogados por igual período, mas apenas uma única vez, mediante decisão judicial especificamente fundamentada.

Outrossim, a Lei n. 13.509/2017 incluiu o parágrafo 3º-A ao art. 46 da Lei n. 8.069/1990, quando, então, determinou a necessidade da apresentação de laudo circunstanciadamente fundamentado pela equipe técnica multidisciplinar para fins de recomendação ou não do deferimento da modalidade de adoção citada no parágrafo anterior.

A Lei n. 13.509/2017 também acrescentou o parágrafo 5º ao art. 46 do Estatuto da Criança e do Adolescente para, então, determinar que o estágio de convivência deverá ser cumprido no território nacional. Isso deve ser feito preferencialmente, na comarca em que reside a criança ou o adolescente, ou, a critério do órgão julgador competente, em cidade limítrofe, contudo, respeitando-se sempre a competência jurisdicional do Juízo de Direito da comarca da residência daqueles sujeitos de direito.

A equipe interprofissional (arts. 150 e 151 da Lei n. 8.069/1990) deverá acompanhar a realização do estágio de convivência e, com o apoio de técnicos especializados, apresentar relatório circunstanciado sobre a conveniência ou não do deferimento judicial da adoção.

A constituição do novo vínculo familiar (parental) apenas decorrerá a partir do trânsito em julgado da decisão judicial que deferir a adoção; por conseguinte, assim se extingue o vínculo familiar anterior, isto é, com a família natural (biológica) originária ou com aquela constituída por anterior adoção. A única exceção à produção dos efeitos legais a partir do trânsito em julgado da decisão judicial que defere a adoção encontra-se expressamente prevista no parágrafo 7º do art. 47 do Estatuto da Criança e do Adolescente e relaciona-se à hipótese em que o adotante vier a falecer no curso do procedimento, antes de prolatada a sentença. Nesse caso, os efeitos legais decorrentes da decisão judicial que defere a adoção retroagirão à data do óbito do adotante, para todos os fins de direito (Ramidoff, 2012).

A decisão judicial que defere a adoção tem por natureza jurídica o caráter constitutivo, haja vista que estabelece novo vínculo familiar (parental) entre o adotante e o adotado. A sentença que deferir a adoção deverá ser inscrita no registro civil, mediante expedição de mandado judicial que cancelará o registro anterior, o qual permanecerá arquivado a partir da nova inscrição. Não deverá constar das certidões relativas à nova inscrição da adoção qualquer referência sobre a origem do ato (Ramidoff, 2012).

A decisão judicial que deferir a adoção confere à criança ou ao adolescente a filiação, e, assim, consequentemente, os direitos inerentes a tal condição familiar e parental, como a modificação do prenome, além da possibilidade legal de ter o nome de família (sobrenomes) do(s) adotante(s).

Nas hipóteses em que o(s) adotante(s) desejar(em) modificar o prenome do adotado, será indispensável a ouvida do adotando acerca dessa pretensão; contudo, ressaltam-se as hipóteses de impossibilidade dessa medida, em razão da tenra idade ou incapacidade psíquica devido a sofrimento mental grave, por exemplo. Os parágrafos 1º e 2º do art. 28 da Lei n. 8.069/1990 determinam que a criança e o adolescente a serem adotados tenham suas opiniões devidamente consideradas, também acerca da modificação do prenome, levando-se em conta o estágio de desenvolvimento e o grau de compreensão sobre as implicações da medida (Ramidoff, 2012).

Os parágrafos 3º a 6º do art. 28 da Lei n. 8.069/1990, acrescentados pela Lei n. 12.010/2009, determinam que o grau de parentesco e a relação de afinidade ou de afetividade sejam levados em consideração na apreciação do pedido de colocação em família substituta, com o intuito de evitar ou minorar as consequências que possam eventualmente advir da medida judicial.

De igual maneira, com o intuito de evitar o rompimento dos vínculos fraternais, quando se trata de grupos de irmãos, observa-se que a colocação em família substituta, por qualquer uma das modalidades estatutárias - adoção, tutela ou guarda -, em regra, deverá recair na mesma família substituta, salvo a hipótese de comprovada "existência de risco de abuso ou outra situação que justifique plenamente a excepcionalidade de solução diversa", nos termos do parágrafo 4º do art. 28 da Lei n. 8.069/1990.

A preparação gradativa e o acompanhamento posterior passam a ser obrigatórias nos casos em que ocorrer a colocação da criança ou do adolescente em família substituta.

A colocação em família substituta de criança ou adolescente indígena ou proveniente de comunidade quilombola, necessariamente deverá respeitar a identidade social e cultural, os costumes e as tradições, e as instituições, desde que sejam compatíveis com os direitos individuais e as garantias fundamentais que lhes são asseguradas estatutária e constitucionalmente.

Outrossim, observa-se que a colocação familiar de crianças e adolescentes indígenas ou provenientes de comunidade quilombola deve ocorrer prioritariamente no seio de sua respectiva comunidade ou junto a membros de sua respectiva etnia (art. 28, § 6º, II, da Lei n. 8.069/1990).

Aos representantes do órgão federal responsável pela política indigenista deverão ser assegurados a intervenção e a oitiva, nas hipóteses de colocação em família substituta de crianças e adolescentes indígenas, bem como aos "antropólogos, perante a equipe interprofissional ou multidisciplinar que irá acompanhar o caso" (art. 28, § 6°, III).

Os procedimentos judiciais relativos à adoção deverão ser mantidos em arquivo no cartório da Vara do Juízo de Direito competente. Devem, ainda, ser armazenados em microfilmes ou outros meios – como eletrônico-computacionais –, assegurando-se, assim, a conservação para eventuais e futuras consultas devidamente autorizadas (Ramidoff, 2012).

A Lei n. 12.955, de 5 de fevereiro de 2014 (Brasil, 2014a) acrescentou o parágrafo 9° ao art. 47 da Lei n. 8.069/1990 (Estatuto da Criança e do Adolescente), com o objetivo de garantir a "prioridade de tramitação dos processos de adoção em que o adotando for criança ou adolescente com deficiência ou com doença crônica".

A adoção é uma das modalidades de colocação de criança ou adolescente em família substituta (art. 28 da Lei n. 8.069/1990) como maneira legal de assegurar o pleno exercício do direito individual, de cunho fundamental, da convivência familiar e comunitária (art. 19 e seguintes da Lei n. 8.069/1990).

O parágrafo 9°, então acrescentado ao art. 47 do Estatuto da Criança e do Adolescente, determina a priorização dos trâmites processuais e procedimentais destinados à adoção de criança ou adolescente com deficiência ou doença crônica.

A doutrina da proteção integral e a garantia da prioridade absoluta se destinam a toda e qualquer criança e adolescente independentemente de condição, situação ou estado de pessoa.

A alteração legislativa, por assim dizer, estabelece distinção com intuito de compensação legal a situações pessoais e sociais de crianças deficientes e com doenças crônicas – por exemplo, as aidéticas –, com o fito de estabelecer parâmetros processuais de igualdade com as demais demandas judiciais relativas à adoção de crianças e adolescentes que não apresentem tais condições especiais.

Os relatórios das equipes interprofissionais (arts. 150 e 151 da Lei n. 8.069/1990), acompanhados das constatações sociológicas, dão conta de que a população infantoadolescente com deficiência e ou doença crônica tem sido reiteradamente relegada ao segundo plano nos processos e procedimentos de adoção, ofendendo-se, assim, o princípio da igualdade, a doutrina da proteção integral e a garantia da absoluta prioridade.

A deficiência pode ser considerada a redução ou a debilidade permanente de funções físicas e psíquicas (mentais); e a doença crônica pode ser considerada a sensível falta de bem-estar físico, psíquico e social.

Nesse sentido, segundo a Organização Mundial de Saúde (OMS), compreende-se por doenças crônicas qualquer patologia incapacitante que apresente uma ou mais das seguintes características: permanência; produção de incapacidade/deficiências residuais; causadas por alterações patológicas irreversíveis, que exigem uma formação especial do doente para a reabilitação ou que podem exigir longos períodos de supervisão, observação ou cuidados.

A prioridade de tramitação dos processos de adoção de criança ou adolescente com deficiência ou com doença crônica, portanto, não se restringe a uma questão legal vinculada à processualística civil ou especializada, mas, principalmente, à proteção integral e à garantia da absoluta prioridade.

A Lei n. 13.509/2017, por sua vez, acrescentou o parágrafo 10 ao art. 47 da Lei n. 8.069/1990 (Estatuto da Criança e do Adolescente), estabelecendo, assim, o prazo máximo para conclusão da ação de adoção, o qual não poderá ser superior a 120 dias; contudo, admite-se sua prorrogação uma única vez por igual período, sendo imprescindível estar especificamente fundamentada a decisão judicial que determinar essa medida.

As pessoas adotadas, depois de completarem 18 anos, poderão exercer o direito de conhecer sua origem biológica, inclusive, assegurando-lhes o acesso irrestrito aos autos de processo em que se concedeu judicialmente a adoção. Com relação ao adotado com idade inferior a 18 anos, poderá ser permitido judicialmente o acesso ao processo de adoção, desde que lhe seja assegurada orientação e assistência jurídica e psicológica (Ramidoff, 2012).

O poder familiar então extinto (perda ou destituição) – seja dos pais biológicos (naturais) ou de pessoa(s) que anteriormente houvesse(m) adotado (na hipótese de nova adoção) - não será restabelecido com a morte do(s) adotante(s). Atualmente, em cada comarca ou foro regional, a autoridade judiciária deverá manter um registro relativo a crianças e adolescentes em condição de adoção, e outro relativo a pessoas interessadas em adotar. A inscrição de pessoas interessadas na adoção dependerá de prévia consulta aos órgãos técnicos do Juizado da Infância e da Adolescência, no qual será deferida tutela jurisdicional ou não, depois de ouvido o Ministério Público (Ramidoff, 2012).

A inscrição, entretanto, não será judicialmente deferida nas hipóteses em que o interessado não atender aos requisitos legais ou quando revelar, por qualquer maneira, não ter compatibilidade com a natureza da medida, bem como no caso em que não seja capaz de oferecer ambiente familiar adequado a criação, educação e assistência do adotado. A equipe técnica do Juizado da Infância e da Adolescência orientará a preparação psicossocial e jurídica dos interessados na adoção, por período hábil, suficiente e prévio à inscrição. Para tal desiderato, a equipe técnica poderá contar com o apoio dos técnicos responsáveis pela execução da política municipal de garantia do direito à convivência familiar (Ramidoff, 2012).

A equipe técnica, ainda, deverá avaliar a possibilidade de contato ou não dos interessados na adoção com crianças e adolescentes em acolhimento familiar ou institucional, durante o período de preparação. Crianças e adolescentes em condição de adoção, e as pessoas ou casais habilitados ao ato, deverão ser cadastrados, com o intuito de que se amplie a possibilidade de efetivação do direito individual (fundamental) à convivência familiar e comunitária (Ramidoff, 2012).

Justamente por isso, impõe-se a criação e a implementação de cadastros estaduais e nacionais, um relativo às crianças e adolescentes adotáveis e outro dos habilitados à adoção. Em acréscimo, deverão ser estabelecidos cadastros distintos para pessoas e casais residentes no exterior, os quais apenas poderão ser consultados nas hipóteses em que não existir interessados nacionais habilitados nos cadastros estaduais ou nacional. Para o melhor desempenho da sistemática legalmente estabelecida para o favorecimento à adoção de crianças e adolescentes, incumbiu-se às autoridades estaduais e federais a troca de informações e a cooperação mútua, inclusive, facultando-lhes o acesso integral aos cadastros estaduais, nacional e de pessoas ou casais residentes fora do Brasil (Ramidoff, 2012).

A autoridade judiciária competente, no prazo legal de 48 horas, e sob pena de responsabilização, deverá providenciar as respectivas inscrições de adotáveis e dos habilitados à adoção, nos cadastros estadual e nacional. A otimização dos cadastros compete à autoridade central estadual, mediante a manutenção e o fornecimento de dados e informações no sistema operacional, bem como por meio da prestação de informações à autoridade central federal brasileira (Ramidoff, 2012).

O encaminhamento de criança ou adolescente inscrito nos cadastros existentes à adoção internacional poderá ser recomendado sempre que não existir pretendentes habilitados residentes no país com perfil compatível e interesse manifesto pela adoção daqueles (art. 50, § 10, Lei n. 8.069/1990).

Ao Ministério Público, entretanto, caberá a fiscalização não só da atualização de dados e informações dos cadastros, mas também da convocação criteriosa dos interessados previamente habilitados à adoção. A criança ou o adolescente será colocado sob guarda de família cadastrada em programa de acolhimento familiar enquanto não se encontrar pessoa ou casal interessado em sua adoção, desde que se afigure a medida mais vantajosa ao seu desenvolvimento (Ramidoff, 2012).

Será possível o deferimento judicial da adoção para pessoas não previamente cadastradas nos casos de adoção: unilateral; formulada por parente que mantenha vínculos afetivos e de afinidade com a criança ou adolescente; formulada por tutor ou responsável legal que detenha a guarda de criança maior de três anos ou adolescente, cuja convivialidade se caracterize pela afinidade e afetividade (Ramidoff, 2012).

Essas pessoas não cadastradas, no entanto, deverão ser residentes e domiciliadas no Brasil, devendo elas comprovar que preenchem os requisitos legais indispensáveis à adoção. Aplica-se ressalva para o eventual indeferimento da pretensão em adotar caso seja constatada a ocorrência de má-fé ou dos crimes previstos nos arts. 237 e 238 do Estatuto da Criança e do Adolescente (Ramidoff, 2012).

De acordo com o parágrafo 15 do art. 50 da Lei n. 8.069/1990: "Será assegurada prioridade no cadastro a pessoas interessadas em adotar criança ou adolescente com deficiência, com doença crônica ou com necessidades específicas de saúde, além de grupo de irmãos" (Brasil, 1990b).

## Adoção internacional

A adoção internacional é normativamente conceituada como a colocação de criança ou adolescente em família substituta composta por pessoa ou casal residente ou domiciliado habitual fora do Brasil (art. 51 da Lei n. 8.069/1990), mas em um dos países-parte da Convenção de Haia, de 29 de maio de 1993 - promulgada pelo Decreto n. 3.087, de 21 de junho de 1999 (Brasil, 1999) -, e que deseja adotar criança em outro país-parte da mencionada convenção; isto é, consoante convenções e tratados internacionais aprovados no país, por meio de decretos legislativos. A adoção internacional apenas será deferida, de modo suplementar, quando não houver interessados habilitados no cadastro mantido pela Justiça da Infância e da Adolescência local ou nos cadastros estaduais e nacional, que sejam residentes e domiciliados no Brasil. A colocação em família substituta por meio de adoção internacional de criança e adolescente brasileiro ou domiciliado no Brasil apenas será deferida quando se afigurar medida adequada e desde que não seja possível a colocação daqueles sujeitos de direito em família substituta brasileira previamente cadastrada (Ramidoff, 2012). Portanto, somente poderá ser deferida quando "esgotadas todas as possibilidades de colocação da criança ou adolescente em família adotiva brasileira, com a comprovação, certificada nos autos, da inexistência de adotantes habilitados residentes no Brasil com perfil compatível com a criança ou adolescente, após consulta aos cadastros mencionados nesta Lei" (art. 51, § 1º, II, Lei n. 8.069/1990).

O adolescente deve ser consultado acerca de sua adoção por núcleo familiar estrangeiro; ainda, deve ser acompanhado, orientado e avaliado por equipe interprofissional à qual cumpre elaborar e fornecer parecer a respeito da adequabilidade da adoção internacional. Nos casos de adoção internacional de criança e adolescente brasileiro ou domiciliado no Brasil, deverá ser observada a preferência de pessoa ou casal brasileiro residente no exterior em relação ao estrangeiro. Ademais, nas hipóteses de adoção internacional de criança e adolescente brasileiro ou domiciliado no Brasil, pressupõe-se a intervenção das autoridades centrais estaduais e federal brasileiras, em matéria de adoção internacional (Ramidoff, 2012).

As regras procedimentais estatutariamente previstas para adoção internacional (arts. 165 a 170 da Lei n. 8.069/1990) determinam as condições para a formulação do pedido de habilitação, bem como os pressupostos e demais requisitos legais objetivos e subjetivos à colocação em família substituta estrangeira. Dessa maneira, os interessados deverão observar a regulamentação acerca não só da habilitação, mas também da emissão de relatório que contenha informações dos solicitantes, documentação necessária, estudo psicossocial e sua eventual complementação, legislação estrangeira pertinente, autenticações, traduções, entre outras medidas procedimentais (Ramidoff, 2012).

E, assim, na hipótese de o interessado cumprir as exigências da legislação estrangeira pertinente e das providências iniciais regulamentadas pelo Estatuto da Criança e do Adolescente, poderá obter o laudo de habilitação à adoção internacional, cuja validade máxima será de um ano. O interessado que obtiver o laudo de habilitação à adoção internacional estará autorizado a formalizar o pedido de adoção perante o Juízo de Direito do lugar em que se encontra a criança ou adolescente (Ramidoff, 2012).

Organismos nacionais e internacionais devidamente credenciados perante a autoridade central federal brasileira poderão intermediar os pedidos de habilitação à adoção internacional desde que a legislação estrangeira pertinente contemple tal possibilidade. O credenciamento de cada um dos organismos nacionais e internacionais que intermedeiam os pedidos de adoção internacional dependerá do atendimento dos requisitos estatutariamente previstos, e, assim, permanecerá válido pelo prazo legal (estatutário) máximo de dois anos (Ramidoff, 2012).

Entre os requisitos, citamos: que o país tenha ratificado a Convenção de Haia; que seja credenciado em seu país de origem, na hipótese de se tratar de organismo internacional; que tenha atendido às condições de integridade moral, competência profissional, experiência e responsabilidade; que seja qualificado por seus padrões éticos e sua formação e experiência em adoção internacional; e com a observância integral à legislação brasileira. Os organismos nacionais e internacionais credenciados não poderão perseguir fins lucrativos, para além de desenvolverem suas atividades consoante condições e limites estabelecidos pelas autoridades públicas do país em que se encontrem sediados e pela autoridade central federal brasileira (Ramidoff, 2012).

Os dirigentes e administradores das entidades nacionais e internacionais credenciadas deverão ter reconhecida idoneidade moral, formação e experiência em adoção internacional, bem como deverão ser cadastrados pelo Departamento da Polícia Federal e aprovados pela autoridade central federal brasileira. O cadastramento e a aprovação mencionados serão levados à publicação por meio de portaria a ser emitida pelo órgão público federal competente. As autoridades competentes, tanto do país que sediar quanto do país que acolher os organismos credenciados, deverão supervisionar as atividades desenvolvidas – mediante apresentação anual de relatório geral e de acompanhamento de adoções internacionais –, a composição, o funcionamento e situação financeira (Ramidoff, 2012).

Os organismos credenciados deverão encaminhar relatório pós-adotivo semestralmente para a autoridade central estadual, com cópia à autoridade central federal brasileira, pelo menos durante dois anos, podendo ser exigida até a juntada de cópia autenticada do respectivo registro civil, por meio do qual será estabelecida a cidadania do adotado no país acolhedor. De igual maneira, os organismos credenciados deverão adotar providências para que o(s) adotante(s) encaminhem à autoridade central federal brasileira a cópia da certidão de registro de nascimento estrangeira e do certificado de nacionalidade, no mais breve tempo possível contado a partir de sua concessão (Ramidoff, 2012).

O não encaminhamento dos relatórios (1) geral das atividades anualmente desenvolvidas, (2) de acompanhamento das adoções internacionais, e (3) pós-adotivo semestralmente pelo prazo legal (estatutário) mínimo de dois anos poderá ensejar a suspensão do credenciamento dos organismos para prestarem intermediação de pedidos de adoção internacional. O credenciamento dos organismos nacionais e internacionais que realizam intermediações nas adoções internacionais poderá ser renovado pelo prazo legal (estatutário) máximo de dois anos; contudo, tal requerimento deverá ser deduzido 60 dias antes do término de sua validade (Ramidoff, 2012).

Os organismos nacionais e internacionais poderão ser descredenciados nos casos em que houver cobranças abusivas de valores ou de montantes que não estejam devidamente comprovados perante a autoridade central federal brasileira. A criança ou o adolescente não poderá sair do território brasileiro enquanto não transitar em julgado a determinação da adoção internacional (Ramidoff, 2012).

A partir do trânsito em julgado da concessão da adoção, deverá ser expedido o necessário alvará judicial que autorize a viagem ao exterior, no qual deverão constar obrigatoriamente as características físicas (biológicas) da criança ou do adolescente, sendo anexada cópia autenticada da decisão e a certidão de sua definitividade formal e material. A autoridade judiciária poderá determinar a expedição de alvará para obtenção de passaporte – o qual, no Brasil, não contém informações acerca da filiação, por exemplo. Para o posterior acompanhamento da adoção internacional, afigura-se possível, a qualquer momento, que a autoridade central federal brasileira solicite informações sobre a criança ou adolescente adotado (Ramidoff, 2012).

Contudo, observa-se que a adoção internacional também se opera plenamente, cabendo, assim, às autoridades públicas do país em que passará a ter cidadania o infante ou adolescente, a responsabilidade legal de assegurar a efetivação de seus direitos e garantias fundamentais conforme a legislação estrangeira pertinente. Os organismos nacionais e internacionais não poderão representar concorrentemente uma única pessoa ou casal interessado em adoção internacional. Os postulantes estrangeiros ou domiciliados fora do território nacional permanecerão habilitados para adoção internacional pelo período máximo de um ano, podendo a habilitação ser renovada por igual período (Ramidoff, 2012).

Os representantes dos organismos nacionais e internacionais credenciados não poderão manter contato direto com os dirigentes dos programas de acolhimento institucional e familiar e/ou com crianças e adolescentes em condição de adoção, sem que exista prévia, expressa e fundamentada autorização judicial para tal desiderato. Entre as atribuições da autoridade central federal brasileira encontra-se o controle (gestão) dos novos credenciamentos, os quais poderão ter sua concessão limitada ou suspensa por meio de ato administrativo devidamente fundamentado acerca da necessidade de tal providência legal (Ramidoff, 2012).

Os organismos internacionais credenciados para intermediar a adoção de crianças e adolescentes, no Brasil, não poderão realizar repasse de recursos a organismos nacionais ou a pessoas físicas, sob pena de responsabilização e, até mesmo, de seu descredenciamento pela autoridade central federal brasileira. Entretanto, como qualquer outra contribuição, afigura-se plausível jurídico-legalmente (estatutariamente) a realização de repasses de verbas aos Fundos da Infância e da Adolescência (FIA), os quais permanecerão sujeitos às deliberações dos respectivos conselhos dos direitos da criança e do adolescente (Ramidoff, 2012).

A adoção por brasileiro residente no exterior deverá ser prontamente admitida com seu retorno ao Brasil, desde que o país estrangeiro, no qual se realizou a adoção, não apenas tenha ratificado a Convenção de Haia, mas também determinado o atendimento da alínea “c” do art. 17 de tal convenção, ao longo do desenvolvimento da relação jurídica processual pertinente. Ao Superior Tribunal de Justiça (STJ) cabe a homologação da sentença estrangeira que conceder adoção de criança ou adolescente a postulantes brasileiros que comprovadamente residam no exterior, cuja decisão judicial atender a determinação legal constante da alínea "c" do art. 17 da Convenção de Haia (Ramidoff, 2012).

A alínea "c" do art. 17 da Convenção de Haia estabelece que "toda decisão de confiar uma criança aos futuros pais adotivos somente poderá ser tomada no Estado de origem se [...] as Autoridades Centrais de ambos os Estados estiverem de acordo em que se prossiga com a adoção" (Brasil, 1999).

O postulante brasileiro que residir em país estrangeiro que não for signatário da Convenção de Haia, a partir de seu retorno ao Brasil, deverá requerer a homologação da decisão judicial estrangeira que concedeu adoção perante o STJ. A autoridade central federal brasileira adotará as medidas adequadas para a expedição do Certificado de Naturalização Provisório, desde que seja comunicada pela autoridade central estadual que habilitou os pais adotivos e que, por isso, deverá tomar conhecimento da decisão que deferiu a adoção internacional em que o Brasil for o país de acolhida (Ramidoff, 2012).

A autoridade central estadual, depois de ouvir o Ministério Público, poderá não reconhecer os efeitos da decisão judicial que concedeu a adoção internacional, na hipótese de ser comprovada, com base nos meios de prova, em direito admitidos, que a sentença seja "manifestamente contrária à ordem pública ou não atende ao interesse superior da criança ou do adolescente" (art. 52-C, § 1º, Lei n. 8.069/1990). O Ministério Público deverá, incontinentemente, adotar as medidas legais necessárias ao asseguramento dos interesses, direitos e garantias fundamentais da criança ou do adolescente, nos casos em que se deixar de reconhecer os efeitos da sentença estrangeira que concedeu a adoção internacional a postulante brasileiro, e em que o Brasil for o país de acolhida (Ramidoff, 2012).

As medidas legais adotadas pelo Ministério Público deverão ser comunicadas à autoridade central estadual, que, por sua vez, reportará a informação à autoridade central federal brasileira e à autoridade central do país estrangeiro (de origem). É possível a aplicação das regras estabelecidas no Estatuto da Criança e do Adolescente para o processamento e julgamento de adoção nacional, nos casos de adoções internacionais, quando o Brasil for o país de acolhida e a adoção não tiver sido deferida no país estrangeiro (de origem), em razão de a legislação dessa nação delegar ao país de acolhida a aplicação de suas regras. Idêntico tratamento legal será destinado às adoções internacionais, ainda que possuam decisão judicial estrangeira favorável, nas hipóteses em que a criança ou o adolescente for oriundo de país que não seja signatário da Convenção de Haia (Ramidoff, 2012).

— 2.4 —

## Educação, cultura, esporte e lazer

O ato de educar é também um ato de cuidado, respeito e responsabilidade pelo outro; por isso, a educação é um direito individual de cunho fundamental previsto estatutariamente (art. 53 da Lei n. 8.069/1990); mas, por isso, a educação também constitui uma das funções legalmente atribuídas ao Poder Público. O Estatuto da Criança e do Adolescente assegura a igualdade de condições para o acesso e a permanência da criança e do adolescente na escola, bem como o direito de serem respeitados por seus educadores; de contestar critérios que devem ser objetivamente adotados para fins avaliativos, inclusive, com a possibilidade de recorrer às instâncias escolares administrativamente superiores. Esses novos sujeitos de direito também poderão organizar-se e participar de entidades estudantis (Ramidoff, 2012).

Desse modo, observa-se que o acesso à escola pública e gratuita também deve ser concretizado em sedes escolares próximas da residência da criança ou do adolescente, assegurando-se "vagas no mesmo estabelecimento a irmãos que frequentem a mesma etapa ou ciclo de ensino da educação básica" (art. 53, V). As instituições de ensino, os clubes e as agremiações recreativas e de estabelecimentos congêneres têm o dever legal de assegurar "medidas de conscientização, prevenção e enfrentamento ao uso ou dependência de drogas ilícitas" (art. 53-A) por crianças e adolescentes (Ramidoff, 2012).

O direito à educação, por ser um dos deveres cabíveis ao Estado, na condição de expressão política do Poder Público, torna obrigatório não só seu oferecimento regular, mas, principalmente, o asseguramento do acesso e do pleno exercício que correspondem à garantia do ensino fundamental, obrigatório e gratuito, inclusive para os que não tiveram acesso à educação na idade própria (inciso I e o parágrafo 1º, ambos do art. 54 da Lei n. 8.069/1990). *Ad argumentandum tantum*, observa-se que o não oferecimento, ou mesmo a oferta irregular do ensino obrigatório, também pode ensejar a responsabilização do agente público por ofensa aos direitos assegurados à criança e ao adolescente, cuja proteção judicial é regida por disposições específicas que se encontram expressamente contidas na Lei n. 8.069/1990 (Ramidoff, 2012).

Em linha com o disposto no art. 208 da Lei n. 8.069/1990, afigura-se plausível jurídico-processualmente a dedução de proteção judicial dos interesses individuais, difusos e coletivos pertinentes à infância e à adolescência. A competência do Juízo de Direito da Vara da Infância e da Adolescência é absoluta para o conhecimento e o julgamento das medidas judiciais que se destinam à efetivação do exercício do direito à educação, nos termos do inciso IV do art. 148, combinado com seu parágrafo 2º, e do art. 209, todos da Lei n. 8.069/1990. A prioridade absoluta, como vetor orientativo, destina-se a vincular as ações públicas em prol de interesses, direitos e garantias inerentes à infância e à adolescência, destacadamente, acerca do direito à educação (Ramidoff, 2012).

Por essa razão, entende-se que a educação deve ser conjugada com a cultura, o esporte e o lazer por meio da ampliação do acesso e do asseguramento da "preferência na formulação e na execução das políticas sociais públicas" e na "destinação privilegiada de recursos públicos nas áreas relacionadas com a proteção à infância e à juventude" (alíneas "c" e "d", art. 4º, Lei n. 8.069/1990).

Com efeito, é plausível juridicamente a concessão de tutela jurisdicional que contemple o pleno exercício do direito individual fundamental à educação, o que se pode observar não só a partir da mencionada figura legislativa protetiva, mas também pela legislação que cuida especificamente da regulamentação e do oferecimento do ensino fundamental obrigatório (Lei n. 9.394, de 20 de dezembro de 1996 (Brasil, 1996), modificada pela Lei n. 11.114, de 16 de maio de 2005 (Brasil, 2005) e Lei n. 11.274, de 6 de fevereiro de 2006 (Brasil, 2006b). Essa mutação na racionalidade do Poder Público é fruto de opção política, então adotada democraticamente por meio da Emenda Constitucional n. 53, de 19 de dezembro de 2006 (Brasil, 2006a), a qual alterou a redação do inciso IV do art. 208 da Constituição da República de 1988, passando, assim, a assegurar a educação infantil (creche e pré-escola) para as crianças com até 5 anos de idade (Ramidoff, 2012).

A Lei n. 13.306, de 4 de julho de 2016 (Brasil, 2016b), em consonância com a alteração do texto constitucional, passou a estipular a idade máxima de 5 anos para o atendimento na educação infantil, mediante a alteração do inciso IV do *caput* do art. 54 da Lei n. 8.069/1990; portanto, o atendimento em creche e pré-escola deve ser realizado para crianças com até 5 anos de idade. O compromisso público pela efetivação do direito à educação deve ser renovado por meio do princípio e doutrina da proteção integral, com o desenvolvimento de atividades conjuntas com outras entidades governamentais e não governamentais para o implemento, a universalização, a mobilização, o acesso, a permanência e a fiscalização. Enfim, a efetivação desse direito fundamental – e a recíproca obrigação do Poder Público – também é operada mediante mecanismos de exigibilidade (Ramidoff, 2012).

A grande virada será realizada com o atendimento educacional de base, ou seja, deslocando-se do assistencialismo para o direito à educação e do dever de educar – arts. 53 e 54 da Lei n. 8.069/1990. Toda proposição sobre política educacional deve remontar à questão orçamentária para que seja possível o gerenciamento de recursos públicos suficientes para uma educação de qualidade, por meio da qual educadores e educandos passem a ocupar o centro de importância e excelência do ato educacional. A partir do processo educativo, deve ser analisada a disponibilidade da criança e do adolescente para a reflexão, avaliando-se seu comportamento e assunção de responsabilidade. Ao serem traçados objetivos concretos e saudáveis a partir de referenciais positivos e constantemente estimulantes, por certo, será possível o desenvolvimento emancipatório das potencialidades humanas da criança e do adolescente (Ramidoff, 2012).

A educação também permitirá à criança e ao adolescente o aprendizado de regras sociais básicas (Costa, 2001b) para a convivialidade responsável e respeitosa, e só assim poderá aprender e desenvolver suas potencialidades. A instituição educacional pode facilitar o desenvolvimento, tanto da criança quanto do adolescente, em diversos aspectos, vale dizer: muito além de capacitá-lo técnico-culturalmente para o deslinde de questões do dia a dia, auxiliando-o na resolução dos estruturantes conflitos interpessoais e sociais. Ademais, pode orientá-lo para a construção de uma forma de vida mais gratificante, auferindo sua participação no processo educativo, como referencial externo orientativo e transmissor de segurança. Os novos contextos também impõem uma imediata (re)construção crítica, criativa e ampliativa do conhecimento, atualizando a própria educação, a qual deverá necessariamente ser vinculada à cultura, ao esporte e ao lazer, na condição de maneira de raciocinar e de ler a realidade (Ramidoff, 2012).

## — 2.5 —
## Profissionalização e proteção no trabalho

O trabalho, assim como a educação, é uma fonte inesgotável de aprendizagem (Costa; Costa; Pimentel, 2001), e de desenvolvimento de potencialidades pessoais (individuais) e sociais (profissionalização, emprego etc.). Nos arts. 60 a 69 do Estatuto da Criança e do Adolescente, o legislador entendeu por bem regulamentar os direitos individuais (fundamentais) à profissionalização e à proteção no trabalho, destinados a adolescente, haja vista que existe proibição expressa para todo e qualquer tipo de trabalho infantil – 0 a 12 anos –, bem como para adolescentes com idade inferior a 14 anos. É improvável, pois, o reconhecimento jurídico-legal – constitucionalmente e estatutariamente – de licitude à atividade laboral desenvolvida por criança, isto é, pessoa com até 12 anos de idade incompletos – art. 2º do referido estatuto –; apenas é possível trabalhar a partir dos 14 anos de idade, salvo, por certo, na condição de aprendiz, nos termos do art. 60 da Lei n. 8.069/1990 (Ramidoff, 2012).

A partir do advento da Emenda Constitucional n. 20, de 15 de dezembro de 1998 (Brasil, 1998), alterando, então, a redação do inciso XXXIII do art. 7º da Constituição de 1988, por certo, não mais se discute acerca da possibilidade de crianças e adolescentes com idade inferior a 16 anos trabalharem; vale dizer, é proibido o desenvolvimento de qualquer atividade laboral "a menores de dezesseis anos, salvo na condição de aprendiz, a partir de quatorze anos" (art. 7º, XXXII, Constituição da República) (Ramidoff, 2012).

A partir dos 16 anos de idade, já é possível o desenvolvimento de atividades laborais por adolescentes, desde que se encontre regulamentada tal atividade, em atenção à legislação estatutária, cujo conteúdo substancial a ser empreendido deve atentar para a formação educacional (pedagógica) e cidadã do jovem trabalhador. No Brasil, a exploração do trabalho infantil vem sendo combatida com adoção de políticas públicas e programas sociais – como o Programa de Erradicação do Trabalho Infantil (Peti) – cuja implementação, fiscalização e responsabilização legal encontram-se a cargo do Ministério Público

Federal do Trabalho, com atuação no sistema de justiça trabalhista (Ramidoff, 2012).

Ademais, é certo, há toda a mobilização social (inciso VII do art. 88 do Estatuto da Criança e do Adolescente) de prevenção da ocorrência de ameaça ou violação dos direitos afetos à criança e ao adolescente (art. 70 do mesmo estatuto), entre eles certamente os trabalhistas (Rossato; Lépore, 2011b). O jovem deve desenvolver potencialidades humanas que o capacitem para ocupações lícitas e saudáveis, por meio das próprias atividades laborais profissionalizantes, estimulando-o, assim, para o exercício da cidadania plena e a melhoria da qualidade de vida individual e coletiva, emancipando-o subjetivamente (Ramidoff, 2012).

O Estatuto da Criança e do Adolescente prevê diretrizes à contratação de "mão de obra" juvenil, bem como estabelece limitações legais assecuratórias dos direitos individuais fundamentais à profissionalização e à proteção ao trabalho - art. 69 da Lei n. 8.069/1990. Com isso, procura-se evitar o deslocamento da preocupação humanitária e integral do adolescente para as meras "trocas mercantis e a ligação das diferentes unidades econômicas pelo mercado" (Pasukanis, 1989). O adolescente encontra-se amparado não só pela legislação estatutária, mas também pelas demais figuras legislativas que cuidem da matéria trabalhista pertinente à adolescência (entre elas as convenções internacionais, bem como aquelas diretrizes exaradas pela Organização Internacional do Trabalho - OIT), as quais o incentivam à organização do trabalho e ao associativismo (Silva; Mendez; Cury, 1996).

# Capítulo 3

## *Prevenção*

A condição humana peculiar de pessoa em desenvolvimento - isto é, infância ou adolescência - constitui critério determinativo para a adequação do exercício do direito à informação, cultura, lazer, esportes, diversões, espetáculos, produtos e serviços destinados à criança e ao adolescente. Para além dos deveres e obrigações estatutariamente previstos, de igual maneira, devem ser respeitados os ditames principiológicos - por exemplo, da doutrina da proteção integral e da absoluta prioridade - que se destinam também à prevenção especial de ofensas aos direitos da criança e do adolescente. Tais ofensas decorrentes do desrespeito às regras estatutárias destinadas à prevenção, por certo, ensejarão a responsabilização administrativa, civil e penal, respectivamente, da pessoa física ou jurídica (Ramidoff, 2012).

## — 3.1 — Disposições gerais

Os direitos individuais, de cunho fundamental, afetos à infância e à adolescência devem ser colocados a salvo de toda e qualquer ameaça ou violência, cabendo, assim, a todos o dever de prevenir ocorrências que possam ofendê-los (art. 70 da Lei n. 8.069, de 13 de julho de 1990 - Brasil, 1990b). Essa proposição afirmativa é decorrência direta do que se encontra expressamente previsto no *caput* do art. 227 da Constituição da República de 1988, segundo o qual é dever da família, da sociedade e do Estado assegurar, com absoluta prioridade, a efetivação dos direitos fundamentais da criança e do adolescente (Ramidoff, 2012).

A Lei n. Lei n. 13.010, de 26 de junho de 2014 (Brasil, 2014c) acrescentou o art. 70-A à Lei n. 8.069/1990 (Estatuto da Criança e do Adolescente), o qual passou a regulamentar a articulação entre os entes de direito público interno (União, Estados, Distrito Federal e Municípios) na e para a "elaboração de políticas públicas e na execução de ações destinadas a coibir o uso de castigo físico ou de tratamento cruel ou degradante e difundir formas não violentas de educação de crianças e de adolescentes".

As diretrizes e linhas de ação das políticas sociais públicas específicas relacionadas à atenção integral à saúde desde o pré-natal encontram-se estabelecidas nos arts. 7° a 14 da Lei n. 8.069/1990, e contemplam inúmeras medidas administrativas e judiciais (legais) para a efetivação do direito individual (fundamental) à saúde.

A efetivação de políticas sociais públicas específicas se destina ao asseguramento e à promoção do nascimento e do desenvolvimento sadio e harmonioso (art. 7°), como a realização de exames, diagnósticos e terapias sobre anormalidades no metabolismo, mediante prestação de orientações aos pais (inciso III do art. 10).

A promoção, a reflexão, o debate e a orientação sobre alternativas ao castigo físico, tratamento cruel ou degradante no processo educativo, contudo, não se restringe aos pais ou responsáveis, estendendo-se a todo aquele que direta e indiretamente estiver envolvido contratual ou legalmente com o processo educativo – e educacional (socioeducativo, por exemplo) – da criança ou do adolescente.

Até porque, não se afigura compatível tampouco pertinente toda e qualquer forma de violência como estratégia, lógica ou método de processo educativo. Não deve haver alternativas, mas, sim, eliminação de toda forma de violência – castigo físico, crueldade ou degradação da pessoa – que se emprega (indevidamente) a título de disciplina e ou de educação.

As alternativas devem suprimir toda sorte de violência, e, por conseguinte, oferecer parâmetros regulatórios (legais) para a formação educacional de viés humanitário que respeite a condição humana peculiar de desenvolvimento da criança e do adolescente, na condição de sujeitos de direito.

Dessa maneira, as alternativas ao processo educativo devem buscar alinhamento aos ditames constitucionais (art. 227 da Lei n. 8.609/1990) e estatutários (art. 5º da Constituição de 1988), que, expressamente, proíbem toda "forma de negligência, discriminação, exploração, violência, crueldade e opressão".

Ainda, nos termos do inciso VI do art. 70-A da Lei n. 8.069/1990, por "espaços intersetoriais locais" é possível compreender a possibilidade de construção de espacialidades públicas próprias para o exercício da palavra e da ação, como fóruns sociais e comissões intersetoriais permanentes.

Os "espaços intersetoriais locais" são indispensáveis para a formação e a manutenção de "redes" de promoção, proteção e defesa dos direitos da criança e do adolescente, bem como de prevenção de ameaças e de violências contra esses novos sujeitos de direito.

Dessa maneira, é possível construir, manutenir, desenvolver e sustentar a intersetorialidade necessária para a comunicação de conhecimentos e experiências em prol da cidadania infantoadolescente e da emancipação subjetiva da criança e do adolescente para a melhoria da qualidade de vida individual e coletiva.

A gestão pública, atualmente, deve envolver a criação e a manutenção dos acessos para efetivação da participação popular por meio do compartilhamento de técnicas específicas e de experiências sociocomunitárias que possam ser articuladas conjuntamente com base na localidade das redes integradas de promoção e proteção da criança e do adolescente.

Os "espaços intersetoriais locais" são, portanto, determinantes para a articulação de ações conjuntas – em alinhamento com o disposto no *caput* (conjunto articulado de ações) do art. 86 da Lei n. 8.069/1990 –, isto é, da própria intersetorialidade que muito bem pode ser desenvolvida a partir de termos de cooperação técnica e compartilhamento de atribuições em rede integrada de proteção.

A localidade dos "espaços intersetoriais", por sua vez, orienta-se pela ideia de municipalização do atendimento, como diretriz da política de atendimento, conforme prevê o inciso I do art. 88 da Lei n. 8.069/1990.

Os "planos de atuação conjunta" (art. 70-A, VI, Lei n. 8.069/1990) poderão muito bem ser estabelecidos por meio de termos de cooperação técnica entre os órgãos governamentais e não governamentais (órgãos de promoção, proteção e defesa dos direitos da criança e do adolescente), com o intuito de que não se sobreponham as atribuições legais.

O Ministério Público, a Defensoria Pública, os conselhos tutelares, as comissões de direitos humanos, da criança e do adolescente da Ordem dos Advogados do Brasil (OAB), das assembleias legislativas e das câmaras municipais também são considerados "órgãos de promoção, proteção e defesa dos direitos da criança e do adolescente" (art. 70-A, VI).

As "famílias em situação de violência" (art. 70-A, VI), não são somente aquelas que praticam atos de violência física, psíquica (moral) e ou social contra a criança ou o adolescente, mas também toda aquela que é determinada por inações sociais e estatais, abandonada, por assim dizer, à própria sorte, por falta de políticas sociais públicas específicas de apoio institucional, tendo inclusão obrigatória em programas de auxílio (art. 23, § 1º, Lei n. 8.069/1990).

Assim, para além da participação dos profissionais de saúde, de assistência social e de educação, será determinante para a promoção dos mencionados espaços intersetoriais, para articulação de ações e de planos de atuação conjunta, a participação de órgãos de promoção, proteção e defesa dos direitos da criança e do adolescente.

Os órgãos de promoção, proteção e defesa dos direitos da criança e do adolescente podem ser governamentais – como Ministério Público, Defensoria Pública, Conselho Tutelar, entre outros – e não governamentais.

O art. 70-A da Lei n. 8.069/1990, por sua vez, passou a ser acrescido dos incs. VII a XIII, os quais regulamentam os estudos e as pesquisas acerca das formas de violência contra a criança e o adolescente, com o objetivo de sistematização dos dados nacionalmente unificados e para avaliação periódica dos resultados das medidas adotadas para a prevenção e o enfrentamento.

Não fosse isso, observa-se que os valores da dignidade da pessoa humana são diretrizes legalmente estabelecidas que importam para a adoção das medidas adequadas como forma de coibir a violência contra esses sujeitos de direito, pelo que não se admite mais toda e qualquer forma violenta que se pretenda utilizar a título de educação, correção ou disciplina.

As campanhas educativas devem ser direcionadas ao público escolar e à sociedade em geral, com o intuito de difundir os valores humanitários e os mecanismos de proteção da criança e do adolescente; senão, como expressamente se encontra disposto, "incluídos os canais de denúncia existentes" (inc. IX do art. 70-A da Lei n. 8.069/1990).

Com o objetivo de implementar, fomentar e manutenir programas de erradicação da violência contra a criança e o adolescente, acrescentou-se na legislação infancista a possibilidade de celebração de convênios, protocolos, ajustes, termos e outros instrumentos de promoção em parceria entre órgãos governamentais e mesmo com entidades não governamentais.

A capacitação permanente é outra importante estratégia para a atualização e a troca de experiências na prevenção e no enfrentamento da violência contra a criança e o adolescente, como encontra-se previsto no inc. XI do art. 70-A da Lei n. 8.069/1990.

Polícias, Guarda Municipal, Corpo de Bombeiros, educadores, conselheiros tutelares e todos os agentes que direta ou indiretamente atuam na promoção, na proteção e na defesa dos direitos das pessoas que se encontram na condição humana peculiar de desenvolvimento da personalidade (crianças e adolescentes) devem ser permanentemente capacitados para que, assim, possam identificar situações de violência então vivenciadas por infantes e adolescentes no âmbito familiar ou da entidade em que se encontrem institucionalizados.

Ainda, verifica-se que dentre as principais ações para coibir castigos físicos, tratamento cruel ou degradante e, também, toda e qualquer forma violenta que se pretenda utilizar a título de educação, correção ou disciplina, encontra-se a promoção de programas educacionais para a difusão de valores éticos que sirvam de orientação para o irrestrito respeito à dignidade da pessoa humana; senão, que, de igual maneira, os "programas de fortalecimento da parentalidade positiva, da educação sem castigos físicos e de ações de prevenção e enfrentamento da violência doméstica e familiar contra a criança e o adolescente" (inc. XII do art. 70-A da Lei n. 8.069/1990).

No mais, observa-se que a prevenção, a identificação e a resposta à violência doméstica e familiar devem passar obrigatoriamente a fazer parte dos conteúdos curriculares das escolas em todos os níveis de ensino, pesquisa e extensão (educacional).

O parágrafo único do art. 70-A, acrescido à Lei n. 8.069/1990, determina que as famílias com crianças ou adolescentes com deficiência física ou psíquica (mental) terão a garantia fundamental de prioridade no atendimento relativo a ações de prevenção e de proteção, bem como na formulação e na execução de políticas sociais públicas específicas que se destinem à prevenção e à proteção.

A proposição legislativa se alinha, assim, ao sistema protetivo diferenciado para crianças e adolescentes com deficiência e/ou com doença crônica, assegurando o pronto atendimento integral à saúde, por meio da priorização nas ações, formulações e execuções - principalmente orçamentárias - de políticas públicas voltadas à prevenção de ameaças, doenças, negligências, maus-tratos, abandono, tratamento cruel ou degradante, bem como à proteção integral desses novos sujeitos de direito.

A priorização do atendimento das famílias com crianças ou adolescentes com deficiência(s), por meio de ações e políticas públicas, também, por isso, pode ser considerada uma forma de apoio institucional aos núcleos familiares que necessitam de acesso a informações, orientações, tratamentos, medicamentos, de forma diferenciada, não só em razão da condição humana peculiar de desenvolvimento, mas também em razão da necessidade de atenção integral à saúde desses sujeitos de direito.

As ações e as políticas sociais públicas específicas relacionadas à prevenção e à proteção integral das crianças e dos adolescentes, aqui, destacadamente, com deficiência(s) são opções democráticas de caráter político-sociais de atenção integral à saúde infantoadolescente. Mais que isso, devem ser consideradas diretrizes para elaboração dos planejamentos estratégicos que vinculem os gestores públicos em todos os níveis de governo.

A Lei n. 13.046, de 1º de dezembro de 2014 (Brasil, 2014d), incluiu o art. 70-B na Lei n. 8.069/1990, determinando que as entidades, públicas e privadas, com atuação nas áreas de informação, cultura, lazer, esportes, diversões, espetáculos e produtos e serviços, contem com colaboradores, servidores e funcionários capacitados "a reconhecer e comunicar ao Conselho Tutelar suspeitas ou casos de maus-tratos praticados contra crianças e adolescentes".

Essa comunicação é compulsória, sob pena de responsabilização administrativa, civil e criminal, não importando que o injustificado retardamento ou omissão tenha se dado de forma culposa ou dolosa. Portanto, são puníveis "as pessoas encarregadas, por razão de cargo, função, ofício, ministério, profissão ou ocupação, do cuidado, assistência ou guarda de crianças e adolescentes" (art. 70-B) que assim se conduzirem.

A Lei n. 14.433/2022 (Lei Henry Borel) deu nova redação ao caput do art. 70-B da Lei n. 8.069/1990 (Estatuto da Criança e do Adolescente), para assim fazer constar expressamente que as entidades públicas ou privadas que atuem nas áreas da saúde e da educação devam contar, em seus respectivos quadros de pessoal, com agentes capacitados a identificar e a comunicar as suspeitas de casos de crimes contra a criança e ao adolescente, para o Conselho Tutelar.

## — 3.2 —
## Prevenção especial

A prevenção especial destina-se a impedir violações e ameaças à plenitude da cidadania infantoadolescente, precisamente ao regulamentar o exercício de direitos individuais (fundamentais) relacionados a informação, cultura, lazer, esportes, diversões e espetáculos; bem como de produtos e serviços que são direcionados à criança ou ao adolescente; além, é certo, da autorização para viagem (Ramidoff, 2012).

### — 3.2.1 —
### Informação, cultura, lazer, esportes, diversões e espetáculos

As diversões e os espetáculos públicos deverão atender à regulação administrativa previamente estabelecida pelo órgão público competente, o qual, por meio de instrumento próprio, informará a natureza, a recomendação etária, os locais e os horários para apresentação que se afigure inadequada à criança ou ao adolescente. A classificação indicativa das faixas etárias relativa a diversões e espetáculos públicos é de competência exclusiva da União (art. 220, § 3º, Constituição de 1988), que, por meio da Secretaria Nacional de Justiça, do Ministério da Justiça, emite portarias regulatórias para tal desiderato (Ramidoff, 2012).

A autoridade judiciária poderá estabelecer limitações ao acesso de criança e adolescente aos locais, e em determinados horários, nos quais se realizem apresentações de espetáculos públicos ou diversões que sejam inadequadas a esses sujeitos de direito (art. 149, Lei n. 8.069/1990).

Entretanto, observa-se que o referido estatuto expressamente proíbe a entrada e a permanência de criança com idade inferior a 10 anos desacompanhada de seus pais ou responsáveis, nos locais destinados a diversões, bem como a apresentação ou exibição de espetáculos públicos adequados a essa faixa etária. As emissoras de rádio e televisão, para além de apenas poderem emitir e exibir, nos horários recomendados para o público infantoadolescente, programação que se destine a educação, artes, cultura e informação, deverão, previamente à transmissão, destacar em aviso próprio a classificação indicativa da faixa etária não recomendada à criança ou ao adolescente (Ramidoff, 2012).

Todas as pessoas envolvidas na locação ou alienação de obras audiovisuais – vídeo, CD (*Compact Disc*), DVD (*Digital Video Disk*), BD (*Blu-ray Disc*), entre outros – deverão respeitar a classificação indicativa da faixa etária recomendada pelo Ministério da

Justiça (Portaria n. 1.100, de 14 de julho de 2006 – Brasil, 2006d), a qual deverá constar do invólucro do produto, junto das informações sobre sua natureza. As publicações que contenham capa ou conteúdo pornográficos e/ou obscenos deverão ser comercializadas em embalagens opacas e lacradas; aquelas que tenham material inadequado também deverão conter advertência sobre o respectivo conteúdo impróprio para criança e adolescente (Ramidoff, 2012).

Em linha com o disposto no parágrafo 4º do art. 220 da Constituição de 1988, aqui, a título de prevenção especial, expressamente, proíbe-se a inclusão de conteúdos relacionados a bebidas alcoólicas, tabaco, armas e munições, em toda e qualquer publicação destinada ao público infantoadolescente. Não é permitido o ingresso e a permanência de crianças e adolescentes nos estabelecimentos que realizem apostas (casas de jogos) ou que explorem comercialmente bilhar, sinuca ou congênere, inclusive, impondo-se aos responsáveis por tais estabelecimentos a veiculação de aviso, mediante afixação no local de informações para orientação do público (Ramidoff, 2012).

## — 3.2.2 — Produtos e serviços

O Estatuto da Criança e do Adolescente veda expressamente a comercialização de determinados produtos e a prestação de serviços à criança e ao adolescente, precisamente, por serem considerados inadequados ou impróprios à condição humana de desenvolvimento em que tais sujeitos se encontram. Por essa razão, é proibida a venda de armas, munições e explosivos para crianças ou adolescentes, bem como de fogos de estampido e de artifício; contudo, a comercialização é permitida - e, portanto, regulamentada - quando esses fogos apresentam reduzido potencial e são incapazes de provocar qualquer dano físico em caso de utilização indevida (Ramidoff, 2012).

As bebidas alcoólicas, os produtos cujos componentes possam causar dependência física ou psíquica ainda que por utilização indevida, as revistas e publicações que contenham material impróprio ou mensagens pornográficas ou obscenas, assim como bilhetes lotéricos e equivalentes, não podem ser vendidos para crianças e adolescentes. A hospedagem de criança ou adolescente apenas será permitida quando estiver acompanhado pelos pais ou responsável; quando não, expressamente autorizada por estes. O parentesco deverá ser comprovado por documento de identificação civilmente admitido; o responsável ou a pessoa que tenha autorização deverá comprovar sua condição por meio de documentação própria ou decisão judicial (Ramidoff, 2012).

### — 3.2.3 —
### Autorização para viajar

Em regra, a autorização para criança ou adolescente viajar encontra-se estatutariamente regulamentada; contudo, com o advento do Conselho Nacional de Justiça, e por consequência da emissão das Resoluções n. 51/2008, 55/2008, 74/2009, 131/2011 e, mais recentemente, 295/2019 (CNJ, 2022), verifica-se que as regras estatutárias restaram mitigadas. A criança apenas poderá viajar para fora da comarca em companhia dos genitores ou de responsável legal; do contrário, deverá ser obtida expressa autorização com firma reconhecida ou autorização judicial (Ramidoff, 2012).

A Lei n. 13.812, de 16 de março de 2019 (Brasil, 2019b), deu nova redação ao art. 83 da Lei n. 8.069/1990: "Nenhuma criança ou adolescente menor de 16 (dezesseis) anos poderá viajar para fora da comarca onde reside desacompanhado dos pais ou dos responsáveis sem expressa autorização judicial".

No entanto, observa-se que a autorização judicial não será exigida quando se tratar de viagem para comarca contígua à comarca em que reside a criança ou o adolescente com idade inferior a 16 anos, desde que se situem na mesma unidade da Federação, ou se encontrem incluídas na mesma região metropolitana (Lei n. 8.069/1990, art. 83, § 1º, "a").

Outrossim, conforme a alínea "b" do parágrafo 1º do art. 83 da Lei n. 8.069/1990:

> § 1º A autorização não será exigida quando:
>
> [...]
>
> b) a criança ou o adolescente menor de 16 (dezesseis) anos estiver acompanhado:

1) de ascendente ou colateral maior, até o terceiro grau, comprovado documentalmente o parentesco;

2) de pessoa maior, expressamente autorizada pelo pai, mãe ou responsável.

Logo, o adolescente com idade igual ou superior a 16 anos pode transitar livremente por todo o território nacional, independentemente da companhia dos genitores ou de autorização judicial e/ou legalmente admissível (passaporte com autorização expressa e específica) e exigível.

No entanto, o adolescente não tem capacidade civil para aquisição de passagens para os transportes – rodoviário, aéreo, fluvial ou marítimo – interestaduais, vedando-se, assim, a possibilidade de tal comercialização, a não ser, com maior razão, por entrega ou aquisição simulada por meio de terceira pessoa. No caso de viagem de criança ou adolescente ao exterior, apenas não se exigirá autorização quando estiver em companhia de ambos os genitores; ou de um dos genitores, mediante autorização expressa e com firma reconhecida do outro; se não, desacompanhado ou em companhia de terceiros maiores e capazes expressamente autorizados pelos genitores. A autorização judicial poderá ser concedida com prazo de validade de até dois anos, conforme solicitação dos genitores ou responsável legal, com o intuito principalmente de que se facilite o deslocamento da criança, em situações familiares que determinem viagens constantes a núcleos familiares diversos – por exemplo, na guarda compartilhada entre genitores e ascendentes (Ramidoff, 2012).

É o que pode ser também presumido, conforme dispõe o art. 3º da Resolução n. 295/2019, do Conselho Nacional de Justiça, segundo o qual, os "documentos de autorizações dados por genitores e responsáveis legais deverão discriminar o prazo de validade, compreendendo-se, em caso de omissão, que a autorização é válida por dois anos".

Entretanto, nas hipóteses em que a criança ou o adolescente brasileiro for viajar para o exterior em companhia de estrangeiro que não reside no território nacional, torna-se imprescindível a prévia e expressa autorização judicial para a sua saída do país. Contudo, sendo o estrangeiro o genitor da criança ou adolescente e, ainda que nascido no Brasil, não tiver nacionalidade brasileira, por certo, torna-se dispensável a autorização judicial para a viagem de criança ou adolescente ao exterior acompanhado por estrangeiro residente ou domiciliado fora do país (Resolução n. 131/2011, do Conselho Nacional de Justiça – CNJ, art. 3º, § único) (Ramidoff, 2012).

Além disso, constata-se que a Resolução n. 295/2019, do Conselho Nacional de Justiça, ao cuidar de autorização para viagem de crianças e adolescentes no território nacional, dispôs que não se exigirá autorização judicial para viajar quando a criança ou o adolescente com idade inferior a 16 anos, apesar de desacompanhado, estiver expressamente autorizado por qualquer um de seus genitores ou responsável legal, "por meio de escritura pública ou de documento particular com firma reconhecida por semelhança ou autenticidade" (art. 2º, III, Resolução CNJ n. 295/2019).

De igual maneira, não se exigirá autorização judicial para viajar quando "a criança ou o adolescente menor de 16 anos apresentar passaporte válido e que conste expressa autorização para que viajem desacompanhados ao exterior" (art. 2º, IV, Resolução CNJ n. 295/2019).

# Capítulo 4

## *Política de atendimento*

O Estatuto da Criança e do Adolescente descreve normativamente o que se entende por *política de atendimento* – art. da Lei n. 8.069, de 13 de julho de 1990 (Brasil, 1990b) –, isto é, a articulação de atividades desenvolvidas direta e indiretamente por organismos governamentais e não governamentais para a efetivação dos direitos fundamentais da criança e do adolescente. Os entes jurídicos de direito público interno deverão conjugar suas atribuições com as das organizações da sociedade civil para o atendimento dos direitos infantojuvenis, por meio de ações articuladas em todos os níveis de governo. Com isso, o Estatuto da Criança e do Adolescente passa a descrever quais são as linhas de ação e as diretrizes da política de atendimento à criança e ao adolescente e, tal-qualmente, aos respectivos núcleos familiares e comunitários a que pertencem (Ramidoff, 2012).

## — 4.1 —
## Linhas de ação da política de atendimento

A política de atendimento tem por linhas de ação as políticas sociais básicas, isto é, aquelas vinculadas ao estabelecimento de acesso para o exercício dos direitos fundamentais da criança e do adolescente, tendo-se em conta suas necessidades vitais básicas – art. 87 da Lei n. 8.069/1990 (Ramidoff, 2012).

A Lei n. 13.257, de 8 de março de 2016 (Brasil, 2016a), alterou o conteúdo normativo do inciso II do art. 87 da Lei n. 8.069/1990, para, assim, estabelecer, como uma nova expressão da linha de política de atendimento, a prestação de "serviços, programas, projetos e benefícios de assistência social de garantia de proteção social e de prevenção e redução de violações de direitos, seus agravamentos ou reincidências".

As crianças e adolescentes vítimas de negligência, maus-tratos, exploração, abuso, crueldade e opressão deverão ter acesso não só a atendimento especializado – médico e psicossocial –, mas também a serviços especiais que se destinem à prevenção de tais ofensas. Os poderes públicos serão responsáveis, assim como as entidades civis serão incentivadas, por criação, prestação e manutenção de serviço destinado à identificação e localização dos genitores, dos responsáveis legais, e de crianças e adolescentes desaparecidos. O intuito precípuo é estabelecer parâmetros familiares (afinidade, afetividade e parentesco) e sociais (comunitários) para a adoção de medidas legais idôneas voltadas à proteção integral desses novos sujeitos de direito; além da possível responsabilização civil, administrativa e penal de prejuízos e ofensas praticadas em detrimento da cidadania infantojuvenil (Ramidoff, 2012).

As entidades civis e as organizações públicas que desenvolvem ações e atendimentos diretos da criança e do adolescente, além de promoverem os direitos individuais e as garantias fundamentais desses sujeitos de direito, podem adotar as medidas jurídicas e sociais em defesas desses novos sujeitos de direito. A proteção jurídico-social, na verdade, assegura legitimidade processual às entidades civis e as organizações governamentais de defesa dos direitos da criança e do adolescente a promoverem as medidas legais e sociais que se afigurarem necessárias ao asseguramento dos direitos individuais e das garantias fundamentais infantoadolescentes (Ramidoff, 2012).

Com a reforma estatutária realizada pela Lei n. 12.010, de 3 de agosto de 2009 (Brasil, 2009a), determinou-se a formulação e a execução de políticas e programas que se destinem a evitar ou reduzir o lapso temporal de afastamento do convívio familiar. Dessa maneira, a regulamentação estatutária busca assegurar o pleno exercício do direito individual (fundamental) do convívio familiar e comunitário de crianças e adolescentes, então previsto no art. 19. Em alinhamento com tais políticas e programas, a Lei n. 12.010/2009 também acrescentou à legislação estatutária a formulação de campanhas de estímulo ao acolhimento, como uma nova linha de ação, com o fito de que assim se produza ampla mobilização social acerca da guarda e adoção de crianças e adolescentes que se encontrem em situações especiais (Ramidoff, 2012).

A guarda e a adoção inter-racial de crianças maiores ou de adolescentes, que tenham necessidades específicas de saúde ou com deficiências, assim como a hipótese de grupos de irmãos, deverão ser contempladas em campanhas de estímulo ao acolhimento. A finalidade de tais campanhas, vale dizer, da ampla mobilização social - da opinião pública e do senso comum (técnico) - é o asseguramento do efetivo exercício do direito fundamental à convivência familiar e comunitária da criança e do adolescente que se encontre em uma das situações expressas (Ramidoff, 2012).

## — 4.2 —
## Diretrizes da política de atendimento

No art. 88, o Estatuto da Criança e do Adolescente estabelece as diretrizes a serem observadas na política de atendimento. A seguir, comentam-se cada um dos incisos do citado dispositivo.

### — 4.2.1 —
### Municipalização

A municipalização do atendimento constitui uma das diretrizes orientativas para a formulação e execução de políticas sociais públicas que se destinem à efetivação dos direitos da criança e do adolescente, bem como à (re)estruturação familiar e comunitária de seu núcleo parental (inciso I do art. 88 da Lei n. 8.069/1990). A criança e o adolescente nascem, vivem e desenvolvem suas personalidades no município em que residem com seus pais, responsável e familiares, exercendo, assim, diuturnamente, a cidadania infantojuvenil por meio da efetivação do direito individual fundamental à convivência familiar e comunitária (Ramidoff, 2012).

Porquanto, as políticas, os projetos e os programas de atendimento deverão ser desenvolvidos na municipalidade, inclusive, com o repasse não só de verbas e recursos públicos - fundo a fundo, por exemplo -, mas também por meio da estruturação material e pessoal de serviços que se destinem ao atendimento direto da criança e do adolescente. A municipalização como diretriz orientativa para a formulação e execução de políticas sociais públicas, projetos e programas de atendimento da criança e do adolescente, de igual maneira, alinha-se à descentralização político-administrativa e à regionalização de serviços, funções e atribuições a serem desenvolvidos em prol da infância e da adolescência (Ramidoff, 2012).

## — 4.2.2 —
## Conselhos

Com o advento do Estatuto da Criança e do Adolescente, instituiu-se no Brasil uma nova dimensão democrática, isto é, uma verdadeira rede de conselhos que, além do asseguramento dos direitos individuais e das garantias fundamentais do direito infantoadolescente, desenvolvem atividades relevantes para a formulação de políticas sociais públicas em prol daqueles novos sujeitos de direito. Os conselhos municipais, estaduais, distrital, nacional e os conselhos tutelares devem antes de tudo zelar pelos direitos da criança e do adolescente, no âmbito de suas atribuições e competências (art. 88, II, Lei n. 8.069/1990) (Ramidoff, 2012).

Para tanto, os mencionados conselhos deverão desenvolver suas atribuições legais, de forma articulada, procurando minorar tanto quanto possível os entraves organizacionais (estruturais e funcionais) determinados pela burocratização dos serviços a serem prestados e que historicamente têm impossibilitado a aproximação regional e a integração nacional.

Entretanto, as ações desenvolvidas por inúmeros conselhos têm sido particularizadas pela total desarticulação com as demais instâncias colegiadas, impossibilitando o aprimoramento de medidas legais, do funcionalismo e agilidade do atendimento. A troca de informações e experiências, por exemplo, impede o sacrifício de direitos que se encontram ameaçados, precisamente, pela melhor compreensão e entendimento acerca da atuação dos membros desses conselhos, em prol da infância e da adolescência. A estrutura física, a capacitação permanente dos conselheiros e do pessoal que trabalha nos conselhos constitui um importante fator de melhoria do atendimento da criança e do adolescente, bem como do cumprimento adequado das funções deliberativas na e para a formulação das políticas públicas destinadas à criança e ao adolescente (Ramidoff, 2012).

Enfim, os conselhos não podem ser reduzidos à mera instância da democracia política, devendo se inserir na democracia social e participativa (Baratta, 2001); isto é, com a atuação direta por membros das comunidades (Ramidoff, 2012).

## Conselhos dos direitos

O Conselho dos Direitos da Criança e do Adolescente é um colegiado formado por entidades governamentais e não governamentais, com atuação na área da infância e da adolescência, cuja finalidade precípua é a formulação de políticas sociais públicas destinadas à efetivação dos direitos individuais e das garantias fundamentais da criança e do adolescente. O Conselho dos Direitos deverá ser criado no âmbito nacional, estadual, distrital e municipal, e a participação das entidades governamentais e não governamentais deverá observar a forma paritária, isto é, mantendo número igual de representantes. Os conselhos dos direitos, assim, deverão articular suas atribuições com o intuito de que no âmbito territorial de sua competência integrem as políticas sociais públicas, em que pese a independência funcional de cada uma das instâncias de poder (Ramidoff, 2012).

As deliberações do Conselho Nacional dos Direitos são vinculativas para os gestores públicos em todos os níveis de governo; e, de igual maneira, as deliberações do conselho estadual, distrital ou municipal, respectivamente, em cada âmbito territorial de sua competência. Na formulação de diretrizes para a construção de políticas públicas, os conselhos dos direitos têm um longo caminho a seguir, pois, lamentavelmente, ainda são politicamente indizíveis, e, socialmente, invisíveis. Os membros do conselho nacional, estadual, distrital ou municipal dos direitos desenvolvem atividades legalmente estabelecidas, exercendo, pois, função considerada de interesse público relevante, mas, que, no entanto, não é remunerada, conforme expressamente dispõe o art. 89 do Estatuto da Criança e do Adolescente (Ramidoff, 2012).

Os conselhos dos direitos, por tal razão, inserem-se na política de atendimento que se vincula ao sistema de garantias dos direitos, de forma indireta, pois se circunscreve à elaboração de programas e ações em prol da emancipação subjetiva e da efetivação da cidadania infantoadolescente.

Os conselhos dos direitos também deliberam sobre matérias pertinentes à implementação organizacional, estrutural e funcional das entidades de atendimento, cujas decisões colegiadas são objetivadas em resoluções que limitam a discricionariedade dos gestores públicos, os quais são subordinados a critérios, pressupostos e metodologias estabelecidas nas políticas públicas que são constituídas por meio da participação paritária naquelas espacialidades públicas para o exercício democrático da palavra e da ação.

Os conselhos dos direitos, ao deliberarem sobre as políticas públicas afetas aos interesses coletivos e indisponíveis, aos direitos individuais e sociais e às garantias fundamentais asseguradas constitucional e estatutariamente à população infantoadolescente, inserem-se no sistema de garantias dos direitos. Ilustra isso quando deliberam sobre o repasse de verbas para projetos sociais, como medida direta de promoção e defesa dos direitos da criança e do adolescente.

# Conselho Tutelar

O Conselho Tutelar é um órgão colegiado não jurisdicionalizado, cuja autonomia e independência funcional destinam-se ao atendimento direto da criança e do adolescente com a finalidade de efetivação de seus direitos individuais e o asseguramento de suas garantias fundamentais. No entanto, a falta de articulação do trabalho em rede, a nem sempre adequada remuneração e amparo social, as reduzidas condições de dignidade para o exercício das atribuições que estatutariamente lhes são destinadas e as decisões isoladas e não deliberadas pelo colegiado constituem fatores prejudiciais ao regular funcionamento dos conselhos. O Conselho Tutelar tem sua criação, constituição e funcionamento regulamentados pela Resolução n. 139, de 17 de março de 2010, do Conselho Nacional dos Direitos da Criança e do Adolescente (Conanda, 2010) (Ramidoff, 2012).

O Conanda sempre pautou nas agendas públicas a importância da interface entre os integrantes da rede de proteção e do sistema de justiça, com o intuito de organizar e estruturar os conselhos tutelares desde o processo de formação de seus membros, perpassando pela regulamentação do atendimento e da eficiência. Ademais, mostra privilegiar as decisões colegiadas e o desempenho ético das atribuições que foram legalmente destinadas ao Conselho Tutelar.

As atribuições, a fiscalização, a articulação, o orçamento e a função social desenvolvidas pelo Conselho Tutelar, por isso mesmo, devem ser ser estruturadas no viés civilizatório-humanitário, cuja importância está na busca da melhoria da qualidade de vida da criança, do adolescente e de seus respectivos núcleos familiares e comunitários. Justifica-se aí a extrema importância da regulamentação do Conselho Tutelar, bem como do processo de escolha, recondução e responsabilização administrativa, cível e até mesmo criminal dos conselheiros tutelares.

Os conselhos tutelares têm atuação híbrida, uma vez que tanto desenvolvem suas atribuições típicas - isto é, diretamente com a criança e o adolescente, incluindo seus respectivos núcleos familiares - quanto indiretamente adotam ações próprias mediante encaminhamentos relativos à política de atendimento, como indica o inciso IX do art. 136 da Lei n. 8.069/1990, no acompanhamento das medidas de proteção.

Além disso, o Conselho Tutelar pode representar, em nome da pessoa e da família, em virtude mesmo de violação aos direitos previstos no inciso II do art. 220 da Constituição de 1988 (Brasil, 1988):

> Art. 220. A manifestação do pensamento, a criação, a expressão e a informação, sob qualquer forma, processo ou veículo não sofrerão qualquer restrição, observado o disposto nesta Constituição.
>
> [...]
>
> II - estabelecer os meios legais que garantam à pessoa e à família a possibilidade de se defenderem de programas ou programações de rádio e televisão que contrariem o disposto

no art. 221, bem como da propaganda de produtos, práticas e serviços que possam ser nocivos à saúde e ao meio ambiente.

Outrossim, o Conselho Tutelar poderá encaminhar representação ao Ministério Público, com o intuito de que a instituição ministerial proponha ações de perda (destituição) ou suspensão do poder familiar, desde que esgotadas as possibilidades de manutenção da criança ou do adolescente no núcleo familiar de origem (natural).

Ainda na mesma temática, a Lei n. 13.046, de 1º de dezembro de 2014 (Brasil, 2014d)incluiu o inciso XII ao art. 136 da Lei n. 8.069/1990, descrevendo mais uma atribuição ao Conselho Tutelar, qual seja, a de "promover e incentivar, na comunidade e nos grupos profissionais, ações de divulgação e treinamento para o reconhecimento de sintomas de maus-tratos em crianças e adolescentes".

## — 4.2.3 —
## Descentralização político-administrativa

O art. 204 da Constituição de 1988 determina que as ações governamentais na assistência social serão realizadas com recursos do orçamento da seguridade social, previstos no art. 195, além de outras fontes, e organizadas com base na descentralização político-administrativa e na participação popular. Assim, a descentralização político-administrativa (inciso III do art. 88 da Lei n. 8.069/1990) e a participação (paritária) popular constituem as diretrizes democráticas para o desenvolvimento de toda e qualquer atribuição legalmente estabelecida na formulação, na execução e na manutenção de programas e políticas sociais públicas, destinadas à infância e à adolescência (Ramidoff, 2012).

O art. 195 da Constituição de 1988 regulamenta a forma de captação de recursos para a seguridade social, a qual será financiada por toda a sociedade, mediante recursos provenientes dos orçamentos dos entes de direito público interno e das contribuições sociais expressamente elencadas na referida figura legislativa constitucional. Em linha com tais diretrizes, encontra-se expressamente determinado, no parágrafo 7º do art. 227 da Constituição, que a descentralização político-administrativa deverá ser adotada no atendimento dos direitos da criança e do adolescente (Ramidoff, 2012).

## — 4.2.4 —
## Fundo Especial para Infância e Adolescência

O Fundo Especial para Infância e Adolescência é mais do que uma locação (rubrica) orçamentária. Em verdade, constitui uma das expressões da garantia de absoluta prioridade prevista no art. 4º do Estatuto da Criança e do Adolescente.

Esse fundo se destina ao desenvolvimento de projetos e programas sociais de atendimento à criança e ao adolescente para efetivação dos direitos fundamentais e asseguramento das garantias fundamentais desses sujeitos (inciso IV do art. 88 da

Lei n. 8.069/1990). A operacionalização orçamentária representa um instrumento de gestão para a execução de programas relacionados à política social pública destinada à população infantoadolescente. A operacionalização orçamentária de tal fundo perpassa a formulação, a execução e a manutenção das políticas sociais públicas atinentes à proteção à infância e à adolescência, as quais deverão receber destinação privilegiada de recursos públicos (Ramidoff, 2012).

Para tanto, devem ser articuladas ações governamentais e não governamentais que possibilitem a comunicação entre a rede de proteção e o sistema de garantias dos direitos, em prol da criança e do adolescente. A especificidade e a natureza jurídica desse Fundo são decorrentes das peculiaridades que cercam a constituição, a gestão e a aplicação dos recursos públicos e privados carreados para a execução das políticas de atendimento dos direitos afetos à criança e ao adolescente. Essa operacionalização orçamentária é constituída por um conjunto de ações políticas e jurídicas que devem ser aperfeiçoadas ao longo do tempo para a proteção dos direitos individuais e das garantias fundamentais relacionados à criança e ao adolescente (Ramidoff, 2012).

A operacionalização orçamentária se caracteriza, assim, por ser uma metodologia que permite não apenas a contemplação de ações e programas sociais – assistenciais e de seguridade social –, mas, principalmente, é decorrência direta do aperfeiçoamento das políticas públicas relacionadas com a promoção e a defesa, enfim, proteção da infância e da adolescência. Todo e qualquer aporte econômico-financeiro ao Fundo Especial para Infância e Adolescência, na condição de recursos públicos, por classificação jurídico-legal (natureza jurídica), deverão ser submetidos ao sistema de gerenciamento legalmente estabelecido (gestão do fundo) que regulamenta a implementação dos planos de ação relacionados à política de atendimento deliberada, de forma paritária e democrática, pelos respectivos conselhos dos direitos (Ramidoff, 2012).

## — 4.2.5 — Integração operacional

A integração operacional entre os atores, gestores e operadores do Sistema de Justiça Infantoadolescente que se destina à apuração e julgamento de ações conflitantes com a lei, então, constitui cooperação técnica e jurídico-legal, cujo objetivo é a agilização do atendimento do adolescente a quem se atribui a prática de tais ações (inciso V do art. 88 da Lei n. 8.069/1990). Os diversos órgãos públicos - Judiciário, Ministério Público, Defensoria Pública, Segurança Pública e Assistência Social - deverão desenvolver suas atribuições e competências legais, de preferência em um mesmo local destinado a atendimento inicial, investigação, apuração, julgamento e internação provisória do adolescente em conflito com a lei (Ramidoff, 2012).

A Lei n. 12.010/2009 estabeleceu idêntica proposição legislativa para a integração dos órgãos públicos que desenvolvem atribuições legais perante o Sistema de Justiça Infantoadolescente que se destina ao acompanhamento das políticas e programas de acolhimento familiar e institucional, determinando-lhes, de maneira semelhante, a integração operacional (inciso VI do art. 88 da Lei n. 8.069/1990). A (re)integração familiar rápida é a matriz orientativa para a agilização do atendimento de crianças e adolescentes; e, excepcionalmente, a colocação em família substituta, como estratégia alternativa para efetivação do direito individual fundamental à convivência familiar e comunitária (Ramidoff, 2012).

### — 4.2.6 —
### Mobilização social

A mobilização da opinião pública (inciso VII do art. 88 da Lei n. 8.069/1990), tanto quanto do senso comum técnico quanto de todos os segmentos sociais, com relação aos valores, princípios e fundamentos que deverão ser compartilhados acerca da proteção integral da criança e do adolescente, constitui, pois, uma das principais diretrizes da política de atendimento. O primeiro e relevante passo para tal desiderato é o conhecimento das leis de regência – Constituição de 1988 e Estatuto da Criança e do Adolescente –, por meio de campanhas e informações difundidas pelos veículos de comunicação social, com o intuito precípuo de que todos defendam e promovam os direitos afetos à infância e à adolescência. Os diversos profissionais que desenvolvem atividades técnicas direta e indiretamente com a criança e o adolescente, tal-qualmente, devem articular suas ações e seus conhecimentos, em rede, procurando, assim, difundir os valores civilizatórios e humanitários que compõem a nova matriz protetivo-pedagógica (Ramidoff, 2012).

## — 4.2.7 —
## Especialização e formação continuada, intersetorialidade e pesquisas

A Lei n. 13.257/2016 acrescentou os incisos VIII, IX e X do art. 88 da Lei n. 8.069/1990, estabelecendo novas diretrizes para a política de atendimento então destinada à criança e ao adolescente.

A especialização e a formação continuada (inciso VIII do art. 88) dos profissionais que desenvolvem suas respectivas atribuições e atividades específicas nas diferentes áreas da atenção à primeira infância são, portanto, uma daquelas recentes diretrizes estabelecidas para a política de atendimento. Destaca-se a instrução necessária sobre os direitos da criança e do desenvolvimento infantil, tendo-se em conta que a criança se encontra na condição humana peculiar de desenvolvimento da personalidade, nos termos do art. 6º da Lei n. 8.069/1990.

Ademais, a formação profissional com ênfase na intersetorialidade no atendimento da criança e do adolescente também é diretriz da política de atendimento, também, aqui, tendo-se em conta os diversos direitos da criança e do adolescente e seu desenvolvimento integral (inciso IX do art. 88).

Além disso, a realização e a divulgação de pesquisas sobre desenvolvimento infantil e sobre prevenção da violência, como prevê o inciso X do art. 88 da Lei n. 8.069/1990, constitui diretriz da política de atendimento. Esta, para o mais, consolida a necessidade de investimento ao estudo e à pesquisa específicos para a melhor compreensão da formação desses novos sujeitos de direito que se encontram em uma das fases peculiares da vida humana, a infância ou a adolescência.

## — 4.3 —
## Entidades de atendimento

As entidades de atendimento são os equipamentos estruturados material e pessoalmente para a efetivação das medidas de proteção e socioeducativas destinadas a crianças e adolescentes. Tais entidades desenvolvem atividades vinculadas a projetos protetivos e socioeducativos direcionados à criança e ao adolescente, por meio de planejamento e execução de programas elaborados e acompanhados por equipe multiprofissional. Os regimes de atendimento protetivo e socioeducativo encontram-se expressamente especificados no Estatuto da Criança e do Adolescente, são eles: orientação e apoio sociofamiliar; apoio socioeducativo em meio aberto; colocação familiar; acolhimento institucional; prestação de serviços à comunidade; liberdade assistida; semiliberdade; e internação (art. 90, Lei n. 8.069/1990) (Ramidoff, 2012).

Os poderes públicos deverão oferecer apoio institucional aos núcleos familiares, para além do atendimento protetivo e socioeducativo, respectivamente, para criança e adolescente. A Lei n. 12.010/2009, além de acrescentar o regime de acolhimento institucional, determinou o dever legal de proceder à inscrição dos programas de proteção e socioeducativos para as entidades governamentais e não governamentais. Os programas a serem planejados e executados pelas entidades governamentais e não governamentais deverão especificar os regimes de atendimento nos programas a serem inscritos no Conselho Municipal dos Direitos da Criança e do Adolescente (Ramidoff, 2012).

O Conselho Municipal dos Direitos da Criança e do Adolescente, por sua vez, deverá criar e manter registro das inscrições e alterações dos programas de atendimento, inclusive realizando as comunicações que se fizerem necessárias ao Conselho Tutelar, ao Juízo de Direito competente e ao Ministério Público. A implementação e a manutenção dos programas de atendimento protetivo e socioeducativo de crianças e adolescentes deverão ser custeadas com recursos contemplados nas dotações orçamentárias dos órgãos públicos responsáveis pelas áreas de educação, saúde e assistência social e afins (Ramidoff, 2012).

Nas dotações orçamentárias que consignarem os recursos públicos a serem destinados à implementação e à manutenção dos programas de atendimento protetivo e socioeducativo, será imperativa a observância da garantia fundamental da absoluta prioridade (art. 4º, § único, Lei n. 8.069/1990). O Conselho Municipal dos Direitos da Criança e do Adolescente, além da manutenção do registro das inscrições dos programas e das comunicações legais, deverá periodicamente reavaliar os programas de atendimento protetivo e socioeducativo em execução. As reavaliações poderão ser realizadas a qualquer momento. Contudo, no máximo, a cada dois anos, o referido Conselho deverá verificar a adequabilidade dos programas de atendimento para a renovação da autorização de funcionamento da entidade (Ramidoff, 2012).

Entre outros critérios que possam ser estabelecidos pelo Conselho para a renovação da autorização de funcionamento da entidade de atendimento, é preciso que se observem as regras e os princípios estatutários e as resoluções dos conselhos dos direitos. Independentemente disso, entende-se que as entidades de atendimento devem zelar pela qualidade e eficiência das atividades destinadas à proteção e à socioeducação, as quais devem ser atestadas por Conselho Tutelar, Ministério Público e Juízo de Direito competente, uma vez que constitui critério para autorização de seu funcionamento. As entidades de atendimento protetivo que desenvolvem programas de acolhimento institucional e familiar, além dos critérios supramencionados, serão reavaliadas acerca dos índices de sucesso na reintegração familiar ou de adaptação à família substituta (Ramidoff, 2012).

No caso das entidades não governamentais, o funcionamento apenas se dará após o respectivo registro no Conselho Municipal dos Direitos da Criança e do Adolescente, o qual, conforme já foi aqui comentado, deverá proceder à comunicação não só do registro, mas também de eventuais alterações, tanto ao Conselho Tutelar quanto à autoridade judiciária local. O registro da entidade de atendimento não governamental será negado quando não oferecer instalações físicas adequadas a habitabilidade, higiene, salubridade e segurança. O registro será igualmente negado na hipótese de a entidade não governamental deixar de apresentar plano de trabalho compatível às regras e aos princípios estatutários; assim como quando for irregularmente constituída; ou se tiver em seus quadros pessoas inidôneas (Ramidoff, 2012).

As entidades não governamentais deverão se adequar e cumprir as resoluções e deliberações específicas acerca do atendimento protetivo e socioeducativo, então emanadas dos Conselhos dos Direitos da Criança e do Adolescente, sob pena de terem seus registros negados ou não renovados. O registro das entidades não governamentais destinadas ao atendimento protetivo e socioeducativo terá validade máxima de quatro anos. Sua eventual renovação dependerá de reavaliação periódica a ser realizada pelo Conselho Municipal dos Direitos, nos termos do parágrafo 1º do art. 91 do Estatuto da Criança e do Adolescente.

As entidades que desenvolvem programas de acolhimento familiar ou institucional, além de cumprirem as regras e os princípios estatutariamente estabelecidos para proteção integral de crianças e adolescente, deverão observar as diretrizes principiológicas específicas para a efetivação do direito à convivência familiar e comunitária. A preservação dos vínculos familiares, a promoção da reintegração familiar, a adaptação e integração em família substituta, constituem uma novel principiologia, assim como outras medidas expressamente consignadas no Estatuto da Criança e do Adolescente (art. 92), a ser seguida pelos dirigentes das entidades de atendimento que desenvolvem programas de acolhimento familiar e institucional (Ramidoff, 2012).

O dirigente da entidade de atendimento que desenvolve programa de acolhimento institucional é considerado o responsável legal, isto é, o guardião das crianças e adolescentes assistidos e contemplados nas atividades desenvolvidas, responsabilizando-se administrativa, civil e criminalmente por eventuais ofensas aos direitos e garantias desses sujeitos de direito. Entre seus deveres legais, o dirigente da entidade responsável pelos programas de acolhimento familiar ou institucional deverá remeter à autoridade judiciária relatório circunstanciado de cada criança ou adolescente que se encontre acolhido, bem como acerca de seu respectivo núcleo familiar (Ramidoff, 2012).

O mencionado relatório destina-se à reavaliação da medida judicialmente adotada, quando para decidir de forma fundamentada sobre a possibilidade de reintegração familiar ou colocação em família substituta (art. 19, § 1º, Lei n. 8.069/1990), motivo pelo qual deve ser elaborado e encaminhado, no máximo a cada seis meses, à autoridade judiciária. Os atores sociais, gestores públicos e operadores do direito que atuam direta e indiretamente nos programas de acolhimento institucional deverão ser conjunta e permanentemente capacitados, sendo certo que os entes federados, por meio dos Poderes Executivo e Judiciário, deverão adotar as medidas legais cabíveis para tal desiderato (Ramidoff, 2012).

A Lei n. 13.430, de 18 de maio de 2022 alterou o Estatuto da Criança e do Adolescente (Lei n. 8.069, de 13 de julho de 1990), acrescentando procedimentos adicionais para a determinação judicial de suspensão do exercício do poder familiar, pelo genitor.

De igual maneira, a Lei n. 13.430/2022 modificou a Lei n. 12.318, de 26 de agosto de 2010 (Lei da Alienação Parental), para, assim, assegurar o exercício do direito à visitação, contudo, na modalidade assista, inclusive, estabelecendo como local destinado à realização das visitas o fórum em que tramitar a ação, e, quando não for possível, em uma das entidades prévia e regularmente conveniadas com o Poder Judiciário.

O parágrafo único então acrescentado ao art. 4° da Lei n. 12.318/2010 (Lei da Alienação Parental), também, de forma expressa, ressalvou as hipóteses em houver sido evidenciado, através dos meios de prova, em Direito, admitidos, iminente risco à integridade física ou psicológica da criança ou do adolescente, isto é, para tanto haverá a necessidade da elaboração de atestado por profissional eventualmente designado pelo órgão julgador competente para acompanhamento da visitação.

Ainda, acrescentou-se o parágrafo 4º ao art. 5º da Lei n. 12.318/2010 (Lei da Alienação Parental) para, assim, autorizar o órgão julgador competente (autoridade judiciária) a nomear perito que possua formação técnica, com qualificação e experiência pertinentes para a elaboração de laudo e acompanhamento psicológico, biopsicossocial e qualquer outra avaliação que for indispensável, por lei ou determinação judicial, para o adequado tratamento das temáticas circunstanciadas no caso concreto.

Entretanto, observa-se que apenas nos casos de não existir ou de ser insuficiente o número de serventuários responsáveis para realização de estudo psicológico, biopsicossocial ou de qualquer outra avaliação técnica legal ou judicialmente exigida é que será admitida a nomeação de perito, nos termos do que expressa e especificamente dispõe a atual processualística civil – arts. 156 e 465, ambos da Lei n. 13.105/2015 (Código de Processo Civil).

O inciso VII do art. 6º da Lei n. 12.318/2010 (Lei da Alienação Parental) que alterou o art. 236 da Lei n. 8.069/1990 (Estatuto da Criança e do Adolescente) foi revogado pela Lei n. 14.340/2022, para, assim, extinguir a possibilidade da declaração judicial da suspensão da autoridade parental, enquanto medida legalmente reconhecida ao órgão julgador para inibir ou atenuar atos típicos de alienação parental.

A Lei n. 14.340/2022 acrescentou o parágrafo 2º ao art. 6º da Lei n. 12.318/2010 (Lei da Alienação Parental), pelo que, também, acrescentou o parágrafo 1º com idêntica disposição do revogado parágrafo único, passando, assim, a regulamentar a inversão da obrigação de levar e retirar a criança ou o adolescente da residência do genitor, nos casos em que houver comprovada mudança de endereço que se destine intencionalmente a inviabilizar ou de qualquer forma obstruir a convivência familiar.

Enquanto o parágrafo 1º do art. 6º da Lei n. 12.318/2010 (Lei da Alienação Parental) regulamenta as medidas de viabilização da convivência familiar ante a comprovada mudança abusiva de endereço, o parágrafo 2º desse dispositivo legal destina-se à regulamentação do acompanhamento psicológico ou biopsicossocial, mediante a previsão da necessidade de avaliações periódicas e de elaboração de laudos que descrevam as circunstâncias do caso, a metodologia empregada, e, ao final, o laudo referente ao término do acompanhamento técnico-profissional.

A Lei n. 14.340/2022 acrescentou o art. 8º-A da Lei n. 12.318/2010 (Lei da Alienação Parental), o qual prevê com nulidade absoluta (processual) a realização de ouvida ou a colheita de depoimento de criança ou de adolescente sem que se observem as regras expressas e especificamente dispostas na Lei n. 13.431/2017 (Lei do Sistema de Garantia de Direitos), a qual estabelece mecanismos para prevenir e coibir a violência contra esses sujeitos de Direito.

Portanto, é preciso reconhecer que o depoimento ou a ouvida da criança ou do adolescente não é a regra, mas, sim, a exceção, pois apenas deverá ser realizada quando for indispensável em casos de alienação parental e, mesmo assim quando levado a cabo, obrigatoriamente, mediante escuta especializada e ou depoimento especial, nos termos dos arts. 7º a 12 da Lei n. 13.431/2017 (Lei do Sistema de Garantia de Direitos).

O art. 157 da Lei n. 8.069/1990 (Estatuto da Criança e do Adolescente) regulamenta a possibilidade de decretação judicial da suspensão do poder familiar, tanto liminar quanto incidental, no processo que se destina à suspensão ou mesmo à perda do poder familiar, desde que tenha comprovadamente havido motivo grave, pelo que, a criança ou o adolescente deverá permanecer confiado a pessoa idônea, mediante termo de responsabilidade.

A esse dispositivo legal foram acrescentados os parágrafos 3º e 4º, os quais respectivamente, estabelecem a necessidade da realização de entrevista prévia com a criança ou o adolescente por equipe multidisciplinar, e, também, ouvida da parte adversa, para fins de concessão da medida liminar de suspensão do poder familiar (parágrafo 3º do art. 157 da Lei n. 8.069/1990).

A precedência dessa entrevista à concessão judicial de suspensão liminar do poder familiar é uma medida legal a ser preferencialmente adotada para as hipóteses em que houver comprovado motivo grave, e, ainda, assim, para a sua realização deverá ser observado o que disciplina procedimentalmente a Lei n. 13.431/2017 (Lei do Sistema de Garantia de Direitos).

Já o parágrafo 4º acrescentado ao art. 157 da Lei n. 8.069/1990 estabelece ao órgão julgador o dever legal de comunicar o acontecimento concreto (fato) em que houver circunstâncias que evidenciem indícios da ocorrência de violação dos direitos da criança e do adolescente, ao Ministério Público, bem como encaminhará toda a documentação pertinente ao caso concreto (legal).

O Ministério Público, por sua vez, deverá adotar todas as providências legais e indispensáveis ao esclarecimento das circunstâncias, bem como tomar todas as medidas legais para apuração e eventual responsabilização (administrativa, civil e criminal) do agente a quem se atribui a prática ou o envolvimento em conduta (ação ou omissão) que se caracteriza normativamente como violação dos direitos da criança e do adolescente.

Para o mais, observa-se que a Lei n. 14.340/2022 estabeleceu regra de transição (direito intertemporal) para a apresentação da avaliação psicológica ou biopsicossocial então requisitada, determinando-se, assim, que os processos judiciais que se encontram em curso, nos termos da Lei n. 12.318/2010 (Lei da Alienação Parental) e, ainda, encontrem-se pendentes da elaboração e apresentação de laudo psicológico ou biopsicossocial há mais de 6 (seis) meses, cujo período de tempo deve ser contado a partir da publicação da Lei n. 14.340/2022, isto é, da data de 18 de maio de 2022, passam a ter o prazo de 3 (três) meses para o oferecimento da avaliação judicialmente determinada.

Portanto, a supramencionada prorrogação legal se encerra na data de 18 de agosto de 2022, uma vez que os prazos estabelecidos em meses são contados independentemente dos diais que respectivamente compõem cada um desses períodos de tempo (mês); adotando-se, assim, o dia de início (dia 18) e apenas acrescentando o número de meses legalmente previstos para tal desiderato.

A visitação da criança ou do adolescente por seus genitores e parentes apenas será permitida no caso em que for adequada a reintegração familiar. Contudo, o núcleo familiar respectivo deverá ser orientado, apoiado e reestruturado para que gradativamente seja realizado o desligamento da criança ou do adolescente do acolhimento. Isso porque, como se observa, ao se autorizar a visitação, enfim, o contato da criança ou do adolescente com seus genitores e parentes, preocupa-se, na verdade, com a preservação dos vínculos familiares. No entanto, o órgão julgador poderá restringir e mesmo proibir o contato da criança ou do adolescente com seus genitores e parentes, na hipótese de se afigurar prejudicial a seus interesses, direitos e garantias fundamentais. A realização da visitação, ou contato da criança e ou do adolescente com seus genitores e parentes, deverá ser orientado por equipe técnica. Para tal desiderato, também se afigura plausível o apoio do Conselho Tutelar, cuja objetividade é a preservação do bem-estar físico, psicológico e social da criança e do adolescente, nos termos do parágrafo 4º do art. 92 (Ramidoff, 2012).

A Lei n. 13.257/2016 acrescentou o parágrafo 7º ao art. 92 da Lei n. 8.069/1990, por meio do qual regulamentou a prioridade às rotinas específicas e ao atendimento das necessidades básicas, com destaque para as de afeto às crianças com até 3 anos de idade que se encontrem em acolhimento institucional, dando-se "especial atenção à atuação de educadores de referência estáveis e qualitativamente significativos".

As entidades de atendimento que executem as políticas sociais públicas, especificamente, destinadas a programas de acolhimento familiar ou institucional de crianças e adolescentes, poderão ser contempladas com destinação orçamentária de verbas públicas. Os recursos públicos somente poderão ser destinados àquelas entidades de atendimento que comprovem por meios legais que efetivamente observam os princípios, as exigências e as finalidades estatutariamente previstas, em prol da infância e da adolescência. Por certo que o recebimento de recursos públicos dependerá do atendimento dos requisitos e pressupostos legalmente estabelecidos para o repasse de verbas públicas a que todos os órgãos públicos administrativamente encontram-se submetidos – como a prestação de contas e a inexistência de impeditivos legais (Ramidoff, 2012).

Os dirigentes de tais entidades de atendimento poderão ser afastados de suas funções no caso de não cumprimento das determinações estatutárias relativas ao acolhimento familiar e institucional e que assegurem direitos individuais e garantias fundamentais à criança e ao adolescente. O dirigente destituído de sua função também poderá ser responsabilizado administrativa, civil e criminalmente, em razão mesmo das circunstâncias em que se der o não atendimento das regras estatutárias quando detinha a gestão da entidade de atendimento. Em situações emergenciais, isto é, aquelas em que excepcionalmente se exige atendimento imediato, em virtude da urgência na preservação do bem-estar físico, psicológico e social da criança e do adolescente, por certo, será admitido o acolhimento institucional independentemente de determinação judicial (Ramidoff, 2012).

No entanto, o dirigente da entidade de atendimento que desenvolve programa de acolhimento institucional deverá levar a conhecimento do Juízo de Direito da Vara da Infância e da Adolescência competente o acolhimento e as circunstâncias em que tal acolhimento se realizou. A comunicação à autoridade judicial deverá ocorrer em até 24 horas, sob pena de responsabilização administrativa, civil e criminal. Ademais, observe-se que, em razão das circunstâncias do caso, inclusive tendo em vista a facilitação tecnológica dos meios de comunicação social, afigura-se possível a realização de comunicação sumular acerca do acolhimento. E, assim, oportunamente, afigura-se plausível a complementação por meio de informações detalhadas que evidenciem as condições peculiares que tornaram excepcional a intervenção protetiva (acolhimento institucional) da criança ou do adolescente (Ramidoff, 2012).

O Ministério Público também deverá ser comunicado acerca do acolhimento institucional excepcionalmente realizado sem prévia determinação judicial. Dessa maneira, a autoridade judicial, ao tomar conhecimento do acolhimento institucional, deverá imediatamente comunicar o fato ao Ministério Público. Por sua vez, o Ministério Público deverá adotar providências legais que se afigurarem adequadas para a reintegração familiar da criança e do adolescente. Contudo, na hipótese da reintegração familiar não for considerada a medida legal mais adequada à proteção integral da criança ou do adolescente, caberá ao Ministério Público providenciar judicialmente o acolhimento familiar, institucional, e a colocação em família substituta (Ramidoff, 2012).

A entidade de atendimento que desenvolve programa de internação obriga-se a respeitar os direitos individuais e as garantias fundamentais do adolescente que se encontra institucionalizado por força de determinação judicial. Ao adolescente internado são reconhecidos todos os direitos individuais (fundamentais) que a decisão judicial não restringiu. Em decorrência disso, as entidades de atendimento deverão adotar as providências legais e estatutariamente previstas para o asseguramento e a efetivação dos direitos que não tenham sido objeto de restrição na decisão de internação (Ramidoff, 2012).

Além disso, a entidade de atendimento deverá adotar providências que sejam pertinentes ao cumprimento da internação (medida socioeducativa) judicialmente determinada (art. 94 da Lei n. 8.069/1990). As obrigações destinadas às entidades de atendimento que realizam programas de internação também serão exigíveis daquelas entidades que desenvolvem programas de acolhimento institucional e familiar (art. 94, § 1º, Lei n. 8.069/1990). Entretanto, é certo que essas obrigações jurídico-legais (estatutárias) serão exigíveis conforme a natureza da atividade de acompanhamento do cumprimento das medidas de acolhimento institucional e familiar. As entidades de atendimento que desenvolvem programas de internação ou de acolhimento deverão preferencialmente utilizar os recursos da comunidade em que se encontram inseridas (Ramidoff, 2012).

Nesse sentido, as entidades de atendimento, ao realizarem atividades de acompanhamento das medidas de internação ou de acolhimento, poderão obter recursos materiais, estruturais, tecnológicos, entre outros existentes na comunidade em que se situam os respectivos programas. Por "recursos da comunidade", entende-se toda a estrutura organizacional e funcional de que dispõe determinada municipalidade para o desenvolvimento humano digno, responsável e socialmente consequente, isto é, respeito pelo outro. Logo, toda a estrutura de serviços sociais, educacionais, da saúde, de segurança, entre outros, poderá ser utilizada para o cumprimento das obrigações pela entidade de atendimento que desenvolve programa de internação e acolhimento. A municipalidade, de igual maneira, poderá conjuntamente oferecer a estrutura organizativa e funcional de suas secretarias para a inclusão social e familiar da criança e do adolescente acolhido ou internado (Ramidoff, 2012).

A Lei n. 13.046/2014 incluiu o art. 94-A à Lei n. 8.069/1990, tornando obrigatória a comunicação ao Conselho Tutelar de suspeitas e ocorrências de maus-tratos, a ser levada a cabo pelas entidades, públicas ou privadas, que abriguem ou recepcionem crianças e adolescentes.

— 4.4 —

## Fiscalização das entidades

O Conselho Tutelar, o Ministério Público e o Poder Judiciário encontram-se estatutariamente legitimados para realizar fiscalizações periódicas e sempre que necessário nas entidades de atendimento governamentais e não governamentais, consoante o teor do art. 95 da Lei n. 8.069/1990 (Ramidoff, 2012).

A fiscalização também se dirige à execução dos planos de aplicação de programas protetivos ou socioeducativos, então custeados por meio das dotações orçamentárias estadual, distrital ou municipal. Em virtude disso, os planos de aplicação e as prestações de contas deverão ser apresentados respectivamente ao ente jurídico de direito público interno - estadual, distrital ou municipal - de acordo com a fonte da verba (recurso público) repassado.

O não atendimento das obrigações estatutariamente determinadas às entidades de atendimento (art. 94) ensejará a responsabilização administrativa, civil e criminal de seus respectivos dirigentes. Os dirigentes das entidades governamentais poderão ser advertidos ou definitivamente afastados da gestão do equipamento; e a entidade poderá ser fechada, e, por vezes, o programa poderá ser interditado. As entidades de atendimento não governamentais, por seu turno, além de poderem ser interditadas ou ter os respectivos programas suspensos, poderão ter seus registros cassados, seus dirigentes serão advertidos, e os repasses de verbas públicas poderão ser total ou parcialmente suspensos (Ramidoff, 2012).

O Conselho Tutelar poderá fiscalizar as entidades de atendimento que desenvolvem programas de acolhimento ou de internação; contudo, somente poderão aplicar a medida de advertência ao dirigente, de entidade tanto governamental quanto não governamental. As demais medidas estatutariamente previstas, no entanto, apenas poderão ser judicialmente aplicadas por meio do devido processo legal, e com observâncias de seus consectários legais da ampla defesa e do contraditório substancial. Entretanto, o Conselho Tutelar e, assim, de igual sorte, toda pessoa que tiver conhecimento de repetidas ilegalidades ou desvio de conduta na gestão das entidades de atendimento, governamental e não governamental que desenvolvam programas de internação ou de acolhimento, deverão representar/comunicar ao Ministério Público (Ramidoff, 2012).

O Ministério Público, outrossim, poderá investigar, apurar e adotar as medidas legais cabíveis perante o Juízo de Direito competente para a responsabilização administrativa, civil e criminal do dirigente, bem como para o fechamento ou dissolução da entidade e a suspensão das atividades, ou mesmo do respectivo programa. Os atos irregulares que direta ou indiretamente violarem direitos, garantias e princípios que orientam a proteção integral da criança e do adolescente, por certo, determinarão a responsabilização das pessoas jurídicas de direito público interno e as organizações não governamentais em virtude dos danos causados por seus agentes (Ramidoff, 2012).

# Capítulo 5

## *Medidas de proteção*

O Estatuto da Criança e do Adolescente, Lei n. 8.069, de 13 de julho de 1990 (Brasil, 1990b), prevê, no art. 98, as hipóteses que autorizam a aplicação legal de medidas específicas de proteção, as quais se encontram elencadas especificamente no art. 101. Assim, sempre que os direitos individuais e as garantias fundamentais afetas à criança e ao adolescente se encontram sob ameaça ou forem violados, torna-se imperativa a aplicação das medidas específicas de proteção. As hipóteses estatutariamente previstas que autorizam ou determinam a aplicação tanto pelo órgão julgador quanto pelo Conselho Tutelar, são: ação ou omissão da sociedade ou do Estado; falta, omissão ou abuso dos pais ou responsável; em razão de sua conduta (art. 98, Lei n. 8.069/1990).

A omissão da sociedade (comunidade) ou do Estado (poderes públicos), por exemplo, com o não estabelecimento ou a não execução de políticas sociais públicas, pode configurar situações concretas de ameaça ou violência aos direitos individuais e às garantias fundamentais destinadas à criança e ao adolescente. Ações inadequadas representativas da intervenção social (entidades não governamentais) ou da intervenção estatal (equipamentos públicos) – como a aplicação de medidas legais que não observem as determinações técnicas de equipe interprofissional – podem gerar ameaças e violências aos direitos individuais e às garantias fundamentais afetas à infância e à adolescência (Ramidoff, 2012).

A falta dos pais ou responsável sinaliza a desestruturação do núcleo familiar que pode ser constituído por meio do casamento, da relação paterno-filial ou materno-filial, isto é, monoparental, e pela união estável (convivência). A falta dos pais ou responsável representa mais do que a ausência física; na verdade, expressa situação de ameaça ao atendimento das necessidades vitais da criança e do adolescente – afetiva, familiar, econômico-financeira, educacional, entre outras –, uma vez que não conte com cuidador que proveja as condições mínimas de existência digna. A omissão dos pais ou responsável se configura em uma **ação de omissão**, haja vista que os pais e o responsável têm o dever legal – e não mera obrigação de solidariedade – de prover as necessidades vitais básicas dos filhos ou pupilos, respectivamente (Ramidoff, 2012).

A omissão dos pais ou do responsável legal constitui uma ação de violência por si só, uma vez que significativamente potencializa toda sorte de ameaças aos direitos individuais e às garantias fundamentais afetas à infância e à adolescência. Os pais e o responsável legal têm o dever de impedir toda e qualquer ameaça ou violência que cause risco ou perigo de dano, assim como prejuízos concretos decorrentes de ofensas efetivas aos direitos da criança e do adolescente. Por isso mesmo, os pais e o responsável legal poderão ser responsabilizados civil e criminalmente por suas omissões, isto é, por seus comportamentos omissivos próprios e impróprios. O abuso dos pais ou responsável, por sua vez, caracteriza-se por um comportamento comissivo (ação) que ameace, de forma concreta, ou viole direta e indiretamente os direitos da criança e do adolescente. O abuso dos pais ou do responsável importa, de tal modo, ofensa aos direitos individuais e às garantias fundamentais da criança e do adolescente (Ramidoff, 2012).

A criança ou o adolescente pode, por suas condutas, projetar situações que a/o coloquem em situação de ameaça ou de violência a seus direitos individuais, de cunho fundamental. Em razão de suas condutas, as crianças e os adolescentes, ao vitimizarem outras pessoas, já se encontram vitimizados, pois tais condutas são significativamente expressões de que aquelas novas subjetividades são alvos de violências estruturais, autorizando-se, assim, a aplicação de medidas específicas de proteção. As situações de risco pessoal e de risco social aos direitos decorrem exatamente dos casos de ameaça ou de violação de direitos e garantias reconhecidas jurídico-legalmente não só pelo Estatuto da Criança e do Adolescente, mas também em toda e qualquer outra legislação comum, especial e constitucional (Ramidoff, 2012).

Entretanto, observa-se que ambas as situações de risco podem ser geradas "I – por ação ou omissão da sociedade ou do Estado; II – por falta, omissão ou abuso dos pais ou responsável" ou em razão de conduta praticada pela criança ou pelo adolescente (art. 98, Lei n. 8.069/1990). A situação de **risco pessoal** configura-se, assim, nas hipóteses em que a criança e o adolescente são vitimizados por ameaças e violações a seus direitos individuais e garantias de cunho fundamental, ao passo que a situação de **risco social** também se configura nas hipóteses em que a criança e o adolescente vitimam as demais pessoas e os bens juridicamente protegidos (art. 98, III, Lei n. 8.069/1990: "em razão de sua conduta"), encontrando-se só por isso, inclusive, em situação de risco pessoal (Ramidoff, 2012).

As situações de risco pessoal e social encontram-se, assim, vinculadas à situação de vulnerabilidade material, quando não às ameaças e violações aos direitos individuais e às garantias, ambos de cunho fundamental, então previstos nas legislações ordinárias (a exemplo do Código Civil brasileiro – Lei n. 10.406, de 10 de janeiro de 2002 – Brasil, 2002), especiais (como no Estatuto da Criança e do Adolescente) e constitucional (conforme os arts. 227 e 228) (Ramidoff, 2012).

Por isso, as medidas específicas de proteção então previstas na Lei n. 8.069/1990 "poderão ser aplicadas isolada ou cumulativamente, bem como substituídas a qualquer tempo", de acordo com o art. 99. Ademais, importa esclarecer que a aplicação das medidas específicas de proteção deverá ser ponderada com as necessidades pedagógicas da criança e do adolescente, ressaltando-se a preferência da adoção das medidas legais que visem ao fortalecimento dos vínculos familiares e comunitários. O Conselho Tutelar pode aplicar medidas específicas de proteção à criança e ao adolescente que se encontrem na situação de ameaça ou de violência a seus direitos individuais, de cunho fundamental (Ramidoff, 2012).

É o que dispõe, por exemplo, o inciso I do art. 136 da Lei n. 8.069/1990, nas hipóteses em que a criança praticar ato infracional, isto é, em razão de sua conduta (art. 98, III), quando, então, é possível a aplicação das medidas específicas de proteção previstas nos incisos I a VIII do art. 101 da referida lei. Pois, como se pode verificar, a medida específica de proteção de colocação em família substituta, prevista no inciso IX do art. 101 da Lei n. 8.069/1990, está destinada à competência jurisdicional do órgão julgador, isto é, ao juiz de direito ou ao tribunal competente (Ramidoff, 2012).

Em razão disso, o art. 101 do Estatuto da Criança e do Adolescente prescreve que a aplicação das medidas específicas de proteção deverá ficar a cargo da "autoridade competente" que deverá determiná-la sem prejuízo da aplicação de outras medidas legais que se afigurarem necessárias. Assim, o Conselho Tutelar tem atribuições legais, e o órgão julgador tem competência jurisdicional para aplicação das medidas específicas de proteção. Essas medidas legais deverão não apenas romper com os círculos de ameaças ou de violências, mas também efetivar os direitos individuais e assegurar o respeito às garantias fundamentais afetas à criança e ao adolescente (Ramidoff, 2012).

## — 5.1 — Disposições gerais

As medidas específicas de proteção – bem como as demais medidas legais que poderão ser adotadas "isolada ou cumulativamente, bem como substituídas a qualquer tempo", conforme dispõe o art. 99 da Lei n. 8.069/1990 – deverão ser acompanhadas da regularização do registro civil, nos termos do art. 102 do Estatuto da Criança e do Adolescente. Com isso, busca-se salvaguardar os interesses e os direitos individuais, além do respeito às garantias fundamentais, afetos à infância e à adolescência, haja vista que é condição elementar para o exercício regular e válido dessa nova cidadania infantojuvenil. A existência jurídica da pessoa humana, na condição de sujeito de direito – a ter direitos – demanda, pois, a consagração legal da vida, quando, então, passa a lhe ser assegurado tudo o que lhe for indispensável para a existência digna, consoante prescreve a orientação principiológica contida no inciso III do art. 1º da Constituição da República de 1988 (Brasil, 1988) – princípio fundamental da dignidade da pessoa humana (Ramidoff, 2012).

Por isso, nas hipóteses de não existir registro civil anterior que assegure a identificação da criança e do adolescente, impõe-se a adoção de medidas legais que sejam adequadas para a efetivação do assento de nascimento daqueles. O órgão julgador deverá requisitar o assento de nascimento da criança ou do adolescente, com base nos elementos de comprovação disponíveis, além, é certo, dos meios de prova, em direito admitidos, para evidenciar as características e condições humanitárias daquelas novas subjetividades (Ramidoff, 2012).

Por exemplo, o órgão julgador poderá, na aplicação da medida específica de proteção, determinar o encaminhamento da criança ou do adolescente, com seus pais ou responsável, para a realização de exame técnico-pericial pela equipe interprofissional, bem como pelo Instituto Médico Legal, com o intuito de se identificar dados pertinentes à família de origem, local de nascimento, idade biológica, entre outros dados identificatórios, tanto dos infantes e adolescentes quanto de seus pais que, inclusive, não tenham registro civil anterior (Ramidoff, 2012).

Para tal desiderato, o Estatuto da Criança e do Adolescente expressamente ressalvou a isenção de multas, custas e emolumentos, inclusive destacando a absoluta prioridade para a regularização do registro civil, bem como do assento de nascimento da criança ou do adolescente. É o que se encontra previsto no parágrafo 2° do art. 102, ou seja, que os registros e as certidões que sejam necessários à regularização da identificação de crianças e adolescentes serão isentos de multas, custas e emolumentos, os quais têm absoluta prioridade; inclusive acerca daqueles que se destinem à averbação do nome do pai e ao reconhecimento da paternidade, nos termos do que dispõem os parágrafos 5° e 6°, então acrescidos pela Lei n. 13.257, de 8 de março de 2016 (Brasil, 2016a) (Ramidoff, 2012).

— 5.2 —

## Medidas específicas de proteção

No que se refere às medidas específicas de proteção, primeiramente, são comentados os princípios que incidem na temática e, em seguida, trata-se de cada medida individualmente.

— 5.2.1 —

### Princípios

O parágrafo único do art. 100 da Lei n. 8.069/1990 descreve os princípios que devem reger a determinação judicial das medidas de proteção, e, assim, não se pode olvidar que a criança e o adolescente são sujeitos de direitos; e que, inclusive, são destinatários da proteção integral e prioritária. As responsabilidades primária e solidária do Poder Público pela efetivação das liberdades públicas são estatutária e constitucionalmente reconhecidos à criança e ao adolescente, tendo-se em conta a "municipalização do atendimento e da possibilidade da execução de programas por entidades não governamentais" (art. 100, III). O interesse superior da criança e do adolescente é outro importante princípio declarado no Estatuto. A privacidade e o respeito à intimidade remontam ao direito à imagem e à reserva da vida privada da criança e do adolescente como diretrizes orientativas e principiológicas. Como princípio também figura a intervenção precoce das autoridades competentes nas situações de perigo. A intervenção mínima "deve ser exercida exclusivamente pelas autoridades e instituições cuja ação seja indispensável à efetiva promoção dos direitos e à proteção da criança e do adolescente" (art. 100, VII). A intervenção, em virtude da proporcionalidade e atualidade, deve ser a indispensável para o atendimento adequado da situação de perigo em que se encontre a criança ou o adolescente.

A responsabilidade parental deve ser sempre considerada em toda forma de intervenção, com o intuito de que os pais e os responsáveis assumam seus deveres legais. A prevalência da família na defesa, promoção e proteção da criança e do adolescente tem o objetivo de manter ou reintegrar a família natural ou extensa, ou assegurar a integração por meio da família adotiva. A obrigatoriedade da informação adequada para a criança e o adolescente, seus pais ou responsável, acerca de seus direitos é motivo que determinará a intervenção e a forma de seu processamento. Ademais, deverá haver a ouvida obrigatória e a participação da criança e do adolescente, de seus pais ou responsável, nos atos e na definição da medida de promoção de seus direitos e de sua proteção.

## — 5.2.2 —
## Encaminhamento aos pais ou responsável

O inciso I do art. 101 do Estatuto da Criança e do Adolescente prevê o encaminhamento aos pais ou responsável de criança ou adolescente que se encontre em situação de ameaça ou violência a seus direitos individuais, bem como a suas garantias fundamentais, mediante termo de responsabilidade. Em decorrência disso, tem-se que a mencionada medida específica de proteção, isto é, de encaminhamento de crianças e adolescentes aos pais ou responsável, por certo, apenas se realizará na pessoa da mãe, do pai ou de quem tenha legalmente a guarda e a responsabilidade pela criança ou pelo adolescente. Por isso, apesar do parentesco, os demais membros da família não poderão receber a criança e o adolescente, como irmãos adultos, tios, avós, entre outros que não detenham o exercício legal do poder familiar ou por determinação judicial. A mencionada medida específica de proteção destina-se ao atendimento de situações não tão graves de ameaça ou mesmo de violência, devendo ser aplicada cumulativamente com outras medidas específicas de proteção que assegurem os direitos da criança e do adolescente (Ramidoff, 2012).

## — 5.2.3 —
## Orientação, apoio e acompanhamento temporários

A orientação, o apoio e o acompanhamento temporários também são medidas específicas de proteção (art. 101, II, Lei n. 8.069/1990). A orientação temporária se realiza por meio da informação e da educação para o exercício da cidadania infantojuvenil. O apoio temporário se opera por meio da assistência à criança e ao adolescente – inclusive, existe medida legal semelhante aplicável aos pais ou responsável, consoante os incisos I e IV do art. 129 da Lei n. 8.069/1990 – constituindo-se, na verdade, no estabelecimento de apoio institucional e ou comunitário à criança, ao adolescente, e, indiretamente, ao respectivo núcleo familiar. O acompanhamento temporário serve como prevenção às eventuais ameaças e violências que poderão ressurgir aos direitos individuais e às garantias fundamentais afetos à criança e ao adolescente. A ideia é de que se estabeleça o controle e a disciplina do comportamento familiar e comunitário da criança e do adolescente, por exemplo, por meio da vinculação desses sujeitos a programas sociais de atendimento (Ramidoff, 2012).

### — 5.2.4 —
### Matrícula e frequência obrigatórias em estabelecimento oficial de ensino fundamental

A matrícula e a frequência obrigatórias em estabelecimento oficial de ensino fundamental, além de ser uma das medidas específicas de proteção expressamente previstas no inciso III do art. 101 da Lei n. 8.069/1990, é um dever legal atribuído aos pais ou responsável por meio do que se encontra disposto no art. 55, combinado com o inciso II do art. 56.

Portanto, aos pais ou responsável cabe matricular seus filhos ou pupilos na rede regular de ensino, sendo certo que a reiteração de faltas injustificadas e de evasão escolar – ou seja, ofensas à frequência obrigatória – depois de esgotados os recursos escolares, deverá ser comunicada ao Conselho Tutelar. Logo, os pais ou responsável se encontram diretamente obrigados a matricular e exigir frequência aos seus filhos ou pupilos, sob pena de serem responsabilizados cível e criminalmente. Entretanto, cabe ao dirigente de estabelecimento de ensino fundamental comunicar ao Conselho Tutelar os casos de reiteração de faltas injustificadas e de evasão escolar, além, é certo, de maus-tratos e de elevados níveis de repetência. Contudo, a matrícula e a frequência obrigatórias em estabelecimento oficial de ensino fundamental, aqui, constitui uma medida específica de proteção que assegura à criança e ao adolescente o exercício do direito fundamental à educação; à ocupação de um dos espaços públicos mais privilegiados para o exercício do direito à palavra e à ação comunicacional e informativa, por exemplo, como se dá por meio da educação e inclusão digital, enfim, do acesso à informação computacional (Ramidoff, 2012).

A formação educacional é também a possibilidade para a mutação pessoal e comunitária por meio do conhecimento, da comunicação, da informação, da educação e da discussão cultural dos valores civilizatórios e humanitários socialmente construídos. Só por isso já se justificaria a adoção dessa medida específica de proteção que, no mais das vezes, assegura o acesso ao exercício do direito fundamental à educação. Por isso, a prática pedagógica não pode ser discriminatória – por exemplo, a construção de escolas e a destinação de salas de aula para crianças e adolescentes preconceituosamente denominados *desajustados* – e muito menos punitiva – como mediante a prática disciplinar intimidativa, ameaçadora, violenta e repressivo-punitiva (Ramidoff, 2012).

## — 5.2.5 —<br>Inclusão em programa comunitário ou oficial de auxílio à família, à criança e ao adolescente

A inclusão em serviços e programas oficiais ou comunitários de proteção, apoio e promoção da família, da criança e do adolescente, nos termos do inciso IV do art. 101 da Lei n. 8.069/1990 – alterado pela Lei n. 13.257/2016 – necessariamente importa na criação e na manutenção de políticas sociais públicas que ofereçam apoio institucional à assistência, à criação e à educação da prole infantojuvenil, como dispõe o art. 229 da Constituição de 1998. Vale dizer, os pais e o responsável legal têm o dever de assistir, criar e educar os filhos infantes e adolescentes, com o intuito de assegurar-lhes o atendimento das necessidades vitais básicas das pessoas que se encontram na condição humana peculiar de desenvolvimento – isto é, na infância ou na adolescência (Ramidoff, 2012).

Nessa mesma linha, encontra-se disposto no art. 22 do Estatuto da Criança e do Adolescente que "aos pais incumbe o dever de sustento, guarda e educação dos filhos menores, cabendo-lhes ainda, no interesse destes, a obrigação de cumprir e fazer cumprir as determinações judiciais".

Essa medida específica de proteção trata-se de um encaminhamento do núcleo familiar como um todo, que pode ser realizado tanto pelo Conselho Tutelar quanto pelo órgão julgador, com o intuito de oferecer toda sorte de auxílio, seja material, seja pessoal, profissional, afetivo, social, técnico ou especializado, conforme a necessidade vital básica da família, da criança e do adolescente (Ramidoff, 2012).

A Lei n. 13.257/2016 acrescentou o parágrafo único ao art. 22 da Lei n. 8.069/1990, que, ao regulamentar os deveres e as responsabilidades sobre o cuidado e a educação da criança, estabelece que a mãe e o pai ou os responsáveis legais "têm direitos, deveres e responsabilidades iguais, assegurando-se, ainda, o direito de transmissão familiar de suas crenças e culturas".

Os programas oficiais e comunitários de auxílio à família, à criança e ao adolescente devem oferecer estrutura material (equipamentos) e pessoal (equipe técnica ou interprofissional) adequadas (capacitações permanentes) para a melhoria da qualidade de vida individual e coletiva daquelas pessoas que se encontram na condição humana peculiar de desenvolvimento, bem como de seus respectivos núcleos familiares (Ramidoff, 2012).

É o que se encontra expressamente previsto no parágrafo 1ª do art. 23 da Lei n. 8.069/1990, segundo o qual "a criança ou o adolescente será mantido na sua família de origem, a qual deverá obrigatoriamente ser incluída em programas oficiais de proteção, apoio e promoção", nas hipóteses em que a falta ou a carência de recursos materiais invocar ameaças ou violências aos direitos individuais, bem como às garantias fundamentais da criança ou do adolescente. Até porque a falta ou a carência de recursos materiais não constitui motivo suficiente para a perda ou a suspensão do poder familiar. Esses programas de auxílio deverão integrar políticas sociais públicas, as quais detêm preferência em suas formulações e execuções; bem como são merecedoras de destinações privilegiadas de recursos públicos (Ramidoff, 2012), uma vez que objetivam a proteção integral da infância e da adolescência (alíneas "c" e "d", § único, art. 4º da Lei n. 8.069/1990).

— 5.2.6 —

## Requisição de tratamento médico, psicológico ou psiquiátrico, em regime hospitalar ou ambulatorial

A requisição de tratamento médico, psicológico ou psiquiátrico, em regime hospitalar ou ambulatorial, como medida específica de proteção, certamente deve ser adotada com algumas cautelas técnicas e também político-ideológicas (Ramidoff, 2012).

A aplicação da mencionada medida específica de proteção deve se ater às questões e problemáticas recorrentes na prática de ações e programas de atendimento então orientados por princípios – como anti-hospitalicêntricos e antimanicomiais –, estratégias ("modo de fazer") e diretrizes que sirvam para a sistematização dos trabalhos e a elaboração das recomendações pertinentes ao "cuidado em rede" a serem apresentadas aos diversos atores sociais (Ramidoff, 2008).

Exemplo disso, nos dias de hoje, são: o Centro de Atenção Psicossocial (CAPs); o especificamente destinado ao atendimento de crianças e adolescentes, isto é, o Centro de Atenção Psicossocial Infantil (CAPsI); e o destinado a tratamento às pessoas que fazem uso abusivo de substâncias entorpecentes (drogas), qual seja: o Centro de Atenção Psicossocial para Usuários Abusivos de Álcool e Droga (CAPsAD) (Ramidoff, 2012).

Convém assinalar que se trata de uma requisição e não meramente uma solicitação ou mesmo requerimento, pois é o caso de solicitar ou pedir (requerer), mas de determinar a adoção das medidas legais necessárias para a salvaguarda de direitos fundamentais inerentes à infância e à adolescência. Por tal razão, ainda que seja o Conselho Tutelar que aplique a medida específica de proteção, tratar-se-á, sim, de requisição, isto é, de determinação legal para tratamento médico, psicológico ou psiquiátrico, e não, diversamente, mera solicitação ou requerimento; eis o que se encontra previsto estatutariamente como uma das atribuições legais desse órgão colegiado (Ramidoff, 2012).

Também está expressamente previsto na alínea "a" do inciso III do art. 136 do Estatuto, segundo o qual lista como uma das atribuições legais do Conselho Tutelar promover a execução de suas decisões, podendo, para tanto: "requisitar serviços públicos nas áreas de saúde, educação, serviço social, previdência, trabalho e segurança". Isso porque, como é possível constatar, cabe também ao Conselho Tutelar, como atribuição legal, "representar junto à autoridade judiciária nos casos de descumprimento injustificado de suas deliberações", nos termos da alínea "b" do inciso III do art. 136 da Lei n. 8.069/1990.

## — 5.2.7 —
## Inclusão em programa oficial ou comunitário de auxílio, orientação e tratamento a alcoólatras e toxicômanos

A inclusão em programa oficial ou comunitário de auxílio, orientação e tratamento a alcoólatras e toxicômanos objetiva oferecer específica proteção às crianças e adolescentes que se encontram vulnerabilizados pelo uso abusivo de substâncias entorpecentes lícitas (bebidas alcoólicas), mas de consumo controlado, e ilícitas (drogas) que são utilizadas sem a devida autorização legal ou em desacordo com determinação legal ou regulamentar, nos termos das normas incriminadoras contidas da Lei n. 11.343, de 23 de agosto de 2006 (Brasil, 2006c) – Nova Lei Antidrogas). O comprometimento da capacidade psíquica da criança e do adolescente, em virtude do uso abusivo de álcool ou de drogas, pode causar sofrimento mental gravíssimo, que se torna indicativo de abordagem e intervenção técnica interprofissional (Ramidoff, 2012).

Atualmente, conforme já destacado, existem CAPsAD, que se destinam ao atendimento diferenciado e multidisciplinar de pessoas que estejam em sofrimento mental grave em razão do uso abusivo de álcool e ou drogas. Tais centros desenvolvem tecnologias e metodologias específicas, cujas diretrizes humanitárias foram fixadas de acordo com os avanços democráticos que se deram no país, bem como na reforma psiquiátrica que se operou no Brasil, quando, então, foram adotadas as orientações anti-hospitalicêntricas e antimanicomiais (Ramidoff, 2012).

Por isso, são fundamentais a criação e a manutenção de CAPsI em todos os municípios do Brasil, atendendo-se, assim, a diretiva organizacional prevista no parágrafo 2º do art. 227 da Constituição de 1988. A construção de logradouros e edifícios de uso público, a fim de garantir acesso adequado às pessoas com deficiência sensorial e mental, até, por vezes, consequentemente com significativas limitações físicas, constitui resgate democrático e participativo por intermédio do acesso a serviços públicos para atendimento das necessidades fundamentais do ser humano, entre as quais figura a saúde integral (Ramidoff, 2012).

É por isso que a saúde mental infantojuvenil tem se consolidado ultimamente como uma das principais expressões da dignidade da pessoa humana, haja vista mesmo o resgate político e social que se tem alcançado e construído por meio dos programas de assistência integral, prevenção e atendimento especializado à saúde mental da criança e do adolescente, então desenvolvidos nos CAPsI, com o apoio institucional do Poder Público. A saúde mental na infância e na adolescência, na condição de direito individual e de cunho fundamental, determina absoluta prioridade na adoção de medidas legais (garantias) e de atendimento (cuidado) quando se tratar de pessoas com necessidades especiais decorrentes de qualquer das espécies distinguidas como sendo grave sofrimento mental (moral, espiritual e psíquico). Estas, por vezes, são adquiridas por diferenciadas maneiras de viver; como o uso abusivo de substâncias entorpecentes legais e ou ilegais, mas que causam dependência física e ou psíquica "ainda que por utilização indevida" - consoante o que dispõe o inciso III do art. 81 da Lei n. 8.069/1990 - e que, certamente, também se encontram ligadas à saúde mental infantojuvenil (Ramidoff, 2012).

## — 5.2.8 —
## Acolhimento institucional

O acolhimento institucional de crianças e de adolescentes é medida específica de proteção que somente deve ser aplicada nos casos em que ocorrem gravíssimas ameaças e violências aos direitos individuais fundamentais da criança e do adolescente, uma vez que se impõem rupturas significativas àqueles novos sujeitos de direito em suas relações familiares e comunitárias. Essa medida específica de proteção, que se encontra prevista no inciso VII do art. 101 do Estatuto da Criança e do Adolescente – em razão do advento da Lei n. 12.010, de 3 de agosto de 2009 (Brasil, 2009a) –, tem critérios orientativos para sua aplicação que, na verdade, são também limitações legais para sua manutenção, consoante o que está disposto no parágrafo único. Aliás, constitui medida legal caracteristicamente provisória e excepcional que somente pode ser utilizada como estratégia de transição preferencial para a reintegração familiar (Ramidoff, 2012).

Contudo, ante a impossibilidade de reintegração familiar, a criança e o adolescente deverão ser encaminhados judicialmente para colocação em família substituta, na condição de providência legal que assegura o exercício do direito à convivência familiar e comunitária; ressalvando-se, pois, que, de qualquer maneira, as providências legais não podem implicar privação de liberdade. Assim, as marcas significativas da proteção integral que devem orientar a aplicação dessa medida legal são a provisoriedade e a excepcionalidade. O acolhimento institucional como medida específica de proteção deve ser provisório, isto é, deve ser realizado pelo tempo suficiente para o integral atendimento das necessidades vitais básicas da criança e do adolescente, bem como para o asseguramento de seus direitos individuais e de suas garantias fundamentais (Ramidoff, 2012).

Logo, por melhor que possa ser a entidade de atendimento ou a família acolhedora, a criança e o adolescente têm direito à individualização do afeto que se dá por meio do regular exercício do direito à convivência familiar e comunitária (art. 19 e seguintes do Estatuto da Criança e do Adolescente).

A criança não pode permanecer grande parte de sua infância – assim como o adolescente não pode permanecer grande parte de sua adolescência – institucionalizada em um equipamento que desenvolva atividade de atendimento. De igual forma, a excepcionalidade, como critério objetivo para aplicação do acolhimento institucional ou familiar – como medida específica de proteção –, significa dizer que, existindo medida legal mais adequada ao tratamento do caso concreto que envolve ameaça ou violência aos interesses, direitos individuais e garantias fundamentais afetas à criança e adolescente, por certo, o acolhimento em entidade deve ser afastado (Ramidoff, 2012).

A medida específica de proteção, que constitui o acolhimento institucional, deverá ser sempre excepcional, isto é, apenas nos casos em que realmente se faça necessário e desde que não exista outra medida legal que se afigure mais adequada à proteção integral e à salvaguarda da criança ou do adolescente. O acolhimento institucional, como medida específica de proteção, não pode ser utilizado como uma espécie de "castigo", seja para a criança, seja para o adolescente, ou mesmo para os pais ou responsável, pois sua natureza jurídica é pertinente à promoção e defesa do bem-estar físico, psíquico, mental, moral, cultural, espiritual e social, consoante propõe, de modo afirmativo, o art. 3º da Lei n. 8.069/1990 (Ramidoff, 2012).

## — 5.2.9 —
## Inclusão em programa de acolhimento familiar

A inclusão em programa de acolhimento familiar de criança e de adolescente é medida específica de proteção que somente deve ser aplicada em casos excepcionais, pois, de certa maneira, também significa uma ruptura nas respectivas relações familiares e comunitárias. Essa medida específica de proteção foi estabelecida no inciso VIII do art. 101 do Estatuto da Criança e do Adolescente – em razão da reforma operada com o advento da Lei n. 12.010/2009 –, a qual também arrola critérios para sua aplicação, manutenção e extinção, ou seja, limitações legais para seu cumprimento (Ramidoff, 2012).

O parágrafo 1º do art. 101 da Lei n. 8.069/1990 determina que o acolhimento familiar, como medida provisória e excepcional, deve ser utilizado como forma de transição para reintegração familiar ou, não sendo esta possível, para colocação em família substituta, sem jamais implicar privação de liberdade. Não fosse isso, tem-se que o eventual afastamento da criança ou adolescente do convívio familiar compete exclusivamente à autoridade judiciária. A atuação do órgão julgador dependerá de provocação das partes legitimamente interessadas, isto é, do Ministério Público ou de quem tenha legítimo interesse – como os pais ou responsável. Nas hipóteses em que houver dedução de pretensão pelos mencionados interessados, impor-se-á o estabelecimento regular e válido de relação jurídica processual (Ramidoff,

2012), a qual se desenvolverá por meio de "procedimento judicial contencioso, no qual se garanta aos pais ou ao responsável legal o exercício do contraditório e da ampla defesa", nos termos do parágrafo 2º do art. 101 da Lei n. 8.069/1990.

Portanto, a jurisdicionalização do afastamento da criança ou adolescente do convívio familiar é uma garantia fundamental que atende não só aos ditames da **doutrina da proteção integral**, mas, tal-qualmente, àqueles decorrentes do devido processo legal, assim como os consectários da ampla defesa e do contraditório.

Nos demais parágrafos (3º a 12) do art. 101 do Estatuto da Criança e do Adolescente foram estabelecidas diversas providências legais, para o acolhimento tanto institucional quanto familiar, com o intuito precípuo de assegurar a tramitação administrativo-judicial do encaminhamento e o acompanhamento da criança e do adolescente nas entidades de atendimento. Como exemplo aponta-se: a "guia de acolhimento"; o "plano individual de acolhimento"; a "previsão das atividades para reintegração familiar"; a "localização próxima"; a "inclusão em programas sociais da família de origem"; as "comunicações oficiais"; os "relatórios e seus encaminhamentos"; as "atribuições ministeriais"; os "cadastros"; e o "sigilo das informações".

A colocação em família substituta se afigura como a medida específica de proteção que opera a ruptura mais incisiva na relação familiar. Tal medida ocorre por meio de guarda, tutela e adoção, decorrente de suspensão (liminar ou incidental) ou destituição do poder familiar, respectivamente. Contudo, é possível resguardar os vínculos parentais, observando-se sempre os ditames legais dispostos no art. 28 da Lei n. 8.069/1990 (Ramidoff, 2012).

Assim, deverão ser sempre observadas as novas regras introduzidas pela Lei n. 12.010/2009, estabelecidas nos parágrafos 1º a 6º, e seus incisos I a III do art. 28 do Estatuto da Criança e do Adolescente. A criança ou o adolescente poderá, sempre que possível, ser previamente ouvida/o por equipe interprofissional acerca da medida específica de proteção; bem como deverá ser "respeitado seu estágio de desenvolvimento e grau de compreensão sobre as implicações da medida, e terá sua opinião devidamente considerada" (§ 1º).

Na hipótese de adolescentes, isto é, com idade superior a 12 anos, será necessário seu consentimento, que deverá ser colhido em audiência. Já o grau de parentesco e a relação de afinidade ou de afetividade, nos termos do parágrafo 3º do art. 28 do Estatuto da Criança e do Adolescente, deverão ser levados em consideração com o intuito de evitar ou minorar as consequências decorrentes da aplicação judicial dessa medida legal.

Contudo, observa-se que, em relação ao caso de colocação – guarda, tutela ou adoção – em família substituta de grupos de irmãos, por certo, os irmãos deverão ser encaminhados para a mesma família, "ressalvada a comprovada existência de risco de abuso ou outra situação que justifique plenamente a excepcionalidade de solução diversa, procurando-se, em qualquer caso, evitar o rompimento definitivo dos vínculos fraternais" (art. 28, § 4º, Lei n. 8.069/1990). Atualmente, seja qual for a modalidade de colocação em família substituta (Ramidoff, 2012), impõe-se a precedência de "preparação gradativa e acompanhamento posterior", realizados pela equipe interprofissional a serviço da Justiça da Infância e da Juventude, preferencialmente com o apoio dos técnicos responsáveis pela execução da política municipal de garantia do direito à convivência familiar" (art. 28, § 5º).

No mais, com relação à "criança ou adolescente indígena ou proveniente de comunidade remanescente de quilombo" (art. 28, § 6º), tornou-se obrigatório o respeito a suas identidades sociais e culturais, a seus costumes e tradições, desde que não sejam incompatíveis com os direitos fundamentais reconhecidos pela Constituição de 1988 e pelo Estatuto da Criança e do Adolescente. Por isso mesmo, compete exclusivamente ao Poder Judiciário a colocação em família substituta, a qual se dará em observância ao primado constitucional do devido processo legal e os consectários da ampla defesa e do contraditório (Ramidoff, 2012).

Contudo, uma vez verificada a possibilidade de reintegração familiar, impõe-se a imediata comunicação ao órgão julgador competente, que desde logo ouvirá o Ministério Público e, em seguida, decidirá. Diversamente, quando for constatada a impossibilidade de reintegração, deverá ser enviado relatório fundamentado ao Ministério Público acerca das providências adotadas e a expressa recomendação técnica oferecida pelos responsáveis pela execução da política municipal de garantia do direito à convivência familiar, para fins de destituição do poder familiar, da tutela ou da guarda.

O Ministério Público tem o prazo legal de 30 dias para propor a ação de destituição do poder familiar, ressalvada a necessidade de realização de "estudos complementares ou outras providências indispensáveis ao ajuizamento da demanda" (art. 101, § 10).

## — 5.2.10 —
## Regularização do registro civil

As medidas específicas de proteção deverão ser acompanhadas da regularização do registro civil, sempre que tal providência legal se afigurar indispensável para a efetivação dessas medidas.

Dessa maneira, quando não houver registro anterior, impõe-se a determinação judicial (requisição) de assentamento do nascimento da criança ou do adolescente, levando-se em consideração os elementos identificadores até então disponíveis.

Além da observância da absoluta prioridade na realização de registros e certidões necessários à regularização do registro civil da criança e do adolescente - bem como para inclusão, a qualquer tempo, do nome do pai no assento de nascimento (art. 102, § 5º, da Lei n. 8.069/1990) -, tais providências administrativas são isentas de multas, custas e emolumentos.

Além disso, a averbação do reconhecimento de paternidade no assento de nascimento e a certidão correspondente são gratuitas e podem ser realizadas a qualquer tempo. O procedimento específico destinado à averiguação deverá ser sempre inaugurado nos casos em que ainda não tiver sido definida a paternidade, nos termos do que dispõe a Lei n. 8.560, de 29 de dezembro de 1992 (Brasil, 1992).

No entanto, entende-se dispensável o ajuizamento da ação de investigação de paternidade pelo Ministério Público nos casos em que "após o não comparecimento ou a recusa do suposto pai em assumir a paternidade a ele atribuída, a criança for encaminhada para adoção" (art. 102, § 4º, Lei n. 8.069/1990).

# Capítulo 6

## *Prática de ato infracional*

O ato infracional é a prática ou o envolvimento de criança ou adolescente em uma conduta cujo cometimento é contrário aos ditames legais, haja vista que é conflitante com o ordenamento jurídico que busca proteger interesses, bens e direitos. Juridicamente, trata-se de pressuposto (Ramidoff, 2012) necessário e indispensável para aplicação de medidas legais estabelecidas na Lei n. 8.069/1990. Isto é, nas seguintes providências legais: a) medidas específicas de proteção, destinadas às crianças que cometem ou se envolvem na prática de atos infracionais, nos termos do que dispõe o art. 105, combinado com os arts. 98 e 101, do Estatuto da Criança e do Adolescente; b) medidas socioeducativas que são aplicáveis aos adolescentes que são autores ou que se envolveram em uma conduta dita conflitante com a lei, segundo o disposto nos arts. 104 e 112 do mesmo estatuto (Ramidoff, 2012).

Os atos infracionais são atitudes plenamente justificáveis em razão da pouca maturidade (Prates, 2002), quando não são decorrentes da permanente luta por conquistas pessoais, em um processo interminável de subjetivação.

*Mutatis mutandis*, acolhe-se aqui a argumentação deduzida acerca da exigência da limitação da intervenção estatal (Tavares, 2003), de acordo com a qual todo comportamento humano que não seja desejado socialmente deve ser uma contradição verificável entre seu cometimento e a ordem jurídica. Além disso, tal limitação deve estar subordinada à classificação jurídica da conduta – aqui, como ação conflitante com a lei – ao princípio da legalidade, que exige não só a descrição legal, mas, principalmente, que os elementos que o caracterizem se encontrem presentes no caso concreto. O ato infracional é equiparado, normativamente, à "conduta descrita como crime ou contravenção penal" (art. 103, Lei n. 8.069/1990); não ao crime ou à contravenção penal, apenas à conduta, ao comportamento contraditório descrito no núcleo (verbo ou acontecimento) dos tipos de injusto penal. Portanto, ato infracional também exige o reconhecimento de outros elementos constitutivos para que se configure crime ou contravenção penal, os quais devem estar presentes tanto na definição legal quanto no caso concreto (Ramidoff, 2012).

## — 6.1 —
## Ação conflitante com a lei (ato infracional)

Para a apuração da prática de ato infracional – vale dizer, da conduta cujo cometimento é conflitante com o ordenamento jurídico –, impõe-se a adoção de medidas procedimentais destacadamente específicas que devem ser também orientadas pela doutrina da proteção integral. Dessa forma, assegura-se, tanto à criança quanto ao adolescente, as garantias fundamentais indissociáveis a suas respectivas condições peculiares de pessoa em desenvolvimento, ou seja, infância ou adolescência. O ato infracional é descrito como uma atitude atribuída à criança (art. 105, da Lei n. 8.069/1990) ou ao adolescente que tenha praticado conduta (ação ou omissão) conflitante com a lei ou que tenha se envolvido livre, intencional e voluntariamente em um evento dito *infracional* e cuja conduta é, por assim dizer, contraditória com o conteúdo da norma que protege bens jurídicos, por similitude, normativa às condutas descritas como comportamentos valorados negativamente pelo direito penal, de acordo com o art. 103 do Estatuto da Criança e do Adolescente (Ramidoff, 2012).

A criança que praticar uma conduta conflitante com a lei (ato infracional), além de não ser responsabilizada criminalmente, pois é penalmente inimputável - art. 104 da Lei n. 8.069/1990 -, não está sujeita às medidas socioeducativas, mas sim, e tão somente, às medidas específicas de proteção elencadas no art. 101, de acordo com o estabelecido no art. 105, ambos do Estatuto da Criança e do Adolescente; porém, ressalvando-se a hipótese da "colocação em família substituta" prevista no inciso IX do art. 101 do mesmo estatuto. Isso assim se opera porque a aplicação das medidas específicas de proteção destinadas às crianças que praticaram ato infracional, na verdade, constitui uma das atribuições legais afetas ao Conselho Tutelar - arts. 131 a 140 da Lei n. 8.069/1990 (Ramidoff, 2012).

O Conselho Tutelar é órgão permanente e autônomo, não jurisdicional, encarregado pela sociedade de zelar pelo cumprimento dos direitos da criança e do adolescente. Por isso, deve atender diretamente a esses sujeitos de direito nas hipóteses legais previstas no art. 105 do da Lei n. 8.069/1990, uma vez que ao ato infracional praticado por criança correspondem as medidas previstas no art. 101. No entanto, o Conselho Tutelar apenas poderá adotar uma das medidas previstas nos incisos I a VIII, impedindo-se, assim, a possibilidade de colocação em família substituta prevista no inciso IX do art. 101 do Estatuto da Criança e do Adolescente (Ramidoff, 2012).

O legislador estatutário determinou que a medida específica de proteção prevista no inciso IX do art. 101 do Estatuto, isto é, a "colocação em família substituta", é competência do juiz de direito, na condição de órgão julgador pertencente ao Poder Judiciário, conforme preceituado no Título VI ("Do acesso à Justiça"), em especial na Seção IV ("Da colocação em Família Substituta") da Lei n. 8.069/1990; e não, diversamente, atribuição legal, a ser exercitada no âmbito jurisdicional específico e delimitado legalmente para resolução de casos concretos que envolvam crianças e adolescentes, independentemente da prática de ato infracional (Ramidoff, 2012).

As medidas específicas de proteção, então, aplicáveis às crianças que praticam ou se envolvam em ato infracional são aquelas previstas no art. 101 do Estatuto da Criança e do Adolescente, as quais serão acompanhadas da regularização do registro civil (art. 102). Expressamente: encaminhamento aos pais ou responsável, mediante termo de responsabilidade (inciso I); orientação, apoio e acompanhamento temporários (inciso II); matrícula e frequência obrigatórias em estabelecimento oficial de ensino fundamental (inciso III); inclusão em serviços e programas oficiais ou comunitários de proteção, apoio e promoção da família, da criança e do adolescente (inciso IV); requisição de tratamento médico, psicológico ou psiquiátrico, em regime hospitalar ou ambulatorial (inciso V); inclusão em programa oficial ou comunitário de auxílio, orientação e tratamento a alcoólatras e toxicômanos (inciso VI); acolhimento institucional (inciso VII); e inclusão em programa de acolhimento familiar (inciso VIII).

O Estatuto da Criança e do Adolescente constitui também vetores hermenêuticos para o acolhimento de crianças e adolescentes, determinando que tal medida legal de caráter provisório apenas deverá excepcionalmente ser adotada como forma de transição para a colocação em família substituta, entretanto, jamais deverá implicar privação de liberdade, nos termos do parágrafo único do art. 101 (Ramidoff, 2012).

A Lei n. 8.069/1990 estabeleceu para toda e qualquer medida específica de proteção, aplicada isolada ou cumulativamente, inclusive as que forem substituídas a qualquer tempo (art. 99), a observância das necessidades pedagógicas, com adoção prioritariamente absoluta daquelas que se destinem a fortalecer os vínculos familiares e comunitários (art. 100). Alinha-se, assim, ao direito individual fundamental infantojuvenil da convivência familiar e comunitária, então preceituado nos arts. 19 a 52-D. Já com relação aos adolescentes que praticaram ou se envolveram em ações conflitantes com a lei, o Estatuto da Criança e do Adolescente estabeleceu tratamento diferenciado, protetivo e jurisdicionalizado, devendo ser observados, pois, tanto os direitos individuais (arts. 106 a 109), quanto as garantias processuais (arts. 110 e 111) para aplicação judicial, de medidas protetivas e socioeducativas (Ramidoff, 2012).

— 6.2 —

## Direitos individuais

Na área jurídico-legal destinada à regulamentação da responsabilização diferenciada do adolescente a quem se atribui a prática de ação conflitante com a lei (ato infracional), também há como regra o asseguramento estatutário das liberdades públicas inerentes à adolescência. Em vista disso, o adolescente que praticar ou se envolver em um acontecimento conflitante com a lei apenas será privado de sua liberdade se for apreendido em flagrante, ou quando houver ordem judicial escrita e fundamentada que lhe determine a apreensão. O órgão julgador competente, tal-qualmente, poderá determinar a busca e a apreensão do adolescente, bem como sua condução coercitiva, por meio de decisão judicial fundamentada. O adolescente a quem se atribui a prática de ação conflitante com a lei, por sua vez, tem o direito individual, de cunho fundamental, de obter informações sobre a identidade não só das pessoas que lhe apreenderam, mas também da pessoa que lhe determinou a apreensão (Ramidoff, 2012).

A apreensão deve ser realizada mediante as cautelas estatutariamente especificadas, como a prestação indispensável de informações ao adolescente a ser apreendido sobre seus direitos individuais e suas garantias fundamentais. A apreensão de adolescente e o local em que se está recolhido deverão ser incontinentemente comunicados ao Juízo de Direito competente, o qual deverá adotar as providências legais para a manutenção ou não da privação da liberdade. O órgão julgador, de plano, deverá verificar a possibilidade de liberação imediata do adolescente ao qual se atribui a prática ou o envolvimento em acontecimento conflitante com a lei; inclusive, sob pena de responsabilização administrativa, civil e criminal (art. 234 da Lei n. 8.069/1990). Outrossim, a autoridade judiciária deverá comunicar o fato ao Ministério Público, que, por sua vez, também deverá adotar medidas legais pertinentes não só a apuração da ação conflitante com a lei, mas, principalmente, para a preservação dos direitos e das garantias fundamentais do adolescente apreendido (Ramidoff, 2012).

A apreensão de adolescente deverá ser imediatamente comunicada a seus genitores ou responsável, ou na ausência comprovada destes, a seus familiares (parentes) ou à pessoa indicada pelo adolescente. Ainda, entende-se legal e legitimamente plausível a comunicação da apreensão do adolescente a seu advogado, caso este se já tenha sido indicado ou constituído por ele. No caso de não comunicação aos pais, responsável, familiar, advogado ou qualquer outra pessoa indicada pelo adolescente, impõe-se a comunicação à Defensoria Pública, nos termos da atual processualística penal (art. 306, § 1º, Código de Processo Penal – Decreto-Lei n. 3.689, de 3 de outubro de 1941 – Brasil, 1941b), aqui subsidiariamente utilizada (art. 152 do Estatuto da

Criança e do Adolescente). A internação que se realiza antes da decisão judicial resolutiva da responsabilização diferenciada do adolescente ao qual se atribui a prática de ação conflitante com a lei (ato infracional) é comumente denominada de *internação provisória* (Ramidoff, 2012).

No entanto, a internação provisória deverá atender os mesmos vetores orientativos para toda e qualquer privação – ainda que parcial – do adolescente a quem se atribua a prática de ação conflitante com a lei. Por isso, a internação provisória deverá ser medida excepcional e por breve período, isto é, pelo lapso temporal necessário para a proteção do adolescente, se não, para ruptura com o ciclo de violências em que se encontre envolvido. A internação provisória deve ser medida excepcional e por até 45 dias, isto é, pelo tempo suficiente para a contenção do adolescente, com o intuito de também possibilitar a realização de estudo técnico acerca da(s) medida(s) legal(is) a ser(em) adotada(s). O prazo legal da internação provisória não pode ser prorrogado. Por tal razão, o prazo legal para a apuração da responsabilidade diferenciada do adolescente desde a sua apreensão em flagrante ou internação antes da sentença deverá ser de, no máximo, 45 dias, improrrogáveis (Ramidoff, 2012).

A Emenda Constitucional n. 45, de 30 de dezembro de 2004 (Brasil, 2004b) acrescentou o inciso LXXVIII ao art. 5º da Constituição da República de 1988, estabelecendo, assim, o princípio constitucional do "prazo razoável do processo", o qual determina duração razoável da relação jurídica processual que assegure tramitação célere e adequada à finalidade que se destina: a proteção integral do adolescente.

Assim, entende-se que a razoabilidade da tramitação do processo de apuração da responsabilidade diferenciada do adolescente que se encontrar apreendido, necessariamente, deverá ser de, no máximo, 45 dias. Nos casos em que o adolescente estiver acompanhando o feito em liberdade, de modo semelhante, a tramitação da relação jurídica processual especial deverá ser compatível às medidas legais a serem judicialmente aplicadas, não se perdendo de vista a celeridade necessária para o estabelecimento e o cumprimento das determinações judiciais protetivas. A internação provisória deve ser judicialmente decretada em razão de representação da autoridade policial ou a requerimento do Ministério Público; contudo, pode ser revista a qualquer tempo. É comum ser requerida quando o Ministério Público oferece representação em relação ao adolescente a quem se atribui a prática de ação conflitante com a lei (Ramidoff, 2012).

No entanto, a internação provisória poderá ser deduzida antes da proposição ministerial como forma de proteção do adolescente, em virtude de ameaças a seus direitos e garantias fundamentais, bem como em razão do asseguramento da apuração e da instrução da ação conflitante com a lei. A internação judicialmente determinada antes da prolação da resolução final deverá ser fundamentada, conforme dispõe o inciso IX do art. 93 da Constituição de 1988. A decisão judicial que determinar a internação provisória também deve ter por substrato fático elementos mínimos que indiquem a existência de um acontecimento determinado por ação conflitante com a lei e atribuível a adolescente. Isto é, a decisão judicial que determinar a internação provisória deverá apoiar-se em início de prova que seja necessário para evidenciar tanto a materialidade quanto a autoria (Ramidoff, 2012).

No mais, observa-se que a decretação judicial da internação provisória do adolescente deve atender a imperiosa necessidade cautelar, cuja objetividade se vincula não só à temática processual, mas, principalmente, à proteção do adolescente. A cautelaridade da internação provisória, por assim dizer, vincula-se à concomitante presença de tais requisitos legais que constituem, dessa maneira, uma limitação da intervenção estatal. A identificação compulsória a ser realizada por órgãos policiais, de proteção ou judiciais apenas será admitida quando houver dúvida fundada acerca de informações contraditórias – por exemplo, filiação, parentesco, idade etc. – sobre o adolescente a quem se atribua a prática de ação conflitante com a lei (Ramidoff, 2012).

Eventuais confrontações sobre dados e informações relativas a tal adolescente deverão ser fundadas em motivação relevante. Do contrário, o adolescente que se encontrar civilmente identificado não poderá ser submetido a qualquer outra maneira compulsória ou não de identificação. Os documentos que civilmente servem para a comprovação da identidade – como certidão de nascimento, carteira de identidade, carteira de trabalho, carteira de estudante, entre outros – serão admitidos para adoção das medidas legais de proteção, investigação e apuração da responsabilidade diferenciada do adolescente (Ramidoff, 2012).

## — 6.3 —
## Garantias processuais

O Estatuto da Criança e do Adolescente estabelece garantias processuais específicas ao adolescente ao qual se atribua a prática ou o envolvimento em ação conflitante com a lei. Essas garantias processuais e diferenciadas ao adolescente se orientam pelas diretrizes internacionais, então, adotadas constitucionalmente como fórmulas de limitação da intervenção estatal. Contudo, não se pode reduzir a legitimidade da intervenção estatal – poder-dever de responsabilização diferenciada de adolescente – à mera observância das regras legais, aqui, estatutárias.

A responsabilização diferenciada do adolescente a quem se atribua a prática de ação conflitante com a lei apenas será legítima quando se afigurar adequada ao desenvolvimento da personalidade daquele novo sujeito de direito, vinculando-o judicialmente a medidas que possam romper os ciclos de violência em que se encontra inserido (Ramidoff, 2012).

## — 6.3.1 — Legalidade e legitimação

A legitimação, assim, da intervenção estatal que se destina à responsabilização diferenciada de adolescente, certamente não se dá pela legalidade, isto é, pela mera observância das limitações legalmente estabelecidas ao Estado. Tampouco é possível entender que a responsabilização diferenciada de adolescente constitua um direito atribuído legalmente ao Estado, em que pese ser uma atribuição. É preciso entender que a legitimação desse poder-dever estatal não se reduz à mera observância da legalidade, a qual, por sua vez, não transforma tal atribuição legal em um "direito de fazê-lo" (Melo, 1998, p. 54). Enfim, a responsabilização diferenciada de adolescente é um dever-poder reconhecido ao Estado, então, limitado por ditames legais (legalidade) e por garantias processuais, as quais, uma vez observadas, não legitimam toda e qualquer forma de intervenção estatal, mas apenas aquelas que se afigurarem adequadas à condição humana peculiar de desenvolvimento (Ramidoff, 2012).

Por tal razão, não são necessariamente aplicáveis outros institutos jurídico-legais, categorias elementares, princípios etc. pertinentes ao direito penal, ainda que aparentemente possam conceder alguma efetividade aos direitos individuais e às garantias fundamentais especificamente destinados ao adolescente ao qual se atribua a prática de uma conduta conflitante com a lei. Um exemplo é a utilização do princípio da insignificância em matéria socioeducativa, com o intuito de impedir situação pior ou prejudicial ao adolescente em conflito com a lei (Piloni; Franco, 2019).

O direito da criança e do adolescente tem autonomia e independência teórico-pragmática suficiente para, por meio de seus próprios institutos jurídico-legais, suas categorias elementares, seus princípios e fundamentos, oferecer resoluções adequadas que dispensam a utilização de outros saberes jurídicos, em que pese a indispensável relação com as demais disciplinas jurídicas e os ramos do direito. Do contrário, corre-se o risco de transformar o direito da criança e do adolescente em um ramo específico, por exemplo, do direito penal, processual-penal, cuja racionalidade jurídica fundada no binômio repressão-punição, certamente, distancia-se da doutrina da proteção integral, a qual se orienta pelo viés sociopedagógico.

A proximidade das categorias jurídico-penais dos diversos ramos do direito e de suas respectivas disciplinas jurídicas é um atrativo perigoso que – além de afastar os ditames orientativos, na área jurídico-legal destinada à defesa e à promoção da infância e da adolescência, decorrentes da doutrina da proteção integral – determina a ineficácia e a baixa efetividade das regras constitucionais e estatutárias que necessitam, sim, integrar as agendas públicas, da cultura jurídica, do senso comum (técnico-jurídico) e da opinião pública.

E isso, certamente, não se dará por meio da utilização de institutos jurídico-legais e de categorias elementares de outros saberes jurídicos; apenas reforçará a crença, no caso de responsabilização diferenciada do adolescente em conflito com a lei, da existência de um panpenalismo que tudo resolve e se propõe a resolver paralela e concorrencialmente com as outras áreas do direito, por mais específicas sejam.

Portanto, é preciso reforçar teórico-pragmaticamente os institutos jurídico-legais e as categorias elementares especificamente próprias ao direito da criança e do adolescente, com o intuito de que se assegure a permanência das diretrizes sociais e pedagógicas, decorrentes da doutrina da proteção integral; e não, diversamente, das categorias jurídico-penais que se orientam pela limitação da intervenção estatal repressivo-punitiva que se destina ao controle violento da violência social urbana.

## — 6.4 —
## Garantias processuais

A Constituição de 1988 assegura, a quem se atribua a prática de ação conflitante com a lei (ato infracional), que a apuração e a eventual responsabilização obedecerão ao devido processo legal, bem como os consectários da ampla defesa e do contraditório substancial (art. 5º, LIV e LV, Constituição). A legislação estatutária, em linha com essas diretrizes constitucionais, prevê como garantia processual, de cunho fundamental (constitucional), a limitação da liberdade como exceção, haja vista que a regra é a manutenção da liberdade individual, motivo pelo qual se impõe a observância do devido processo legal (art. 110 da Lei

n. 8.069/1990). Portanto, nenhum adolescente poderá ser privado de suas liberdades públicas – entre elas, principalmente, a de ir e vir –, sem o devido processo legal. Outrossim, ao adolescente a quem se atribuir a prática de ação conflitante com a lei, assegura-se a ampla defesa e o contraditório substancial, regulados no procedimento especial para apuração e julgamento do caso legal, conforme os arts. 171 a 190 do Estatuto da Criança e do Adolescente (Ramidoff, 2012).

## — 6.5 —
## Garantias procedimentais

O art. 111 da Lei n. 8.069/1990 descreve especificamente, entre outras garantias processuais e procedimentais, a necessidade da adoção de providências legais que assegurem ao adolescente o pleno exercício do direito de defesa. Em decorrência disso, é garantido ao adolescente a quem se atribuiu a prática ou o envolvimento em uma ação conflitante com a lei (ato infracional) o pleno e formal conhecimento do que contra si consta, por meio da determinação judicial dos atos de comunicação processual. O adolescente, assim, deverá ser citado para que acompanhe o processo especial destinado à apuração e ao julgamento da ação conflitante com a lei que lhe fora atribuída; quando não, será comunicado por meio equivalente, impondo-se, no entanto, que se adotem as cautelas necessárias para efetivação da comunicação judicial (Ramidoff, 2012).

Ao adolescente a quem se atribui a prática de ação conflitante com a lei (ato infracional) também é assegurada a igualdade processual, isto é, encontra-se paritariamente situado na relação jurídica processual (procedimento especial), como parte, cabendo-lhe, no exercício pleno do direito de defesa, utilizar de todos os meios de prova, em direito admitidos. O adolescente poderá confrontar-se com as vítimas e, por meio de seu representante legal, contraditar testemunhas, por exemplo. Nesse sentido, é assegurada defesa técnica, ao adolescente, a ser realizada por advogado constituído, quando não por defensor público, e, na falta deste, por advogado dativo (Ramidoff, 2012).

No entanto, é certo que ao adolescente será assegurada a defesa técnica a ser realizada por profissional regularmente habilitado para o exercício de tal mister, sob pena de nulidade absoluta do procedimento especial destinado à apuração e ao julgamento de ação conflitante com a lei que lhe fora atribuída. Na hipótese de o adolescente e de seu núcleo familiar não dispor de condições econômico-financeiras para o pleno exercício do direito à defesa, será assegurada a ele a assistência judiciária gratuita e integral. O adolescente, ao ser apreendido em flagrante, deverá ser ouvido pela autoridade policial que tiver atribuições legais para lavratura do auto de apreensão (art. 173, I, Lei n. 8.069/1990), se não, para elaboração do boletim de ocorrência (art. 173, § único). Em seguida, o adolescente a quem se atribua a prática de ação conflitante com a lei (ato infracional) – apreendido ou não – deverá ser oportuna e informalmente ouvido pelo órgão de execução ministerial (Ministério Público), em exercício perante o Juízo de Direito da Vara da Infância e da Adolescência (Ramidoff, 2012).

Na fase judicial, o adolescente deverá ser ouvido em audiência especificamente destinada para tanto - vale dizer, em audiência de apresentação -, quando, então, poderá prestar seus esclarecimentos e, até mesmo, exercer o direito de permanecer em silêncio. Contudo, em todas essas hipóteses, ao adolescente a quem se atribua a prática de ação conflitante com a lei (ato infracional), é assegurado o direito individual, de cunho fundamental, de ser ouvido pessoalmente pela autoridade competente. Ao adolescente, ainda, é assegurado o direito de solicitar a presença de seus genitores ou de seu responsável legal em qualquer fase procedimental, seja ao longo da investigação policial, seja na ouvida informal no Ministério Público ou mesmo durante a apuração e o julgamento da ação conflitante com a lei que lhe fora atribuída (Ramidoff, 2012).

— 6.6 —

## Medidas socioeducativas

A medida socioeducativa é uma reação estatal pedagogicamente adequada às necessidades educacionais e sociais dos adolescentes que por meio da prática de ato infracional sinalizaram situação de ameaça ou violência a seus direitos individuais e ou a suas garantias fundamentais. Por isso, a construção técnico-epistemológica, político-democrática e ideológico-humanitária determina que o conteúdo seja sempre pedagógico de toda e qualquer medida socioeducativa a ser judicialmente aplicada, e, assim, consequentemente, cumprida (Ramidoff, 2017).

É possível perceber, assim, que as medidas legais – protetivas e socioeducativas – atendem às diretrizes humanitárias especificamente destinadas ao adolescente a quem se atribui a prática de ação conflitante com a lei, e não, diversamente, os comandos legais e teóricos do dito "direito penal juvenil" (Saraiva, 2003).

A medida socioeducativa, em decorrência disso, tem conteúdo pedagógico (educacional), orientação protetiva (direitos humanos) e especial (absoluta prioridade na efetivação dos direitos e garantias fundamentais). A medida socioeducativa constitui, assim, um expediente legislativo destinado à resolução adequada dos casos concretos que envolvam interesses indisponíveis (conflito de interesses), direitos individuais (ameaçados ou violados) e garantias fundamentais (inobservância e desrespeito) afetas ao adolescente a quem se atribua a prática de ato infracional.

As medidas socioeducativas exigem a implementação orçamentária para a construção de equipamentos adequados e a decorrente estruturação material e pessoal – capacitação permanente – que são indispensáveis para a efetivação dos direitos individuais e das garantias fundamentais afetos a adolescente em tal situação (Ramidoff, 2017).

O art. 4º do Estatuto da Criança e do Adolescente, ao descrever a garantia da **absoluta prioridade**, destaca a "preferência na formulação e execução das políticas sociais públicas", bem como a "destinação privilegiada de recursos públicos nas áreas relacionadas com a proteção à infância e à adolescência".

A absoluta prioridade constitui um dos principais instrumentos legais (estatutário) para a construção de uma política jurídica em prol da criança e do adolescente. Logo, ao lado da instrumentalização operacional dos organismos estatais para o atendimento adequado da criança e do adolescente a quem se atribui a prática de ato infracional, também se procura (re) estruturar os respectivos núcleos familiares mediante políticas sociais públicas de atendimento, o que se configura fator preponderante para a não reiteração de atos infracionais e para o rompimento dos círculos de violência (Ramidoff, 2017).

Assim, as determinações judiciais acerca da responsabilização diferenciada não poderão olvidar do fortalecimento dos vínculos familiares e comunitários, com base na afinidade e na afetividade (Gomide, 2005).

A Lei n. 8.069/1990 prevê, no seu art. 112, as medidas socioeducativas aplicáveis apenas ao adolescente a quem se atribuiu e comprovadamente demonstrou ter praticado ato infracional, quais sejam: "I – advertência; II – obrigação de reparar o dano; III – prestação de serviços à comunidade; IV – liberdade assistida; V – inserção em regime de semiliberdade; VI – internação em estabelecimento educacional; [...]".

Além dessas medidas, consoante já destacado, existe previsão legal permissiva para aplicação judicial cumulativa das

**medidas específicas de proteção** estabelecidas nos incisos I a VI do art. 101 do Estatuto da Criança e do Adolescente (Ramidoff, 2017).

— 6.6.1 —

## Sistema Nacional de Atendimento Socioeducativo (Sinase)

Por mais que o Sistema Nacional de Atendimento Socioeducativo (Sinase) não conte com regulamentação específica na Lei n. 8.069/1990, estando disciplinado na Lei n. 12.594, de 18 de janeiro de 2012 (Brasil, 2012a) - Lei do Sinase -, é certo que tem implicação direta com a responsabilização diferenciada do adolescente a quem se atribui a prática de uma conduta conflitante com a lei (Ramidoff, 2017).

No Título II da Lei n. 12.594/2012, encontram-se regulamentadas as atividades, as diretrizes e as práticas que se destinam ao acompanhamento do cumprimento ("execução") das medidas socioeducativas que forem judicialmente determinadas a adolescente a quem se atribuir a prática de ação conflitante com a lei (ato infracional). O Título III da da referida lei cuida das "Disposições Finais e Transitórias", as quais estabelecem regras: de adequação, transição e transferência dos programas de atendimento socioeducativo; de regulamentação do Fundo dos Direitos da Criança e do Adolescente; e de sua vigência – *vacatio legis* (Ramidoff, 2012).

Essa legislação determinou inúmeras alterações na Lei n. 8.069/1990 – arts. 90, 121, 122, 198, 208 e 260; e criação dos arts. 260-A a 260-L; na Lei n. 7.560, de 19 de dezembro de 1986 (Brasil, 1986) – arts. 5º e 5º-A; na Lei n. 7.998, de 11 de janeiro de 1990 (Brasil, 1990a) – art. 19-A; na Lei n. 5.537, de 21 de novembro de 1968 (Brasil, 1968) – parágrafo 3º do art. 2º; na Lei n. 8.315, de 23 de dezembro de 1991 (Brasil, 1991) – parágrafo único do art. 1º; na Lei n. 8.706, de 14 de setembro de 1993 (Brasil, 1993b) – parágrafo único do art. 3º; na Lei n. 12.213, de 20 de janeiro de 2010 (Brasil, 2010) – parágrafo único do art. 3º); no Decreto-Lei n. 4.048, de 22 de janeiro de 1942 (Brasil, 1942) – parágrafo 1º do art. 2º); Decreto-Lei n. 8.621, de 10 de janeiro de 1946 (Brasil, 1946) – parágrafo 1º do art. 3º; e na Consolidação das Leis do Trabalho, Lei n. 5.452, de 1º de maio de 1943 (Brasil, 1943) – parágrafo 2º do art. 429.

E, assim, a Lei n. 12.594/2012 disciplina as normas gerais para o atendimento do adolescente a quem se determinou judicialmente o cumprimento de medidas legais – protetivas e socioeducativas –, precisamente, ao determinar a estruturação e os procedimentos específicos no âmbito do acompanhamento sociopedagógico, assim como no âmbito da Administração Pública municipal, distrital e estadual (Ramidoff, 2016).

O art. 3º da Resolução n. 119, de 11 de dezembro de 2006, do Conselho Nacional dos Direitos da Criança e do Adolescente (Conanda, 2006), por sua vez, conceitua o Sinase como:

> um conjunto ordenado de princípios, regras e critérios, de caráter jurídico, político, pedagógico, financeiro e administrativo, que envolve desde o processo de apuração de ato infracional até a execução de medidas socioeducativas, [...] um norte importante, pois traz diretrizes e uniformização de padrões a serem perseguidos em todo o país. (Seabra, 2019, p. 18)

A mencionada normativa, de igual maneira, introduziu novas orientações principiológicas e critérios objetivos para avaliação do integral cumprimento das medidas legais – protetivas e socioeducativas – judicialmente determinadas ao adolescente em conflito com a lei. Em acréscimo, estabeleceu regras para a adequabilidade do programa e do projeto socioeducativo a ser individualizado (Ramidoff, 2016).

## — 6.6.2 — Advertência

A medida socioeducativa denominada estatutariamente de *advertência* (art. 115 da Lei n. 8.069/1990) consiste em uma **admoestação verbal** a ser aplicada judicialmente em audiência especificamente destinada para tal desiderato (Ramidoff; Ramidoff, 2018). Nessa audiência judicial, além dos servidores e dos eventuais policiais da escolta, deverão permanecer no recinto que lhes for destinado apenas o adolescente e seus genitores ou responsável legal, bem como o defensor, o promotor de justiça e o juiz de direito (Ramidoff, 2012). Entretanto, ressalta-se que a unilateralidade da imposição da medida de advertência é uma de suas características (Silva, 2008), motivo pelo qual apenas será admitida quando houver prova suficiente de autoria e materialidade infracional (Ramidoff, 2012).

## — 6.6.3 — Obrigação de reparar o dano

A medida socioeducativa que determina a **obrigação de reparar o dano** (art. 116 da Lei n. 8.069/1990), por sua vez, estabelece que o adolescente deverá **restituir a coisa**; se não, de acordo com sua capacidade econômico-financeira, promover o **ressarcimento do dano**, bem como **compensar o prejuízo causado à vítima**. Não sendo possível a restituição, o ressarcimento e a compensação, verifica-se que a medida socioeducativa poderá ser substituída por outra que se afigurar adequada (Ramidoff; Ramidoff, 2018).

## — 6.6.4 — Prestação de serviços à comunidade

A prestação de serviços à comunidade é uma medida socioeducativa que consiste na realização de tarefas gratuitas de interesse geral em entidades assistenciais, hospitalares, escolas e outras congêneres, bem como em programas comunitários ou governamentais, contudo, por período que não seja superior a seis meses (art. 117 da Lei n. 8.069/1990). É preciso atentar, ainda, para o fato de que as tarefas a serem atribuídas ao adolescente necessariamente deverão ser conformadas a suas aptidões físicas, morais, intelectuais e sociais. Além disso, a jornada semanal não deverá ser superior a 8 horas, podendo ser cumprida aos sábados, domingos e feriados ou em dias úteis, desde que não prejudique a frequência escolar ou a jornada de trabalho do adolescente (Ramidoff; Ramidoff, 2018).

Contudo, afigura-se plausível a aplicação de outras espécies de prestação de serviço (Nicknich, 2010), como a prestação de serviços intelectuais que favorecem o desenvolvimento para o adolescente e para a comunidade. Por conseguinte, promove-se a emancipação subjetiva do adolescente em contrapartida às medidas estigmatizantes e constrangedoras a que poderia ser submetido (Ramidoff, 2012).

## — 6.6.5 —
## Liberdade assistida

A liberdade assistida é a medida socioeducativa que tem produzido os melhores resultados, estando em consonância com as orientações humanitárias e pedagógicas então propostas pela doutrina da proteção integral. Tal medida socioeducativa consiste em acompanhamento, auxílio e orientação do adolescente que praticou ato infracional (art. 118 da Lei n. 8.069/1990). Para tanto, o juiz de direito competente deverá designar pessoa capacitada, a qual ficará encarregada de: promover socialmente o adolescente e sua família; supervisionar a frequência e o aproveitamento escolar do adolescente; diligenciar para profissionalização e inserção desse sujeito de direito no mercado de trabalho; e apresentar relatório do caso (Ramidoff; Ramidoff, 2018).

A eficácia jurídica e social, no entanto, depende da construção permanente de comunicação e cooperação técnica entre o Poder Judiciário e as equipes técnicas – nos termos dos arts. 150 e 151 do Estatuto da Criança e do Adolescente – que desenvolveram diretamente suas atividades com o adolescente e seu respectivo núcleo familiar (Ramidoff, 2012).

## — 6.6.6 —
## Regime de semiliberdade

O regime de semiliberdade, na qualidade de medida socioeducativa, é uma estratégia jurídico-protetiva a ser adotada primordialmente para evitar a privação total da liberdade do adolescente. Por tal razão, a regra estatutária assevera que é possível que o regime de semiliberdade seja aplicado "desde o início", e não somente como "forma de transição para o meio aberto" (art. 120 da Lei n. 8.069/1990). Dessarte, por meio do regime de semiliberdade, é possível realizar atividades externas, independentemente de autorização judicial; contudo, são obrigatórias a escolarização e a profissionalização. O regime de semiliberdade não comporta prazo determinado, mas sua manutenção deve ser reavaliada no máximo a cada seis meses, e, por certo, em nenhuma hipótese, tal regime excederá o período de três anos (Ramidoff; Ramidoff, 2018).

### — 6.6.7 —
### Internação

A medida socioeducativa da internação é uma espécie diferenciada de privação da liberdade, sendo orientada pelos princípios da brevidade, da excepcionalidade e do respeito à condição humana peculiar do adolescente como pessoa em desenvolvimento, consoante o art. 121 do Estatuto da Criança e do Adolescente (Ramidoff; Ramidoff, 2018). Por certo, a noção de brevidade relacionada à internação deve ser compreendida como o menor lapso de tempo possível, motivo pelo qual se impõe a periódica e indispensável reavaliação, nas hipóteses em que for recomendada a manutenção dessa medida socioeducativa (Veronese; Silveira, 2011).

Durante o período de internação, o adolescente poderá realizar atividades externas, como escolarização e profissionalização (Ramidoff; Ramidoff, 2018).

Tal medida socioeducativa apenas poderá ser adotada judicialmente caso se encontrem presentes determinados pressupostos, por exemplo: existência da ação conflitante com a lei e sua respectiva atribuição a um adolescente; não cumulatividade com as diversas espécies de remissão; capacidade psíquica do adolescente; adequabilidade da medida para a emancipação subjetiva; observância do princípio da reserva legal; se as infrações forem praticadas com violência ou grave ameaça a pessoa; reiteração do cometimento de tais infrações; somente a partir da emissão judicial da guia de cumprimento da medida; encaminhamento e acompanhamento de entidade de atendimento; no máximo pelo prazo de três anos; com asseguramento da comunicabilidade (art. 100 da Lei n. 8.069/1990) e de atividades externas (Rossato; Lépore; Cunha, 2010), em que pese ter sempre de ser aplicada excepcionalmente (Ramidoff, 2012).

A medida socioeducativa da internação, assim como o regime de semiliberdade, não comporta prazo determinado; porém, sua manutenção deve ser reavaliada no máximo a cada seis meses, e, por certo, em nenhuma hipótese, a privação da liberdade poderá exceder o período de três anos. Contudo, ao ser atingido o período máximo de internação, o órgão julgador competente, uma vez ouvido o órgão de execução ministerial, determinará a liberação do adolescente ou sua colocação em **regime de semiliberdade** ou de **liberdade assistida** (Ramidoff; Ramidoff, 2018).

No entanto, caso o adolescente, durante a internação, alcançar a idade de 21 anos, deverá ser compulsoriamente liberado, por meio de determinação judicial. A Lei n. 12.594/2012 incluiu o parágrafo 7º ao art. 121 da Lei n. 8.069/1990, para assegurar que a determinação judicial que permitiu a realização de atividades externas pode ser revista a qualquer momento pela autoridade judiciária.

Entretanto, a medida socioeducativa de internação somente pode ser judicialmente aplicada quando se encontrar devidamente comprovada uma das hipóteses taxativamente descritas no art. 122 do Estatuto da Criança e do Adolescente, quais sejam: I – tratar-se de ato infracional cometido mediante grave ameaça ou violência à pessoa; II – por reiteração no cometimento de outras infrações graves; III – por descumprimento reiterado e injustificável da medida anteriormente imposta". Permanece, pois, a determinação legal acerca da aplicação judicial da medida socioeducativa da internação, segundo a qual em nenhuma hipótese deverá ser aplicada se houver outra medida legal – **socioeducativa** ou **específica de proteção** – que se afigura adequada às circunstâncias do caso concreto, bem como à condição humana peculiar do adolescente (Ramidoff; Ramidoff, 2018).

A Lei n. 12.594/2012 também modificou o conteúdo disposto no parágrafo 1º do art. 122 da Lei n. 8.069/1990, descrevendo a necessidade da observância do devido processo legal para a decretação judicial da internação que se destina ao cumprimento de medida socioeducativa anteriormente imposta – isto é, em virtude de seu "descumprimento reiterado e injustificável" –, delimitando que o prazo legal não deverá ser superior a três meses.

Para o mais, é importante frisar que a violência social produzida por crianças e adolescentes, nos centros urbanos, não alcança índices estatísticos significativos. Atos de indisciplina tão próprios à infância e à adolescência como expressões das experiências interpessoais e sociais, certamente, não podem ser confundidos com o que é definido como ato infracional. Assim, também se reafirma a excepcionalidade da medida socioeducativa de internação, a qual somente deverá ser judicialmente adotada quando não houver outra medida que se afigure mais adequada para a responsabilização diferenciada e proteção do adolescente (Przybysz; Oliveira, 2011). De igual maneira, é de essencial importância o respeito aos direitos individuais e às garantias processuais, impondo-se, assim, a observância das medidas assecuratórias para o procedimento protetivo na apuração da prática de ação conflitante com a lei que seja atribuída a adolescente, nos termos do que é disposto na Seção V ("Da Apuração de Ato Infracional Atribuído a Adolescente"), do Capítulo III ("Dos Procedimentos"), do Título VI ("Do Acesso à Justiça"), do Livro II ("Parte Especial"), do Estatuto da Criança e do Adolescente – arts. 171 a 190 (Ramidoff; Ramidoff, 2018).

Com efeito, ressalva-se a possibilidade da construção de pressupostos diferenciados para a aplicação de medidas legais também diferenciadas segundo os fins de proteção (integral) a que se destine a aplicação judicial de responsabilização socioeducativa. A aplicação de medidas legais à criança ou ao adolescente que praticou uma conduta cujo cometimento está em contradição com a ordem jurídica deve se encontrar limitada pela lei, evitando-se intervenções estatais arbitrárias características do regime político e jurídico-legal anterior, que se orientava pela diretriz da "situação irregular", cujas medidas legais de caráter tutelar tinham cunho repressivo-punitivo ao tratamento da responsabilização de crianças e adolescentes (Ramidoff; Ramidoff, 2018).

## — 6.6.8 —
## Remissão

A remissão é um instituto jurídico-legal específico do direito da criança e do adolescente, na condição de conhecimento/saber que legitima - autoriza e justifica - a intervenção estatal de cunho protetivo-pedagógico (Ramidoff, 2012). A remissão, assim, não se confunde com a remição, que constitui uma fórmula de redução de parte da pena privativa de liberdade cumprida em regime fechado ou semiaberto, pelo trabalho ou pelo estudo (art. 126, Lei n. 7.210, de 11 de julho de 1984 - Brasil, 1984 - Lei de Execuções Penais). A remissão, na área jurídico-legal pertinente à infância e à adolescência pode ser uma exclusão do processo (art. 126, Lei n. 8.069/1990); na suspensão ou extinção do processo (§ único, art. 126).

## Remissão ministerial

A remissão oferecida pelo Ministério Público e a ser judicialmente homologada tem por natureza jurídica a característica legal de exclusão do processo, isto é, uma espécie de perdão processual, haja vista que nem sequer será instaurada a relação jurídico-processual. A remissão oferecida pelo Ministério Público admite a determinação do cumprimento de medidas protetivas. Contudo, alguns doutrinadores entendem também ser possível que a remissão contemple algumas medidas socioeducativas que não sejam cumpridas mediante a privação da liberdade do adolescente.

## Remissão judicial

A remissão judicial, por sua vez, é oferecida exclusivamente pelo órgão julgador, dependendo, porém, da anuência do adolescente, de seus pais ou responsável, bem como de seu advogado, além de demandar concordância do órgão ministerial. A remissão judicial poderá ter por natureza jurídica a suspensão do processo; e, por outras vezes, a extinção da relação jurídico-processual especial destinada à apuração de ação conflitante com a lei então atribuída a adolescente. A remissão, no entanto, não implica o reconhecimento ou a comprovação da responsabilidade, tampouco serve para efeitos do registro de histórico acerca de envolvimentos em anteriores ações conflitantes com a lei (antecedentes infracionais). A remissão oferecida pelo órgão julgador poderá determinar não apenas o cumprimento de medidas protetivas, mas também socioeducativas que não importem na privação da liberdade do adolescente – art. 127 da Lei n. 8.069/1990 (Ramidoff, 2012).

A determinação do cumprimento de medidas socioeducativas em meio aberto, mediante remissão judicial, é plausível legal e legitimamente, em razão de que se realiza com base no devido processo legal, o qual poderá ser suspenso ou mesmo extinto em razão da modalidade da medida socioeducativa estabelecida.

# Capítulo 7

## *Medidas pertinentes aos pais ou responsável*

Os pais ou responsável poderão ser responsabilizados civil e criminalmente por ações e omissões que determinem ameaças e violações aos direitos individuais e às garantias fundamentais da criança e do adolescente. O poder familiar deverá ser exercido com responsabilidade e cuidados diferenciados, tendo-se em conta a condição humana peculiar de desenvolvimento da criança e do adolescente, os quais deverão ser criados, educados e assistidos sob condição de proteção especial e integral (Ramidoff, 2012).

O não cumprimento dos deveres jurídicos e legais destinados à proteção integral da criança e do adolescente, incluindo a intenção deliberada em ofender seus direitos e garantias estatutariamente assegurados, poderá determinar a adoção de medidas legais específicas, conforme prevê expressamente a Lei n. 8.069, de 13 de julho de 1990 (Brasil, 1990b). A falta, a omissão ou o abuso dos pais ou responsável ensejarão a adoção de medidas de proteção destinadas à criança e ao adolescente (art. 98), bem como determinarão a responsabilização dos pais ou responsável legal por meio de medidas estatutária e criminalmente previstas. Aos genitores e ao responsável legalmente constituído é possível a aplicação de medidas legais – em algumas hipóteses, pelo Conselho Tutelar, e, em outras, pelo juiz de direito – em razão de comportamento não condizente com o poder familiar e, até mesmo, por respectivas faltas, omissões ou abusos (Ramidoff, 2012).

Dessa maneira, os genitores e o responsável legal poderão ser encaminhados "a serviços e programas oficiais ou comunitários de proteção, apoio e promoção da família", nos termos do inciso I do art. 129 da Lei n. 8.069/1990, alterado pela Lei n. 13.257/2016, com o intuito de que sejam informados sobre como podem (re)estruturar o núcleo familiar adequadamente para a criação, a educação e a assistência de seus filhos e pupilos infantoadolescentes.

Os genitores e o responsável legal também poderão ser incluídos em programas oficiais ou comunitários de auxílio, orientação e tratamento a alcoolistas e toxicômanos, com o intuito precípuo de redução dos danos causados pelo uso abusivo e pelo comprometimento químico. Ainda poderá ser determinada como medida adequada aos genitores e ao responsável legal, o encaminhamento para tratamento psicológico ou psiquiátrico, cuja finalidade é o acompanhamento e a conscientização da importância das funções paternas e maternas como expressões do poder familiar a ser exercido em igualdade pelos genitores. Os cursos ou programas de orientação são outras medidas legais que se destinam à (re)estruturação do núcleo familiar, pois é certo que a capacitação séria e permanente potencializa os genitores e o representante legal para o exercício respeitoso e responsável do poder familiar (Ramidoff, 2012).

Em linha com os deveres legais destinados aos genitores e ao responsável legal para garantia do exercício pleno do direito à educação (arts. 53 a 59 da Lei n. 8.069/1990) da criança e do adolescente, estabelece-se, aqui, como medida legal, a obrigação de matricular filho(s) ou pupilo(s) e acompanhar a(s) frequência(s) e o(s) aproveitamento(s) escolar(es). Aos genitores e ao representante legal impõe-se a obrigação legal de encaminhamento e acompanhamento da criança e do adolescente ao tratamento especializado determinado, tanto por decisão do colegiado do Conselho Tutelar quanto por decisão judicial. Os genitores e o representante legal poderão ser advertidos tanto pelo Conselho Tutelar quanto pelo juiz de direito acerca das responsabilidades a serem assumidas para criação, educação e assistência da criança e do adolescente, nos casos em que se verificarem faltas, omissões ou abusos no exercício do poder familiar (Ramidoff, 2012).

A perda da guarda ou da tutela será determinada judicialmente como medida aplicável aos genitores e ao representante legal que demonstrarem comportamento inadequado à condição humana peculiar de desenvolvimento da criança e do adolescente sob sua responsabilidade. Nesses casos, o asseguramento do devido processo legal e do exercício da ampla defesa e do contraditório substancial, necessariamente, deverão ser assegurados aos genitores e ao representante legal. A suspensão ou a destituição (perda ou extinção) do poder familiar é medida legal aplicável aos genitores e ao responsável legal que demonstrarem ser absolutamente incapazes de exercer o poder familiar. As faltas, as omissões e os abusos dos genitores ou do responsável legal devem ser gravíssimos para tornar incompatível o exercício do poder familiar com os interesses indisponíveis, os direitos individuais e as garantias fundamentais da criança ou do adolescente. Em vista disso, a suspensão ou a destituição do poder familiar apenas se dará por fundamentada decisão judicial, resultante do embate contraditório e da ampla defesa, ao longo do devido processo legal, com observância do que dispõem os arts. 22, 23 e 24 do Estatuto da Criança e do Adolescente (Ramidoff, 2012).

## — 7.1 — Medidas cautelares

O afastamento do agressor da moradia comum constitui uma medida cautelar decorrente do exercício irregular do poder familiar. A denominada *medida cautelar de afastamento da moradia* será judicialmente determinada, independentemente da responsabilização penal que possa ser judicialmente determinada ao agressor. O pai, a mãe ou o responsável legal que for afastado da residência do núcleo familiar, em virtude de decisão judicial, sob o fundamento de ameaça ou violência aos direitos da criança ou do adolescente, deve continuar a prover as despesas efetuadas com a criação, a educação e a assistência dos filhos infantes ou adolescentes (Ramidoff, 2012).

A Lei n. 12.415, de 9 de junho de 2011 (Brasil, 2011) acrescentou o parágrafo único ao art. 130 do Estatuto da Criança e do Adolescente, assegurando a prestação de alimentos provisória que poderá ser determinada, de forma cautelar, em favor da criança ou adolescente ofendidos em seus direitos fundamentais, e que deverá ser cumprida pelo agressor que for judicialmente afastado da residência familiar em que moravam juntos.

O objetivo da alteração legislativa é o de compelir o agressor afastado cautelarmente da moradia comum, em virtude de praticar maus-tratos, opressão ou abuso sexual contra criança ou adolescente, a prestar alimentos de que as vítimas necessitem.

No entanto, ainda permanece a possibilidade legal de ser judicialmente deduzida pretensão alimentar, com o intuito de que a criança e o adolescente não sejam ofendidos em seus direitos fundamentais, agora, com a falta de recursos econômico-financeiros para o atendimento de suas necessidades vitais básicas. Dessa maneira, os pais ou responsável que forem judicialmente afastados, de forma cautelar, da moradia comum, em virtude de maus-tratos, opressão ou abuso sexual contra criança ou adolescente, encontram-se obrigados a prestar os alimentos de que necessitem seus filhos, curatelados ou tutelados infantes e jovens (Ramidoff, 2012).

# Capítulo 8

## *Conselho Tutelar*

O Conselho Tutelar constitui uma nova instância democrática que fora estabelecida para a participação direta da sociedade civil na resolução adequada das questões relativas aos direitos individuais e às garantias fundamentais constitucional e estatutariamente destinadas à criança e ao adolescente. O Conselho Tutelar estabelece, assim, uma espacialidade pública originariamente democrática para a efetiva participação paritária das comunidades em que vive e se desenvolve a criança e o adolescente juntamente com seus respectivos núcleos familiares. Indiscutivelmente, o Conselho Tutelar apresenta-se como uma nova expressão democrática para a condução e a implementação de assuntos e decisões que são do interesse público das inúmeras comunidades brasileiras. Nesse sentido, tem-se entendido que ao Conselho Tutelar também cumpre a função pública e social de zelar pelo fiel e integral cumprimento dos direitos e das garantias fundamentais inerentes à criança e ao adolescente (Ramidoff, 2012).

Apesar de inúmeras dificuldades para implementação das medidas legais previstas no Estatuto da Criança e do Adolescente, a "criação do Conselho Tutelar também foi de fundamental importância, não somente por esse órgão zelar pelo cumprimento dos direitos da criança e do adolescente, mas por ele próprio executar alguns desses direitos" (Silva, 2006, p. 78-79).

## — 8.1 — Disposições gerais

O Conselho Tutelar não é um órgão subordinado administrativa ou funcionalmente ao Poder Judiciário, ao Ministério Público, à Polícia Civil, à Polícia Militar, aos conselhos dos direitos (municipal, estadual e nacional) ou à prefeitura municipal. Nos termos do art. 131 do Estatuto da Criança e do Adolescente – Lei n. 8.069, de 13 de julho de 1990 (Brasil, 1990b) –, o Conselho Tutelar goza de autonomia e independência; sendo "órgão permanente e autônomo, não jurisdicional".

Em cada município do Brasil e em cada região administrativa do Distrito Federal deverá existir, no mínimo, um Conselho Tutelar efetivamente funcionando, com no mínimo cinco membros titulares, uma vez que as decisões deverão ser adotadas de forma colegiada. Eis, pois, a ideia de "permanência", uma vez que não basta estabelecer Conselhos Tutelares ou mesmo escolher e nomear Conselheiros Tutelares (Ramidoff, 2012).

Além disso, observa-se que o Conselho Tutelar é órgão integrante da administração pública local (municipal ou regional do Distrito Federal), cujos membros devem ser escolhidos pela população local, por meio de voto direto e facultativo, "para mandato de 4 (quatro) anos, permitida recondução por novos processos de escolha" (art. 132), conforme a alteração legislativa determinada pela Lei n. 13.824, de 9 de maio de 2019 (Brasil, 2019c).

Na verdade, é preciso que sejam criadas também condições materiais e pessoais para o desenvolvimento das atribuições legais estatuariamente previstas ao Conselho Tutelar, o qual, por meio de seus membros, poderá cumprir efetivamente sua função social, política e protetiva. A existência de equipe interprofissional junto aos Conselhos Tutelares, por exemplo, possibilitaria atendimento diferenciado à criança e ao adolescente que se encontrassem ameaçados ou violentados, seja por ação ou omissão da sociedade ou do Estado, seja pela falta, omissão ou abuso dos pais ou responsável, seja por decorrência de suas respectivas condutas (Ramidoff, 2012).

O Conselho Tutelar deve manter ações conjuntas e coordenadas com os demais órgãos da Administração Pública direta e indireta, assim como com os demais poderes públicos legalmente constituídos e a sociedade civil. Isso porque o conselheiro tutelar é o garante, isto é, aquele que tem o dever de zelar pelo cumprimento dos direitos da criança e do adolescente; dito de outro modo, é o garantidor dos direitos individuais de cunho fundamental da infância e da adolescência. Entretanto, é importante frisar que o Conselho Tutelar não pode substituir demais órgãos e instituições que devam prestar serviços públicos e sociais então atribuídos legal e funcionalmente para tais entidades. Contudo, o Conselho Tutelar deve desempenhar a importante função de fiscalização das entidades que são responsáveis legalmente pelo cumprimento das medidas socioeducativas (Ramidoff, 2012).

Dessa maneira, o Conselho Tutelar também assegurará o respeito aos direitos individuais e das garantias fundamentais do adolescente a quem se atribui a prática de ato infracional, por mais que não deva acompanhar o cumprimento das medidas socioeducativas judicialmente determinadas. No entanto, as medidas específicas de proteção que eventualmente sejam cumuladas com as medidas socioeducativas judicialmente determinadas ao adolescente deverão ser acompanhadas pelo Conselho Tutelar (Ramidoff, 2012).

A **rede de proteção**, por assim dizer, constitui uma rede integrada de ações e informações que devem ser desenvolvidas e fornecidas por diversos órgãos públicos, de maneira articulada com a sociedade civil organizada; evitando-se, assim, a atuação isolada, em núcleos de competências exclusivas e distintas, mantendo-se, contudo, as respectivas autonomias e independências funcionais.

Com isso, o **sistema de garantias** – dos direitos (fundamentais) –, poderá mais facilmente se integrar à **rede de proteção** que desenvolve atendimento direto do adolescente a quem se atribui a prática de ato infracional; e o Conselho Tutelar permanecerá assegurando o atendimento integral de todos os demais direitos não alcançados com a responsabilização diferenciada (medidas socioeducativas).

A Lei n. 12.696, de 25 de julho de 2012 (Brasil, 2012b), modificou os arts. 134 e 135 da Lei n. 8.069/1990, para, além de prever a necessidade de regulamentação municipal e distrital sobre local, dia e horário de funcionamento do Conselho Tutelar, reconhecer direitos aos seus membros, entre eles direito à remuneração, cobertura previdenciária, férias anuais remuneradas, licença-maternidade, licença-paternidade e gratificação natalina (incisos I a V do art. 134), bem como, normativamente, reconhecer que o "exercício efetivo da função de conselheiro constituirá serviço público relevante e estabelecerá presunção de idoneidade moral" (art. 135).

— 8.2 —

## Atribuições do Conselho Tutelar

O Conselho Tutelar tem atribuições legais que, apesar da distribuição interna de atividades - por exemplo, acompanhamento de casos, aplicação de medidas, elaboração de relatórios, representações à autoridade competente, entre outras - devem ser deliberadas pelo colegiado, isto é, por meio da decisão conjunta dos cinco membros titulares.

Dessa maneira, entende-se que as decisões adotadas pelo colegiado do Conselho Tutelar a todos responsabilizam, e não somente a um ou a alguns conselheiros.

O Conselho Tutelar tem por atribuição legal o atendimento de crianças e adolescentes que se encontrem em situações de ameaça ou violência a seus direitos, seja por ação ou omissão dos poderes públicos e da sociedade, seja em virtude de falta, omissão ou abuso dos genitores ou responsável, seja em razão de suas próprias condutas.

Cumpre a essa instância legalmente dotada de atribuições o atendimento da criança a quem se atribui a prática de ação conflitante com a lei (ato infracional), inclusive para determinar a aplicação de medidas específicas de proteção (art. 101, incisos I a VIII, Lei n. 8.069/1990).

De igual maneira, o Conselho Tutelar tem a atribuição legal de atender e aconselhar os genitores ou o responsável legal de crianças e adolescentes, quando, então, por seu colegiado, também poderá aplicar as medidas legais que lhes sejam pertinentes, entre aquelas previstas nos incisos I a VII do art. 129 do Estatuto da Criança e do Adolescente.

O Conselho Tutelar deverá promover o cumprimento de suas próprias deliberações colegiadas, inclusive adotando as providências legais que se afigurarem necessárias para tal desiderato. Desse modo, o Conselho Tutelar poderá requisitar a prestação de toda sorte de serviços públicos que forem condizentes ao asseguramento do exercício pleno dos direitos da criança e do adolescente. A requisição não constitui mera solicitação ou mesmo requerimento que dependa da contribuição ou deferimento eventual, mas, sim, uma determinação a ser cumprida de forma cogente, por se tratar de medida ou providência estabelecida legalmente (Ramidoff, 2012).

Ademais, o rol dos serviços públicos elencados na alínea "a" do inciso III do art. 136 da Lei n. 8.069/1990 não é taxativo, sendo meramente exemplificativo, uma vez que é possível requisitar serviços públicos para além das áreas de saúde, educação, serviço social, previdência, trabalho e segurança. Entretanto, é certo que o Conselho Tutelar não pode ser substituído no cumprimento da função ou na prestação de serviço público de qualquer outra natureza que não seja o das atribuições legais inerentes a seu cargo público. O Conselho Tutelar deverá sempre levar ao conhecimento da autoridade judiciária, por meio de representação ou mesmo de qualquer outro encaminhamento, os casos em que se verifique o não cumprimento, injustificado, de suas deliberações colegiadas (Ramidoff, 2012).

O Conselheiro Tutelar que tiver conhecimento de infração administrativa ou de conduta delituosa ofensiva (ameaça ou violência) aos direitos da criança ou do adolescente, deverá submeter ao colegiado o encaminhamento de notícia do fato ao Ministério Público. Com relação à autoridade judiciária, tal-qualmente, o Conselho Tutelar deverá proceder, isto é, por seu colegiado, realizar o encaminhamento de caso em que entender ser da competência jurisdicional exclusiva a adoção de resolução adequada (por exemplo, perda da guarda, suspensão ou destituição do poder familiar). O Conselho Tutelar tem a atribuição legal de acompanhar e, assim, adotar as providências necessárias para o cumprimento das medidas específicas de proteção (art. 101, I a VI, Lei n. 8.069/1990), então judicialmente determinadas ao adolescente a quem se atribui a prática de ação conflitante com a lei (Ramidoff, 2012).

Entre outras providências legais reconhecidas ao desenvolvimento regular das atribuições estatutariamente previstas ao Conselho Tutelar, encontra-se a de expedir notificações. A expedição de notificações é um dos meios de comunicação com a criança, o adolescente, seus genitores ou responsável legal, ou, ainda, com entidades de atendimento governamentais e não governamentais, servindo, pois, como convocação e, por vezes, para requisição e advertência. O Conselho Tutelar tem a atribuição legal de requisitar, isto é, determinar a elaboração, a entrega ou o encaminhamento de certidões de nascimento e de óbito de criança ou adolescente, nos casos em que for necessário para a salvaguarda dos direitos infantoadolescentes (Ramidoff, 2012).

O Poder Executivo Municipal ou Distrital poderá ser assessorado pelo Conselho Tutelar na elaboração da proposta orçamentária para planos e programas de atendimento dos direitos da criança e do adolescente, por meio do fornecimento de informações relativas às necessidades vitais básicas de determinadas regiões, grupos de pessoas e núcleos familiares. O Conselho Tutelar poderá representar, em nome da pessoa ou da família, contra a violação do direito à manifestação do pensamento, da criação, da expressão e da informação, ressalvados os casos que, pela própria natureza da programação de rádio ou de televisão, não sejam recomendados (classificação indicativa) à criança ou ao adolescente (Ramidoff, 2012).

Os programas e as propagandas de produtos, as práticas e os serviços que forem nocivos à saúde e ao meio ambiente, bem como aqueles que contrariarem os princípios educativos, artísticos, culturais e informativos, ou o respeito aos valores éticos e sociais da pessoa e da família, também poderão ser objeto de representação a ser formulada pelo Conselho Tutelar.

A representação poderá ser formulada perante os órgãos públicos que têm atribuições de regulamentação da atividade de comunicação, bem como dirigida ao Ministério Público para adoção de providências legais, e à autoridade judiciária, com o intuito de que preste tutela jurisdicional protetiva (por exemplo, criação de portarias) aos direitos da criança e do adolescente (Ramidoff, 2012).

A Lei n. 12.010, de 3 de agosto de 2009 (Brasil, 2009a), além de alterar a redação de dispositivo legal relativo às atribuições do Conselho Tutelar, acrescentou uma atribuição, qual seja, a comunicação incontinente ao Ministério Público dos casos em que entender necessário o afastamento do convívio familiar de crianças e adolescentes.

Portanto, o Conselho Tutelar deverá comunicar imediatamente os casos em que entender necessário o afastamento do convívio familiar de crianças e adolescentes; quando, então, prestará informações sobre as circunstâncias fáticas e as razões de tal deliberação colegiada, além das medidas adotadas para a orientação, o apoio e a promoção social da família. O Conselho Tutelar deverá representar ao Ministério Público os casos em que se verifique a necessidade da propositura de ações para a perda ou a suspensão do poder familiar, desde que tenham sido adotadas todas as medidas possíveis e necessárias para a manutenção da criança ou do adolescente em seu núcleo familiar de origem (Ramidoff, 2012).

As decisões adotadas pelo colegiado do Conselho Tutelar somente poderão ser revistas judicialmente, e desde que tenham sido provocadas por quem detenha legítimo interesse. Isso equivale a dizer que o órgão julgador não tem a atribuição legal de revisão autônoma e independente das decisões do Conselho Tutelar, ou seja, como qualquer outra decisão administrativa, poderá ser apenas anulada por ilegalidade, mas não revogada pelo Poder Judiciário. Entretanto, o próprio colegiado do Conselho Tutelar poderá rever suas decisões adotadas, inclusive anulando-as e mesmo revogando-as a qualquer tempo, conforme, *mutatis mutandis*, o teor das Súmulas n. 346 e n. 473 do Supremo Tribunal Federal (STF, 1963b; 1969). Do contrário, as decisões legalmente adotadas pelo colegiado do Conselho Tutelar deverão ser cumpridas e observadas, sob pena de responsabilidade administrativa, civil e penal, uma vez que têm eficácia plena, imediata e vinculativa (Ramidoff, 2012).

## — 8.3 —
## Competência

As regras relativas ao âmbito de competência jurisdicional, previstas no art. 147 do Estatuto da Criança e do Adolescente, são aplicadas para a definição do âmbito territorial em que deverão ser desenvolvidas as atribuições estatutariamente destinadas ao Conselho Tutelar (art. 138). As atribuições do Conselho Tutelar municipal ou distrital deverão ser desenvolvidas na região metropolitana ou administrativa em que tiver domicílio os genitores ou o responsável legal; na falta destes, no local em que se encontrar a criança ou adolescente. No caso de ação conflitante com a lei (ato infracional) atribuído a criança (art. 105, Estatuto da Criança e do Adolescente), o Conselho Tutelar responsável pelo atendimento e pela aplicação de medidas legais deverá ser o do lugar em que se deu o acontecimento, inclusive sendo admitida a utilização das regras procedimentais relativas a eventual conexão, continência e prevenção. O Conselho Tutelar poderá promover a execução de suas decisões (art. 136, III, da Lei n. 8.069/1990), contudo, poderá delegar o acompanhamento das medidas legais que determinar à criança ou ao adolescente para o Conselho Tutelar da residência dos genitores ou do responsável legal; se não, do lugar da sede da entidade de atendimento em que a criança ou o adolescente se encontre acolhido (Ramidoff, 2012).

O art. 136 da Lei n. 8.069/1990, de seu turno, foi alterado mediante o acréscimo dos incs. XIII a XX, para assim passar a constar dentre as atribuições do Conselho Tutelar também a adoção de ações articuladas e efetivas que se destinem à identificação da agressão, ao atendimento ágil da vítima de violência doméstica e familiar e à pronta, adequada e efetiva responsabilização do agressor.

O Conselho Tutelar também passa agora a atender a criança e o adolescente vítima ou testemunha de violência doméstica e familiar ou de qualquer outra forma de violência que se pratique a título de educação, correção ou disciplina, bem como deverá atender aos familiares e testemunhas, inclusive, promovendo orientação e aconselhamento acerca dos direitos e dos encaminhamentos protetivos cabíveis.

O Conselho Tutelar tem a atribuição legal de oferecer representação à "autoridade judicial ou policial para requerer o afastamento do agressor do lar, do domicílio ou do local de convivência com a vítima, nos casos de violência doméstica e familiar contra a criança e o adolescente", nos termos do inc. XV do art. 136 da Lei n. 8.069/1990.

De igual maneira, o Conselho Tutelar tem o dever legal de oferecer representação à autoridade judicial para o fim de requerer a concessão de medida protetiva de urgência à criança ou ao adolescente que sejam vítimas ou testemunhas de toda e qualquer forma de violência doméstica e familiar; senão, que, também, para a revisão das medidas protetivas então judicialmente concedidas.

A antecipação da produção de provas, nas hipóteses de violência contra a criança e o adolescente, também podem ser objeto de representação então oferecida pelo Conselho Tutelar ao Ministério Público, o qual tem a legitimidade processual para requerer a propositura judicial da ação cautelar para tal desiderato.

O Conselho Tutelar tem a atribuição legalmente prevista para adotar toda e qualquer providência cabível, nas hipóteses em que houver violência doméstica e familiar contra a criança e o adolescente, ao receber comunicação da ocorrência de tal ação ou omissão ofensiva (ilegal), independentemente do local em que for praticado, ou seja, não importando se for em local público ou privado.

As informações reveladas por noticiantes ou denunciantes acerca de violência contra a criança e o adolescente, então, recebidas pelo Conselho Tutelar, por força de lei, devem ser adequadamente tratadas para fins de adoção das medidas legais devidas, bem como para os encaminhamentos necessários para as autoridades competentes.

O Conselho Tutelar passa a ter atribuição legal para requerer a concessão de medidas cautelares que se destinem à eficácia da proteção de noticiante ou denunciante de informações de crimes contra a criança e o adolescente, no âmbito doméstico e familiar, através de representação encaminhada à autoridade judicial ou ministerial.

## — 8.4 —
## Escolha dos conselheiros

O art. 139 do Estatuto da Criança e do Adolescente estabelece que, por meio de legislação municipal, deverá ser regulamentado o processo de escolha dos membros que comporão o(s) Conselho(s) Tutelar(es). Entretanto, não se pode olvidar que o Conselho Nacional dos Direitos da Criança e do Adolescente (Conanda) emitiu a Resolução n. 139, de 17 de março de 2010 (Conanda, 2010), que dispõe sobre os parâmetros para a criação e o funcionamento dos Conselhos Tutelares (Ramidoff, 2012).

A Resolução n. 139 do Conanda estabelece, em seus arts. 5º a 15, as diretrizes para o processo de escolha dos membros do Conselho Tutelar. Assim, preferencialmente, o processo de escolha deverá ser realizado por meio de eleição por sufrágio universal e direto, "voto facultativo e secreto dos eleitores do respectivo Município ou Distrito Federal, em processo a ser regulamentado e conduzido pelo Conselho Municipal ou Distrital dos Direitos da Criança e do Adolescente".

As candidaturas deverão ser individuais, vedando-se, pois, a composição de chapas e qualquer outra vinculação ou associação de candidatos para a eleição a membro do Conselho Tutelar; além disso, a eleição deverá ser fiscalizada pelo Ministério Público (Ramidoff, 2012).

A Lei n. 12.696/2012, por sua vez, regulamentou o processo de escolha dos membros do Conselho Tutelar, restando legalmente estabelecido que o processo deverá ser realizado em uma única data "em todo o território nacional a cada 4 (quatro) anos, no primeiro domingo do mês de outubro do ano subsequente ao da eleição presidencial" (parágrafo 1º do art. 139). A posse dos conselheiros tutelares deverá ocorrer no "dia 10 de janeiro do ano subsequente ao processo de escolha" (art. 139, § 2º).

A legislação estatutária expressamente proibiu doação, oferta, promessa ou entrega ao eleitor, de bem ou vantagem pessoal, bem como brindes de pequeno valor, durante o processo de escolha dos membros do Conselho Tutelar (art. 139, § 3º, Lei n. 12.696/2012).

O conselho municipal ou distrital dos direitos da criança e do adolescente deverá regulamentar o processo de escolha dos membros do Conselho Tutelar, por meio de resolução específica que disponha sobre as datas do certame, a documentação exigida, o registro das candidaturas, a campanha eleitoral, as sanções cabíveis, entre outras providências legais. O processo de escolha dos membros do Conselho Tutelar deverá ter ampla publicidade, inclusive com publicação de edital de convocação no Diário Oficial do município ou do Distrito Federal, se não, por qualquer outro meio equivalente, bem como afixação em locais de amplo acesso ao público, chamadas em rádio, jornais e outros meios de divulgação. O conselho municipal ou distrital dos direitos da criança e do adolescente também deverá viabilizar estruturalmente a realização do processo de escolha dos membros do Conselho Tutelar, mediante a obtenção, junto à Justiça Eleitoral, do empréstimo de urnas eletrônicas (*software* respectivo), conforme as resoluções do Tribunal Superior Eleitoral e Tribunal Regional Eleitoral da localidade (Ramidoff, 2012).

Uma comissão especial eleitoral será composta de forma paritária entre conselheiros representantes do governo e da sociedade civil dos respectivos Conselhos dos Direitos municipal e distrital, para condução do processo de escolha dos membros do Conselho Tutelar. A comissão especial eleitoral desempenhará as atribuições de acompanhamento, fiscalização e realização do processo de escolha, por meio da análise dos registros, de impugnações, das revisões recursais, de publicações, de reuniões, do encaminhamento de notícias, entre outras providências. O Ministério Público deverá ser pessoalmente comunicado de todas as fases do processo de escolha, inclusive acerca das reuniões realizadas pela comissão especial eleitoral e pelo conselho municipal ou distrital dos direitos da criança e do adolescente, sob pena de nulidade do certame público, e responsabilização administrativa, civil e criminal (Ramidoff, 2012).

## — 8.5 —
## Impedimentos

O Estatuto da Criança e do Adolescente expressamente prevê impedimentos, tanto para a candidatura quanto para o exercício de atribuições legais, em um mesmo Conselho Tutelar, de pessoas que tenham vínculos familiares próximos, vale dizer, até terceiro grau. Contudo, deve-se observar que a legislação civil reconhece o parentesco até o quarto grau, nos termos do art. 1.592 do Código Civil – Lei n. 10.406, de 10 de janeiro de 2002 (Brasil, 2002) (Ramidoff, 2012).

No entanto, a Resolução n. 139 do Conanda estabeleceu impedimentos para a composição do Conselho Tutelar, como titular ou suplente, de parentes em linha reta, colateral ou por afinidade, até o terceiro grau, inclusive (art. 14); nomeadamente, pessoas com vínculo consanguíneo, isto é, ascendentes, descendentes, irmãos, tio e sobrinho; se não, vínculo por afinidade (parentesco legal), no caso de sogro e genro ou nora, cunhados durante o cunhadio, padrasto ou madrasta e enteado. Ainda, encontram-se impedidos de servir no mesmo Conselho Tutelar as pessoas com vínculo conjugal, isto é, marido e mulher, bem como conviventes legal e socialmente reconhecidos; companheira e o companheiro, inclusive em união homocultural (homoafetiva).

Os impedimentos legais previstos para o Conselheiro Tutelar também se estendem aos vínculos conjugais, consanguíneos e por afinidade com o juiz de direito ou o promotor de justiça com atuação direta ou em exercício na comarca, no foro regional ou distrital da Vara da Infância e da Adolescência.

# Capítulo 9

## *Acesso à justiça*

O parágrafo único do art. 142 da Lei n. 8.069, de 13 de julho de 1990 (Brasil, 1990b) encontra-se em linha com o que se tem determinado legalmente sobre a nomeação de curador especial, consoante preceituado no art. 72, inciso I, do Código de Processo Civil brasileiro (Lei n. 13.105, de 16 de março de 2015 - Brasil, 2015a) - vale dizer, o órgão julgador deverá dar "curador especial ao incapaz, se não tiver representante legal, ou se os interesses deste colidirem com os daquele".

O texto original do parágrafo único do art. 143 da Lei n. 8.069/1990 foi complementado, sendo acrescidas as expressões "e, inclusive, iniciais do nome e sobrenome" - Lei n. 10.764, de 12 de novembro de 2003 (Brasil, 2003a) -, procurando-se, assim, impedir eventual identificação de criança ou adolescente a quem se atribua a prática ou o envolvimento em ato infracional - isto é, em condutas conflitantes com a lei. O Estatuto da Criança e do Adolescente prevê que apenas com autorização judicial é possível a extração de cópia ou certidão de atos policiais e administrativos acerca de investigação, apuração ou responsabilização de crianças e adolescentes aos quais se atribua autoria de ação conflitante com a lei (art. 144). A autorização judicial, no entanto, dependerá da dedução de pretensão que se fundamente comprovadamente em interesse legítimo e que seja justificada a finalidade; e, acerca da pretensão, deverá ser facultado pronunciamento pelo Ministério Público (Ramidoff, 2012).

## — 9.1 —
## Justiça da Infância e da Adolescência

A Justiça da Infância e da Adolescência deve ser organizada, estruturada e funcionalmente constituída por meio de juízos de direitos estaduais ou distrital de varas especializadas e exclusivas que se destinem à proteção, à promoção e à defesa de crianças e adolescentes; e, ainda, para responsabilização diferenciada de adolescentes (Ramidoff, 2012).

### — 9.1.1 —
### Juiz de direito

A autoridade judicial mencionada na legislação estatutária deverá ser entendida como o juiz de direito em exercício funcional na Vara da Infância e da Adolescência, seja como titular, seja como substituto, em razão da conveniência ou necessidade do serviço público, conforme determinar a respectiva lei de organização judiciária (Ramidoff, 2012).

#### Competência territorial

A competência jurisdicional do órgão julgador é determinada pelo domicílio dos genitores ou do responsável legal; quando não, nos casos de ausência destes, pelo local em que se encontrar a criança ou o adolescente. Na verdade, a competência jurisdicional para fins de proteção da criança e do adolescente é territorialmente definida pelo local em que residem aqueles sujeitos de direito, ainda que a guarda seja caracteristicamente de fato, isto é, em pleno exercício do poder familiar, uma vez que a guarda é uma de suas expressões materiais, ainda que seja espontaneamente realizada. Portanto, não se pode olvidar que a centralidade da preocupação é com a criança e o adolescente, em virtude da diretriz humanitária da proteção integral, ainda que em sede processual (formal). Assim, importa, para a fixação da competência jurisdicional, a emancipação subjetiva daqueles sujeitos de direito, como pessoas que se encontram na condição humana peculiar de desenvolvimento (Ramidoff, 2012).

No entanto, a competência jurisdicional para a responsabilização diferenciada do adolescente a quem se atribuiu a prática de ação conflitante com a lei (ato infracional) será determinada pelo lugar em que se deu o acontecimento, não se podendo desconsiderar as regras processuais acerca da conexão, continência e prevenção. As decisões judiciais que determinarem o cumprimento de medidas legais protetivas e socioeducativas poderão ser efetivadas mediante delegação – por exemplo, via carta precatória ou rogatória – ao juízo de direito competente da residência dos genitores ou responsável legal, ou do lugar em que a entidade de atendimento acolhedora for sediada. A competência jurisdicional, além de ser definida pelo território, ou mesmo modificada pelas regras de conexão, continência e prevenção, poderá ser estabelecida em razão da sede estadual da emissora ou rede que realizar infração por meio de transmissão simultânea de rádio ou televisão, cuja responsabilização estende-se sobre todas as retransmissoras (Ramidoff, 2012).

## Competência jurisdicional e administrativa

Na área jurídica destinada à regulamentação dos direitos da criança e do adolescente, é reconhecida a competência jurisdicional (art. 148) e administrativa (art. 149) ao juiz de direito. Assim, em razão da matéria, a Justiça da Infância e da Adolescência tem competência jurisdicional para conhecer, apurar e julgar a responsabilização diferenciada de adolescente que for deduzida por representações promovidas pelo Ministério Público (Ramidoff, 2012).

### Competência jurisdicional (material)

Ao longo do trâmite do procedimento destinado à apuração da ação conflitante com a lei, mas antes da prolação da sentença, o órgão julgador também poderá conceder remissão. A remissão judicial é uma das formas de suspensão ou extinção do processo que se destina à responsabilização diferenciada de adolescente, cuja proposição é de competência do juiz de direito. Além disso, o órgão julgador tem competência jurisdicional para a necessária homologação da remissão oferecida pelo Ministério Público (Ramidoff, 2012).

Com relação ao direito à convivência familiar e comunitária, compete à Justiça da Infância e da Adolescência o julgamento dos pedidos de adoção, bem como de todos os incidentes procedimentais, com vistas à efetivação do provimento jurisdicional. A competência jurisdicional, em razão da matéria, também se vincula ao julgamento das ações civis relativas ao asseguramento dos interesses individuais, difusos e coletivos da criança e do adolescente. O foro local onde ocorreu ou deva ocorrer a ação ou omissão determinará a competência jurisdicional, a qual será absoluta, salvo, pois, a competência da Justiça Federal e a originária dos Tribunais Superiores (art. 209, Lei n. 8.069/1990).

A Justiça da Infância e da Adolescência também tem competência para julgar as demandas judiciais que se destinem à responsabilização das entidades de atendimento – e de seus dirigentes –, ante irregularidades no desenvolvimento dos programas de acolhimento e de acompanhamento do cumprimento de medidas socioeducativas. A competência material do órgão julgador em exercício na Vara da Infância e da Adolescência ainda contemplará a aplicação de penalidades administrativas, como resposta legal às infrações das normas de proteção destinadas à criança e ao adolescente (Ramidoff, 2012).

Em linha com o disposto no art. 136, inciso V, do Estatuto da Criança e do Adolescente, também é reconhecida competência jurisdicional à Justiça da Infância e da Adolescência para julgar os casos encaminhados pelo Conselho Tutelar (art. 148, inciso VII, Lei n. 8.069/1990).

A criança ou o adolescente que se encontrar em uma das situações de ameaça ou violência, em virtude de ação ou omissão da sociedade ou do Estado; por falta, omissão ou abuso dos genitores ou responsável; se não, em razão de sua própria conduta, deverá receber proteção integral por meio de provimento jurisdicional a ser prestado pela Justiça da Infância e da Adolescência.

Nessas hipóteses legais (art. 98, Estatuto da Criança e do Adolescente), o juízo de direito da Vara da Infância e da Adolescência terá competência para o julgamento dos pedidos de guarda e tutela, bem como de destituição do poder familiar, da perda ou alteração da guarda e da tutela e, inclusive, sobre a prestação alimentar (Ramidoff, 2012).

Ademais, a Justiça da Infância e da Adolescência também é competente para suprir a capacidade ou o consentimento para o casamento, e, de igual maneira, para julgar o pedido de emancipação na ausência dos genitores ou do responsável legal, e mesmo resolver discordância entre os pais acerca do exercício do poder familiar.

O juiz de direito em exercício na Vara da Infância e da Adolescência terá a competência para designar curador especial quando se tratar de queixa ou representação, bem como em todos os procedimentos judiciais e extrajudiciais que tratem dos interesses de criança ou adolescente ameaçado ou violado em seus direitos.

Para o mais, a Justiça da Infância e da Adolescência poderá adotar todas as medidas necessárias para a proteção integral da criança e do adolescente que se encontrem ameaçados ou violados em seus direitos ou garantias, ainda que indiretamente;

e assim, por exemplo, tem competência para cancelar, retificar e suprir registros de nascimento e óbito.

## Competência administrativa (disciplinar)

A Justiça da Infância e da Adolescência também tem competência administrativa para disciplinar participação, entrada ou permanência de criança ou adolescente em eventos e locais públicos, por meio da emissão de portaria, autorização ou alvará (art. 149 da Lei n. 8.069/1990).

As portarias, as autorizações e os alvarás judiciais para a regulamentação da participação, da entrada ou da permanência de criança ou adolescente, a exemplo das demais providências legais adotadas pelo órgão julgador, necessariamente, deverão ser fundamentadas. Para cada evento ou local público, deverá ser emitida determinação judicial individualizada, caso a caso, haja vista que são proibidos provimentos judiciais de caráter geral.

Nesse sentido, os provimentos administrativos emitidos pela autoridade judiciária deverão ser orientados pelas diretrizes da proteção integral, da absoluta prioridade e, principalmente, da condição humana peculiar de desenvolvimento da criança e do adolescente.

A autoridade judiciária também levará em conta as peculiaridades dos locais, a frequência habitual e a adequação para eventual participação ou frequência de criança e adolescente, além das instalações para a realização do evento e a natureza do espetáculo.

## — 9.1.2 —
## Serviços auxiliares

O Estatuto da Criança e do Adolescente estabelece como dever legal, ao Poder Judiciário, a previsão orçamentária que destine recursos públicos para a manutenção material e pessoal da equipe interprofissional que presta serviços de assessoramento técnico na Justiça da Infância e da Adolescência para determinação de medidas protetivas e socioeducativas.

A equipe interprofissional deverá desenvolver atribuições que lhe são estatutariamente previstas, levando-se em conta o conhecimento técnico e multidisciplinar. A legislação local – Código de Organização Judiciária e o Estatuto Profissional, por exemplo – também estabelecerá parâmetros para o desenvolvimento das atribuições legais da equipe interprofissional. Entre as atribuições legais, a equipe interprofissional deverá fornecer subsídios por escrito ou oralmente, bem como acompanhar o cumprimento das medidas legais que forem judicialmente determinadas à criança ou ao adolescente (Ramidoff, 2012).

A Lei n. 13.509, de 22 de novembro de 2017 (Brasil, 2017f), incluiu o parágrafo único ao art. 151 da Lei n. 8.069/1990, e, assim, regulamentou a possibilidade de nomeação judicial de perito para a realização dos "estudos psicossociais ou de quaisquer outras espécies de avaliações técnicas", legal ou judicialmente exigidas, sempre que não houver servidores públicos no quadro funcional do Poder Judiciário. A nomeação judicial de perito deverá atender as disposições do art. 156 da Lei n. 13.105/2015 (Código de Processo Civil – Brasil, 2015a).

— 9.2 —

## Procedimentos

Este capítulo, em que pese o legislador estatutário definir os procedimentos especiais utilizados na Justiça da Infância e da Adolescência, por certo, não se limitou a tratar das regras relacionadas ao procedimento em si, estendendo-se àquelas inerentes à matéria processual.

Dessa maneira, são impostos a todos os procedimentos especiais estatutariamente previstos, o respeito ao devido processo legal e a seus consectários da ampla defesa e do contraditório substancial, nos termos dos incisos LIV e LV do art. 5º da Constituição de 1988 (Brasil, 1988). Aqui, cuidou-se de tratar das regras procedimentais e processuais aplicáveis a todas as espécies de relações jurídicas processuais que poderão ser estabelecidas para que se realize a intervenção estatal por meio do Poder Judiciário (sistema de garantias de direitos), no âmbito do direito da criança e do adolescente. O intuito precípuo do Sistema de Justiça Infantojuvenil é promover e defender os interesses indisponíveis, os direitos individuais e as garantias fundamentais especialmente destinados à criança e ao adolescente, sempre com o fito de prevenir ameaças e violações diretas e indiretas a tais interesses, direitos e garantias (Ramidoff, 2012).

A tramitação dos processos e dos procedimentos específicos, regulamentados pelo Estatuto da Criança e do Adolescente, bem como a execução de respectivos atos e diligências judiciais, deverá ser priorizada (absoluta prioridade), sob pena de responsabilização administrativa, cível e criminal.

Contudo, ante a inexistência de regras procedimentais ou processuais específicas, entendeu por bem o legislador estatutário permitir a aplicação subsidiária das normas gerais previstas na legislação processual que se afigure mais adequada e pertinente à resolução judicial do caso legal. E isto assim se opera por decorrência mesmo da permissão legal à autoridade judiciária de investigar e ordenar as providências necessárias, ouvindo-se o Ministério Público para tal desiderato (Ramidoff, 2012).

A Lei n. 13.509/2017 incluiu o parágrafo 2° ao art. 152 da Lei n. 8.069/1990, para, então, estipular a forma de contagem dos prazos legais previstos na legislação estatutária, e, portanto, aplicáveis aos procedimentos especificamente por ela regulamentados. Dessarte, observa-se que os prazos legais estatutariamente previstos devem ser contados em dias corridos, "excluído o dia do começo e incluído o dia do vencimento"; vale registrar que é expressamente proibido o prazo em dobro, tanto para a Fazenda Pública quanto para o Ministério Público.

O art. 153 da Lei n.8.069/1990 encerra regra de integração utilizável para a aplicação judicial das normas procedimentais e processuais especificamente regulamentadas, por exemplo, para: apuração de ato infracional atribuído a adolescente (arts. 171 a

190 da Seção V); apuração de irregularidades em entidades de atendimento (arts. 191 a 193 da Seção VI); apuração de infração administrativa às normas de proteção à criança e ao adolescente (arts. 194 a 197 da Seção VII); todas do Capítulo III ("Dos Procedimentos") do Título VI ("Do Acesso à Justiça"), do Livro II (Ramidoff, 2012).

Entretanto, não poderão ser judicialmente ordenadas de ofício as providências necessárias quando se tratar de "afastamento da criança ou do adolescente de sua família de origem e em outros procedimentos necessariamente contenciosos", de acordo com o disposto no parágrafo único do art. 153 da Lei n. 8.069/1990. Em virtude disso, o disposto no *caput* do art. 153 não se aplica à perda (extinção) ou suspensão do pátrio poder (arts. 155 a 163, da Seção II); à destituição da tutela (art. 164, da Seção III); e à colocação em família substituta ( arts. 165 a 170, da Seção IV).

Com efeito, as normas gerais previstas na legislação processual pertinente, além de constituírem regras integrativas, funcionam como limitação à discricionariedade do órgão julgador, que, por isso, deverá observar os limites determinados pela legalidade mínima, sobretudo pela adequabilidade protetiva e especial, vale dizer, a pertinência jurídico-processual inerente à doutrina proteção integral. Nesse sentido, discussão intrigante se dá acerca da possibilidade ou não do julgamento antecipado da lide, nos procedimentos especiais de perda e de suspensão do pátrio poder – isto é, para a destituição do poder familiar.

Assim se procederia com o fito precípuo de futuramente integrar a criança ou o adolescente em outro núcleo familiar, especialmente quando se tratar de pressuposto lógico da medida principal de adoção, vale dizer, colocação em família substituta, mediante observância do disposto no art. 169 do Estatuto da Criança e do Adolescente (Ramidoff, 2012).

Em razão disso, afigurar-se-ia plausível juridicamente o julgamento antecipado da lide, nos procedimentos especiais de destituição do poder familiar, consoante as circunstâncias fáticas excepcionais já consolidadas e que evidenciam satisfatoriamente as causas materiais que caracterizam o abandono, o desrespeito e a violação dos direitos individuais de cunho fundamental e inerentes à criança e ao adolescente. Com isso, restaria autorizado tanto o julgamento quanto a concessão antecipada de tutela jurisdicional.

O interesse público aqui reside peculiarmente na proteção especial e integral da infância e da adolescência na condição de totalidade cidadã que demanda atuação célere e pronta dos poderes públicos e de seus órgãos de execução. Afinal, somente dessa maneira será possível entender a garantia da prioridade absoluta não só como efetivação dos direitos individuais de cunho fundamental, mas também como "primazia de receber proteção e socorro em quaisquer circunstâncias" e "precedência de atendimento nos serviços públicos ou de relevância pública" (art. 4ºda Lei n. 8.069/1990).

O julgamento antecipado da lide é instituto jurídico-processual civil que subsidiariamente se aplica nos procedimentos especiais que tramitam nos juízos de direito da infância e da adolescência, particularmente nas áreas e nos setores de proteção, por força mesmo do disposto no art. 152 do Estatuto da Criança e do Adolescente.

As multas aplicadas nos processos e procedimentos especiais previstos na Lei n. 8.069/1990 deverão ser revertidas para o fundo municipal da infância e da adolescência, consoante o art. 154, que expressamente determina a aplicação do disposto no art. 214. Conforme prevê o art. 214 do Estatuto, as multas deverão ser recolhidas em prol do fundo gerido pelo Conselho Municipal de Direitos da Criança e do Adolescente.

Entretanto, caso eventualmente não se realize o recolhimento da multa aplicada judicialmente no prazo legal, isto é, em até 30 dias depois de transitar em julgado a decisão judicial, incumbe ao Ministério Público a proposição de ação executória nos respectivos autos. Aos demais legitimados também é reconhecida legalmente (estatutariamente) idêntica faculdade processual.

## — 9.2.1 —
## Perda e suspensão do poder familiar

Nesta seção, inaugura-se o tratamento procedimental e processual específico, então destinado às matérias relativas tanto à perda (destituição) quanto à suspensão do poder familiar (múnus público – dever-poder).

O Estatuto da Criança e do Adolescente regulamenta a legitimidade dos interessados na perda (destituição) ou suspensão do poder familiar. Entretanto, observe-se que tal legitimidade processual não é exclusiva de determinada pessoa ou instituição, mas, concorrentemente, ao Ministério Público e a quem possa ter legítimo interesse, contemplando, assim, inclusive, entidades não governamentais que desenvolvem atividades em prol dos direitos da criança e do adolescente.

O legislador estatutário estabeleceu os elementos e requisitos imprescindíveis para a propositura da petição inicial, bem como as condições inerentes ao exercício do direito de ação. Para tal desiderato, encontram-se especificadas as condições da ação, tanto para a salvaguarda dos direitos individuais de cunho fundamental da criança e do adolescente quanto para perda ou suspensão do poder familiar.

Inicialmente, é preciso dizer que os requisitos legais aqui especificados são indispensáveis à petição inicial que será proposta para perda ou suspensão do poder familiar, e diversos do que se entende jurídico-processualmente por *condições da ação*. Todavia, além dos requisitos legais imprescindíveis para a propositura da petição inicial, e previstos no art. 156 do Estatuto da Criança e do Adolescente: "o interessado poderá requerer às autoridades competentes as certidões e informações que julgar necessárias", para instruir a petição inicial (art. 222, Lei

n. 8.069/1990), precisamente nos procedimentos e processos que se destinem à proteção judicial dos interesses individuais, difusos e coletivos.

Nota-se, portanto, que o legislador estatutário estabeleceu taxativamente, por meio de figuras legislativas específicas, os requisitos legais necessários para a propositura da petição inicial, nas diversas espécies procedimentais previstas em sua "Parte Especial".

É juridicamente plausível consignar que não se exige como requisito legal indispensável à propositura da petição inicial a especificação do valor da causa, diversamente, pois, do que se opera, em regra, com a processualística civil, por exemplo, na qual o valor da causa deve ser atribuído como requisito procedimental essencial, e, por vezes, para fins fiscais.

Outrossim, a interposição de recursos independe de preparo, isto é, do recolhimento de custas ou emolumentos, consoante o inciso I do art. 198 da Lei n. 8.069/1990. A sistematização procedimental estatutária, assim, distingue-se das demais também por não exigir o recolhimento de custas legais e demais despesas processuais. As hipóteses de motivação grave que possam ensejar a suspensão do poder familiar, inclusive, com o afastamento liminar ou incidental do convívio familiar, certamente, não se circunscrevem ao âmbito físico ou comportamental, tão somente, contemplando também as circunstâncias psíquicas e sociais, isso porque a expressão da saúde integral como direito individual de cunho fundamental inerente a crianças e adolescentes, por certo, também condiz com o bem-estar físico, psíquico e social, conforme orientação da Organização Mundial de Saúde (OMS) (Ramidoff, 2012).

Até porque a saúde constitui um dos direitos fundamentais mais importantes ao desenvolvimento da criança e do adolescente, importando, por isso mesmo, que a convivência familiar e comunitária seja estabelecida de maneira saudável, evitando-se qualquer forma de violação, ainda que indireta, àquele direito individual. A resposta escrita como expressão da ampla defesa e do contraditório substancial, por certo, também deverá suscitar os meios de prova, em direito admitidos, com o fito precípuo de que seja possível comprovar as alegações e eventuais questões acerca de irregularidades procedimentais (Ramidoff, 2012).

Para citação pessoal dos pais, impõe-se a adoção das providências procedimentais necessárias à citação válida e regular, haja vista que constitui questão de ordem pública. O Estatuto da Criança do Adolescente prevê a possibilidade de nomeação de defensor dativo à parte ré que não possuir condição econômico-financeira suficiente para constituir advogado. O defensor dativo apresentará a contrariedade no prazo legal a ser contado a partir de sua intimação acerca da decisão judicial que o nomeou para tal desiderato (Ramidoff, 2012).

A Lei n. 12.962, de 8 de abril de 2014 (Brasil, 2014b), incluiu os parágrafos 1º e 2º ao art. 158 da Lei n. 8.069/1990, estipulando que, em regra, a citação deverá ser pessoal, nas hipóteses de perda (destituição) ou suspensão do poder familiar – sendo certo que, à obviedade, ressalvados os casos em que se esgotam todos os meios para a realização da citação, quando, então, excepcionalmente, conforme as circunstâncias e peculiaridades do caso concreto, poderá ser realizada por meio de outra maneira legalmente prevista. No mais, observa-se que, caso figurem como requeridos o pai, a mãe ou o responsável legal e, eventualmente, qualquer um deles se encontre privado de liberdade, impõe-se a citação pessoal, mediante a adoção das providências administrativas (execução penal) e judiciais para tal desiderato.

A Lei n. 13.509/2017, por sua vez, acrescentou os parágrafos 3º e 4º ao art. 158 da Lei n. 8.069/1990, para, assim, regulamentar a citação por hora certa quando houver suspeita de ocultação do citando. Dessa maneira, nos casos em que o oficial de justiça, por duas vezes, procurar o citando "em seu domicílio ou residência sem o encontrar, deverá informar qualquer pessoa da família ou, em sua falta, qualquer vizinho do dia útil em que voltará a fim de efetuar a citação, na hora que designar".

A citação por hora certa, em casos de suspeita de ocultação, deverá observar o regramento especificamente disposto no art. 252 e seguintes da Lei n. 13.105/2015 (Código de Processo Civil).

Já na hipótese de que os genitores se encontrem em lugar incerto ou não sabido, autoriza-se a citação editalícia, isto é, por edital, no prazo de dez dias, mediante uma única publicação, inclusive sendo dispensada a remessa de ofícios aos órgãos públicos competentes para a localização daqueles.

A Lei n. 12.962/2014 incluiu o parágrafo único ao art. 159 da Lei n. 8.069/1990, para o fim de assegurar ao requerido, na ação de destituição ou suspensão do poder familiar, que não tiver condições econômico-financeiras para constituir advogado, a nomeação de defensor dativo para a defesa de seus interesses; contudo, encontrando-se o requerido privado de liberdade, impõe-se ao oficial de justiça que o indague, "no momento da citação pessoal, se deseja que lhe seja nomeado defensor".

Em linha com todas essas cautelas que podem ser adotadas judicialmente, tanto de ofício quanto por provocação do Ministério Público ou dos demais interessados, consigna-se a possibilidade de requisição judicial a qualquer repartição ou órgão público para que apresente documentação que seja de interesse para a resolução do caso concreto – art. 160 do Estatuto da Criança e do Adolescente (Ramidoff, 2012).

O julgamento antecipado é uma categoria elementar ao direito processual civil, isto é, constitui um instituto jurídico-processual cujo objetivo precípuo é a desburocratização procedimental, e que, aqui, na seara jurídica pertinente ao direito da criança e do adolescente, por certo, guarda paralelismo teórico e pragmático acerca da objetividade procedimental.

Assim, ao se verificar que não foi oferecida contrariedade à pretensão deduzida, nas hipóteses de perda ou suspensão do poder familiar, o órgão julgador concederá o prazo de cinco dias para pronunciamento ministerial e, em igual prazo, deverá decidir o feito (art. 161, Lei n. 8.069/1990).

E isso assim deve ser feito, precisamente, para, além de se manter em linha com a celeridade e a gravidade das circunstâncias fáticas em que se encontra a criança e o adolescente, evitar que se derivem de tais condições outras ameaças e mesmo violações aos direitos individuais, de cunho fundamental, inerentes à infância e à adolescência.

O órgão julgador, ainda, poderá determinar a realização de estudo social por meio de equipe interprofissional ou multidisciplinar (§ 1º, art. 161, Estatuto da Criança e do Adolescente) e a ouvida de testemunhas, com o intuito de que se possa comprovar por tais meios de prova, em direito admitidos, a ocorrência das causas de suspensão ou destituição do poder familiar, previstas na legislação civil (arts. 1.637 e 1.638, Lei n. 10.406/2002).

O órgão julgador competente, ao receber a petição inicial, determinará a citação e a realização de estudo social ou a perícia por equipe interprofissional ou multidisciplinar para comprovar a presença de uma das causas de suspensão ou destituição do poder familiar (art. 157, § 1º, Lei n. 8.069/1990).

Nos casos em que a suspensão ou a destituição do poder familiar estiver relacionada a indígenas, impõe-se a intervenção de representantes da Fundação Nacional do Índio (Funai) em todas as fases procedimentais (art. 157, § 2º, Lei n. 8.069/1990). Ainda, caso seja modificada a guarda, em razão da pretensão deduzida, a criança ou o adolescente deverá ser ouvido sempre que possível; contudo, levando-se em conta sua condição humana de desenvolvimento e entendimento acerca das medidas judiciais adotadas em seu benefício.

Na hipótese de serem identificados e, de igual maneira, localizados os pais, tornar-se-ão obrigatórias suas respectivas ouvidas perante o Juízo de Direito competente. No entanto, caso o pai ou a mãe se encontrem privados de liberdade, impõe-se à autoridade judicial requisição de sua apresentação para a realização da respectiva oitiva (parágrafo 5º do art. 161 da Lei n. 8.069/1990).

Em respeito aos consectários legais do primado constitucional do devido processo legal, isto é, da ampla defesa e do contraditório, facultar-se-á oportunidade procedimental para oferecimento da contrariedade, prosseguindo-se, então, o feito em seus ulteriores termos, inclusive mediante ouvida do Ministério Público e designação de audiência de instrução e julgamento.

Para instrução do feito, afigura-se possível a realização de estudo social por meio de equipe interprofissional ou multidisciplinar; de igual maneira, durante a audiência de instrução e julgamento, também poderão ser colhidas as impressões, os pareceres e os esclarecimentos técnicos, oralmente, logo após a ouvida de cada uma das testemunhas arroladas.

É obrigatória a "ouvida dos genitores sempre que eles forem identificados e estiverem em local conhecido, salvo os casos de não comparecimento" injustificado perante o Sistema de Justiça Infantoadolescente, apesar de regular e validamente citados, nos termos do parágrafo 4º do art. 161 da Lei n. 8.069/1990.

Em seguida, as partes deverão oralmente deduzir suas razões derradeiras, pelo prazo de 20 minutos prorrogáveis por mais 10 minutos, quando, então, será facultado ao Ministério Público oportunidade processual para pronunciamento, passando-se, assim, à decisão judicial, a qual poderá ter sua leitura excepcionalmente prorrogada pelo prazo máximo de 5 dias (art. 162, Lei n. 8.069/1990).

De outro lado, é certo que não se afigura necessária a nomeação de curador especial para a defesa dos interesses e direitos da criança e do adolescente nos procedimentos de destituição do poder familiar iniciados por proposição do Ministério Público (art. 162, § 4º, Lei n. 8.069/1990).

Por fim, com a modificação realizada pela Lei n. 12.010, de 3 de agosto de 2009 (Brasil, 2009a), encontra-se, atualmente, delimitado o prazo legal de 120 dias para a tramitação do feito que se destine à suspensão ou à destituição do poder familiar (art. 163 da Lei n. 8.069/90). A decisão judicial que decretar a suspensão ou a destituição do poder familiar deverá ser "averbada à margem do registro de nascimento da criança ou do adolescente", de acordo com o previsto no parágrafo único do art. 163 da Lei n. 8.069/1990 (Ramidoff, 2012).

## — 9.2.2 —
## Destituição da tutela

Com relação à destituição da tutela, determinou-se expressamente a adoção do procedimento estabelecido na processualística civil para remoção do tutor; também deverá ser considerado o que for plausível procedimentalmente para a suspensão ou destituição do poder familiar, conforme dispõe o art. 164 da Lei n. 8.069/1990 (Ramidoff, 2012).

## — 9.2.3 —
## Colocação em família substituta

O procedimento específico para a colocação em família substituta, como uma das formas de efetivação do direito à convivência familiar e comunitária, encontra-se regulamentado nos arts. 165 a 170 do Estatuto da Criança e do Adolescente. A legislação estatutária, assim, prevê expressamente os requisitos legais para a dedução da pretensão judicial que se destine à colocação de criança ou adolescente em família substituta (Ramidoff, 2012). As qualificações pessoais, o eventual parentesco, a documentação relativa ao nascimento, a existência de bens, direitos ou rendimentos relativos à criança ou ao adolescente, além dos demais requisitos específicos quando se tratar de adoção são indispensáveis para a dedução do pedido.

A Lei n. 12.010/2009 alterou inúmeros atos procedimentais que se destinavam à efetivação da colocação em família substituta, destacadamente em relação a providências administrativas, cuja objetividade é a desburocratização como forma de pronto atendimento das necessidades vitais da criança e do adolescente.

A colocação em família substituta poderá ser diretamente solicitada em cartório, independentemente da assistência profissional de advogado, por meio de petição assinada pelo(s) próprio(s) requerente(s), quando houver concordância dos genitores ou no caso de serem falecidos, quando não destituídos ou suspensos do exercício do poder familiar. A concordância dos genitores deverá ser objetivada por meio de termo de declarações perante a autoridade judiciária e o Ministério Público, os quais serão ouvidos, orientados e esclarecidos acerca das consequências legais de suas manifestações de vontade (Ramidoff, 2012).

A equipe interprofissional da Justiça da Infância e da Adolescência, tal-qualmente, deverá orientar e esclarecer os genitores ou responsável legal sobre os efeitos legais decorrentes do consentimento, especialmente no caso de adoção, haja vista mesmo a irrevogabilidade dessa medida judicial. De igual maneira, a equipe interprofissional deverá prestar orientações à família substituta, inclusive contando com o apoio dos técnicos responsáveis pelo cumprimento da política municipal de garantia do direito à convivência familiar. A manifestação da concordância ou de consentimento dos genitores para a colocação de criança ou adolescente em família substituta apenas poderá ser validamente realizada depois do nascimento da criança; entretanto, poderá ser retratada até a data de publicação da decisão judicial constitutiva da adoção, conforme o art. 166 da Lei n. 8.069/1990 (Ramidoff, 2012).

A colocação em família substituta será precedida de estudo social, o qual deverá ser circunstanciado por meio de relatório acerca das condições pessoais e materiais dos interessados, inclusive por meio do qual será julgada a concessão de guarda provisória e do estágio de convivência (Ramidoff, 2012).

A citação e a intimação pessoal do Ministério Público acerca de todos os atos procedimentais – por exemplo, pronunciamento sobre o relatório ou laudo social – para a colocação em família substituta é uma prerrogativa funcional que, uma vez não observada, gera nulidade absoluta do feito, por se tratar de vício de ordem pública.

No caso em que a destituição da tutela, a perda ou a suspensão do poder familiar for medida preliminar para colocação em família substituta, deve ser respeitado o devido processo legal e os consectários da ampla defesa e do contraditório substancial. Já a perda ou a modificação da guarda poderá ser determinada no mesmo procedimento que se destina à colocação em família substituta de criança ou de adolescente, mediante decisão judicial fundamentada e ouvida prévia do Ministério Público (Ramidoff, 2012).

A autoridade judiciária, no entanto, deverá adotar as cautelas necessárias para a assunção da guarda ou tutela judicialmente deferida (art. 32, Lei n. 8.069/1990), bem como as providências legais estabelecidas expressamente no caso de adoção (art. 47). Outrossim, a colocação de criança ou adolescente sob a guarda de pessoa inscrita em programa de acolhimento familiar deverá ser comunicada, em até cinco dias, pela autoridade judiciária, à entidade de atendimento responsável por aqueles sujeitos de direito.

## — 9.2.4 — Apuração de ato infracional atribuído a adolescente

O Estatuto da Criança e do Adolescente regulamenta o procedimento especial a ser judicialmente estabelecido para apuração de ação conflitante com a lei (ato infracional) atribuída a adolescente. Reforçamos, a resolução adequada da ação conflitante com a lei então atribuída a criança constitui uma das atribuições estatutariamente estabelecidas ao Conselho Tutelar (art. 136, I, Lei n. 8.069/1990), o qual apenas poderá adotar medidas específicas de proteção.

A Lei n. 8.069/1990, assim, estabelece uma processualidade especial e própria para a responsabilização diferenciada de adolescente, ainda que subsidiariamente utilize atos procedimentais assemelhados (art. 152), quando não permite a adoção de medidas e providências judiciais que se afigurem necessárias para a resolução adequada do caso concreto (art. 153).

Portanto, em que pese a possibilidade de utilização subsidiária de institutos jurídico-processuais diversos daqueles estabelecidos na legislação estatutária, entende-se que a processualidade especial para apuração de ação conflitante com a lei atribuída a adolescente tem autonomia normativa (Palomba, 2004), teórica e pragmática.

## Apreensão de adolescente

O adolescente a quem se atribua a prática ou o envolvimento em ação conflitante com a lei poderá ser apreendido em razão de determinação judicial, quando, então, deverá ser imediatamente encaminhado ao Juízo de Direito da Vara da Infância e da Adolescência competente para o conhecimento, a apuração e o julgamento de sua responsabilização diferenciada.

O adolescente também poderá ser apreendido quando for surpreendido em flagrante da prática de ação conflitante com a lei (ato infracional), quando, então, deverá ser encaminhado de modo incontinente à presença da autoridade policial, preferencialmente, da delegacia especializada do adolescente ou do distrito policial que detiver tais atribuições.

Em decorrência disso, o adolescente deverá ser encaminhado para a repartição policial especializada ainda que a ação conflitante com a lei seja praticada em conjunto com imputável – coautor, cúmplice ou instigador –, o qual, após a adoção das providências investigatórias necessárias deverá ser oportunamente conduzido para a delegacia de polícia própria.

## Providências investigatórias (policiais)

A autoridade policial deverá determinar medidas administrativas que assegurem o respeito aos direitos individuais (arts. 106 e 107 da Lei n. 8.069/1990), de cunho fundamental, afetos ao adolescente que for apreendido em flagrante pela prática de ação conflitante com a lei. O adolescente, portanto, tem o direito à identificação dos responsáveis por sua apreensão, bem como de ser informado acerca de seus direitos, inclusive o de não produzir prova contra si (*nemo tenetur se detegere*), permanecendo, pois, em silêncio. A apreensão de adolescente e o local em que se encontrar privado de liberdade deverão ser imediatamente comunicados à família ou à pessoa indicada – por exemplo, advogado constituído –, à Defensoria Pública, além do Juízo de Direito competente (Ramidoff, 2012). Ademais, as autoridades públicas mencionadas na legislação estatutária poderão a qualquer tempo examinar a possibilidade de liberação imediata do adolescente a quem se atribuiu a prática de ação conflitante com a lei, sob pena de responsabilização administrativa, civil e penal (art. 107, § único; e art. 234, Lei n. 8.069/1990).

A ação conflitante com a lei cometida mediante grave ameaça ou violência a pessoa, atribuída a adolescente, determinará a lavratura de auto de apreensão, no qual, além das declarações prestadas pelo jovem, poderão ser colhidas declarações da(s) testemunha(s) e vítima(s). A lavratura do auto de apreensão em flagrante poderá ser substituída pela elaboração de boletim de ocorrência circunstanciado, nos casos em que a ação conflitante com a lei atribuída a adolescente não for praticada mediante grave ameaça ou violência a pessoa (Ramidoff, 2012).

O produto e os instrumentos utilizados para a prática da ação conflitante com a lei deverão permanecer vinculados ao auto de apreensão em flagrante, no qual serão lavrados os respectivos autos de exibição e apreensão, e avaliação (produto), ainda que indiretamente. A autoridade policial também poderá requisitar a realização de exames técnicos periciais necessários, como meios de prova, em direito admitidos, à comprovação da existência (materialidade) e autoria da ação conflitante com a lei.

O adolescente que tenha sido apreendido e, assim, encaminhado perante a autoridade policial, poderá ser prontamente colocado em liberdade, desde que os pais ou o responsável legal compareçam na repartição policial específica para a entrega de seu filho ou pupilo. O adolescente será entregue a pais ou responsável mediante termo de responsabilidade e compromisso de se apresentar no Ministério Público, naquele mesmo dia, se não, em data e horário a serem determinados; quando não, será notificado pela Promotoria de Justiça com atuação perante a Justiça da Infância e da Adolescência para se apresentar.

Em razão da gravidade da ação conflitante com a lei e de sua repercussão social, o adolescente a quem se atribuiu tal prática deverá permanecer sob internação denominada *provisória* (art. 108 da Lei n. 8.069/1990) a ser judicialmente decretada. A internação provisória é aquela determinada judicialmente antes da prolação da decisão judicial final, cuja cautelaridade se vincula à garantia da segurança pessoal do adolescente, se não, para manutenção da ordem pública (Ramidoff, 2012).

No caso de internação provisória, o adolescente permanecerá privado de sua liberdade pelo prazo máximo de 45 dias, cuja contagem se dará desde o momento de sua apreensão, independentemente de ser decorrente de ordem judicial ou de apreensão em flagrante de ação conflitante com a lei.

Em caso de não ocorrer a imediata liberação do adolescente, a autoridade policial deverá encaminhá-lo ao Ministério Público, bem como o respectivo procedimento especial investigatório – auto de apreensão em flagrante, boletim de ocorrência ou relatório policial. Ainda, deve encaminhar ao Ministério Público os genitores ou responsável legal do adolescente, para que possam ser ouvidos informalmente (art. 179, Lei n. 8.069/1990).

Quando o adolescente apreendido não tiver a necessidade de permanecer privado de liberdade, deverá ser entregue, mediante termo de responsabilidade, a seus genitores ou a seu responsável legal. Contudo, nos casos de os genitores ou o responsável legal não comparecerem à repartição policial para receber o adolescente, e não sendo possível a apresentação imediata ao Ministério Público para ouvida informal e adoção de providências legais, deverá a autoridade policial encaminhar o adolescente para entidade de atendimento. Isso porque o adolescente a ser liberado não poderá permanecer em delegacia de polícia, departamento ou repartição policial, sob pena de a autoridade policial incorrer em infração administrativa e penal. Todavia, a autoridade policial não pode simplesmente liberar o adolescente sem que os genitores ou o responsável legal estejam presentes, motivo pelo qual ele deverá encaminhá-lo para a entidade de atendimento (Ramidoff, 2012).

O dirigente da entidade de atendimento em que o adolescente estiver acolhido, na qualidade de guardião legal, deverá apresentá-lo ao Ministério Público, no prazo de 24 horas; se não, em data e horário determinados pelo agente ministerial, para realização da ouvida informal e adoção das providências legais cabíveis. A autoridade policial, por cautela, também pode acionar o Conselho Tutelar, com o intuito de que sejam articuladas ações para a efetivação dos direitos individuais e o asseguramento das garantias fundamentais afetas ao adolescente a quem se atribui a prática de ação conflitante com a lei (Ramidoff, 2012).

A apresentação do adolescente será realizada pela autoridade policial nas localidades em que não existam entidades de atendimento. Quando não houver entidade de atendimento na localidade em que se deu a ação conflitante com a lei, tampouco delegacia de polícia especializada, o adolescente poderá aguardar sua apresentação ao Ministério Público em dependência separada na repartição policial destinada aos imputáveis (adultos). Excepcionalmente, pelo prazo de até cinco dias, consoante entendimento do Supremo Tribunal Federal (STF), o adolescente poderá permanecer em repartição policial para que oportunamente seja apresentado ao Ministério Público, quando não, para aguardar sua transferência para entidade de atendimento em outra localidade (Ramidoff, 2012).

Após a liberação do adolescente, a autoridade policial deverá imediatamente encaminhar ao Ministério Público cópia do auto de apreensão em flagrante, boletim de ocorrência circunstanciado ou relatório policial, para que assim o agente ministerial adote as medidas legais necessárias à apuração da ação conflitante com a lei atribuída ao jovem. Ao receber o adolescente conduzido por policiais ou qualquer outro cidadão, e não se tratando de flagrante, em que pese existir indícios suficientes de sua participação em ação conflitante com a lei, a autoridade policial deverá encaminhar o relatório de investigações e toda a documentação pertinente ao Ministério Público (Ramidoff, 2012).

Em linha com a doutrina da proteção integral e os ditames legais (estatutários) que reconhecem direitos e garantias à criança e ao adolescente, entendeu-se por bem expressamente proibir a condução ou o transporte em compartimento fechado de veículo policial de adolescente a quem se atribua a prática de ação conflitante com a lei (art. 178 da Lei n. 8.069/1990). De igual forma, é vedada a condução ou o transporte de adolescente em condições atentatórias à sua dignidade – art. 18 da Lei n. 8.069/1990; art. 1º, inciso III; e art. 5º, inciso III, ambos da Constituição de 1988 –, ou mesmo que coloquem em risco sua integridade física ou mental, sob pena de responsabilização administrativa, civil e criminal (Ramidoff, 2012).

## Ouvida informal

Para além de ato procedimental protetivo, entende-se que a ouvida informal perante membro do Ministério Público constitui um direito individual de cunho fundamental reconhecido estatutariamente ao adolescente a quem se atribui a prática ou o envolvimento em ação conflitante com a lei. Afinal, o agente ministerial tem atribuições institucionais ambíguas em tal seara jurídico-legal; isto é, além de ter múnus público (poder-dever) de representação, e, assim, consequentemente, tornar-se parte interessada para responsabilização diferenciada do adolescente, funciona como *custus iuris* (Ramidoff, 2012).

Dessa maneira, impõe-se mutação cultural acerca da atuação do agente ministerial, o qual deverá promover e assegurar os direitos individuais e as garantias fundamentais do adolescente a quem se tenha atribuído a prática de ação conflitante com a lei, independentemente da atribuição legal destinada à responsabilização diferenciada do adolescente. A responsabilização diferenciada do adolescente, por isso mesmo, não poderá ser reduzida a mera repressão-punição que se opera seletivamente à adolescência brasileira socialmente excluída (Santos, 2002), mas, sim, servir à emancipação subjetiva do adolescente (Ramidoff, 2012).

## Providências ministeriais

O órgão de execução ministerial, assim, deverá ouvir o adolescente, de maneira informal, acerca das circunstâncias em que se deu a ação conflitante com a lei. O adolescente poderá ser acompanhado de seus genitores ou responsável legal, bem como de advogado constituído ou defensor público, em que pese se tratar de atribuição ministerial não judicializada. Tal-qualmente, os genitores ou o responsável legal, bem como as vítimas e as testemunhas, poderão ser ouvidos informalmente pelo agente ministerial. O membro do Ministério Público poderá lavrar termo de declarações com a finalidade de manter objetivada cada uma das circunstâncias do fato, bem como a situação pessoal, familiar e social do adolescente e de seu núcleo familiar (Ramidoff, 2012).

No caso de apresentação de adolescente apreendido por ordem judicial ou em flagrante pela prática de ação conflitante com a lei, o órgão de execução ministerial, no mesmo dia e à vista do auto de apreensão, boletim de ocorrência ou relatório policial, procederá à imediata e informal ouvida do adolescente, e de seus genitores ou responsável legal, vítima(s) e testemunha(s). Nas demais hipóteses em que o adolescente não se encontrar privado de liberdade ou não tiver sido apresentado, deverá ser expedida notificação aos genitores ou ao responsável legal, com o intuito de que adotem providências para apresentação do adolescente. Se validamente notificados, e mesmo assim, de forma injustificada, deixarem de comparecer no Ministério Público, na data e no horário especificados para a realização de ouvida informal, o adolescente e seus genitores ou responsável poderão ser coercitivamente conduzidos (Ramidoff, 2012).

O Ministério Público poderá contar com a contribuição da Polícia Civil ou da Polícia Militar para a condução coercitiva do adolescente para a realização de sua ouvida informal. E, assim, depois de terem sido adotadas tais providências, o órgão de execução ministerial poderá promover o arquivamento dos autos de investigação policial (flagrante, boletim ou relatório); quando não oferecer remissão como forma de exclusão do processo ou representação para responsabilização diferenciada do adolescente.

A responsabilização diferenciada do adolescente a quem se atribuiu a prática de ação conflitante com a lei será determinada por meio da aplicação de medidas legais protetivas e socioeducativas. A fundamentada promoção ministerial de arquivamento ou de remissão – "pura e simples"; "clausulada"; "qualificada", enfim, com aplicação de medidas socioeducativas que não importem na privação da liberdade do adolescente –, dependerá de homologação judicial, a qual determinará, conforme o caso, o cumprimento da medida legal cumulada (Ramidoff, 2012).

## Determinações judiciais

Nos casos em que o órgão julgador não concordar com a promoção ministerial de arquivamento ou de remissão, deverá fundamentadamente determinar a remessa dos respectivos procedimentos ao procurador-geral de justiça. Este, por sua vez, poderá oferecer representação para aplicação de medidas protetivas ou socioeducativas ao adolescente a quem se atribui a prática de ação conflitante com a lei, ou designará outro agente ministerial para apresentá-la; se não, ratificará o pronunciamento ministerial acerca do arquivamento ou da remissão. O órgão julgador receberá a representação apresentada pelo procurador-geral de justiça ou outro agente ministerial designado para tal desiderato, ou estará obrigado a homologar a promoção ministerial de arquivamento ou de remissão que for ratificada pelo procurador-geral de justiça (Ramidoff, 2012).

## Representação

O órgão de execução ministerial poderá, entre as atribuições estatutariamente previstas, oferecer representação perante o Juízo de Direito da Infância e da Adolescência, nos casos em que não for realizado o arquivamento ou oferecida remissão ao adolescente a quem se atribuiu a prática de ação conflitante com a lei. A relação jurídico-processual especial para apuração e responsabilização diferenciada de adolescente será instalada a partir do recebimento judicial da representação oferecida pelo Ministério Público. A responsabilização diferenciada do adolescente deverá contemplar não só medidas socioeducativas, mas também as específicas de proteção, com o intuito de que sejam atendidas todas as suas necessidades vitais básicas e fundamentais para a formação de sua personalidade, haja vista que ele se encontra na condição humana peculiar de desenvolvimento (Ramidoff, 2012).

O Ministério Público goza de exclusiva legitimidade para o oferecimento de representação para apuração e responsabilização diferenciada do adolescente. A representação ministerial poderá ser oferecida por meio de petição ou oralmente, em sessão diária instalada pelo juiz de direito. A representação, no entanto, não depende de prova pré-constituída acerca da autoria ou da materialidade.

Na hipótese de oferecimento da representação por petição, além da obrigatoriedade de descrever as circunstâncias em que se deu a ação conflitante com a lei, deverão ser indicados: a classificação do ato que se assemelhar à conduta descrita como *crime* ou *contravenção* (art. 103); o rol de testemunhas; e os demais meios de prova, em direito admitidos.

Nos procedimentos judiciais destinados à responsabilização diferenciada em que o adolescente se encontrar provisoriamente internado, por força de decisão judicial fundamentada, o prazo legal máximo e improrrogável é de 45 dias para o encerramento de internação provisória, que se realizará com a prestação jurisdicional final.

A decisão judicial que receber a representação também poderá decretar ou determinar a manutenção da internação provisória, além, é certo, da necessidade da designação de audiência destinada para a apresentação do adolescente (art. 184).

Para o regular e válido estabelecimento da relação jurídico-processual especial destinada à responsabilização diferenciada, impõe-se a realização de citação do adolescente, de seus genitores ou responsável legal, inclusive entregando-lhes cópia da representação, bem como dando-lhes informações sobre o teor desse documento.

Além da citação, o adolescente e seus genitores (ou representante legal) deverão ser notificados para comparecer à audiência de apresentação, bem como às demais que se fizerem necessárias, em continuação, para instrução e julgamento do feito; contudo, sempre acompanhados de advogado.

Todas as medidas e providências legais deverão ser adotadas para a localização dos genitores ou responsável do adolescente a quem se atribui a prática da ação conflitante com a lei.

Contudo, nas hipóteses em que os pais ou o responsável legal não forem localizados, o juiz de direito deverá nomear curador especial, com o intuito de salvaguardar os interesses, os direitos e as garantias fundamentais do adolescente; além, é certo, de fornecer acompanhamento profissional de advogado (constituído, dativo ou defensor público). Caso o adolescente não seja localizado para ser citado ou notificado, ou, injustificadamente, deixar de comparecer na data da audiência de sua apresentação, o órgão julgador poderá expedir mandado judicial para busca e apreensão, bem como a suspensão da tramitação do procedimento especial até que se efetive a apresentação do adolescente (Ramidoff, 2012).

Em caso de o adolescente se encontrar provisoriamente internado ou mesmo quando estiver cumprindo medida socioeducativa de semiliberdade ou internação, a autoridade judiciária requisitará sua apresentação ao dirigente da entidade de atendimento socioeducativo. Os genitores ou o representante legal do adolescente que se encontrar privado de liberdade - semiliberdade ou internação (provisória ou não) - também deverão ser notificados acerca do teor da representação, bem como para que compareçam à audiência de apresentação, e às demais que se fizerem necessárias, em continuação, para a instrução e julgamento do feito. Toda e qualquer privação da liberdade do adolescente - semiliberdade, internação e internação provisória - que for determinada ou mantida por meio de decisão judicial, não poderá ser cumprida em estabelecimento prisional ou mesmo em qualquer repartição policial destinada a imputáveis - adultos (Ramidoff, 2012).

O Estatuto da Criança e do Adolescente prevê que, em nenhuma hipótese, a medida legal de internação poderá ser cumprida em repartição ou departamento policial ou estabelecimento prisional que se destine a adultos. Em vista disso, a internação que for judicialmente decretada, ou que for mantida pela autoridade judiciária, deverá ser cumprida em entidade exclusiva para adolescentes (art. 123 da Lei n. 8.069/1990). Entretanto, caso não exista na comarca entidade de atendimento socioeducativo, o adolescente deverá ser imediatamente encaminhado para localidade mais próxima; e sua família deverá receber orientação e apoio econômico-financeiro para que possa permanentemente realizar visitas durante o período de sua internação. Não havendo possibilidade de transferência imediata, o adolescente deverá aguardar sua remoção em repartição policial, em local apropriado, distinto, separado daquele destinado à reclusão de adultos. O prazo legal (estatutário) máximo será de cinco dias para que se realize a transferência do adolescente, inclusive sob pena de responsabilização civil, administrativa e penal (Ramidoff, 2012).

Na audiência judicialmente designada para ouvida do adolescente, o órgão julgador deverá adotar as providências legais para que o jovem e os pais ou o responsável sejam ouvidos acerca das circunstâncias em que se deu o fato. Além disso, o órgão julgador poderá solicitar a opinião e os esclarecimentos técnicos de profissionais qualificados acerca da situação pessoal, familiar e social do adolescente, bem como da adequação de medidas e providências legais a serem judicialmente adotadas.

Caso o órgão julgador entenda ser plausível a concessão de remissão como forma de suspensão ou de extinção do processo, deverá necessariamente ouvir o Ministério Público, bem como o adolescente, seus pais ou responsável, além do defensor. O órgão de execução ministerial, o adolescente e seu defensor deverão aceitar a proposição judicialmente sugerida como forma de suspensão ou extinção da relação jurídico-processual destinada à apuração de ação conflitante com a lei atribuída ao jovem.

A remissão judicial poderá estabelecer medidas legais – protetivas e socioeducativas em meio aberto – como condições para a suspensão ou para a extinção do processo. No entanto, caso o adolescente, os pais ou responsável, bem como o defensor não aceitem a proposição judicial, por certo, não poderá ser suspenso ou extinto o processo. De igual maneira, o Ministério Público também poderá se opor à remissão oferecida judicialmente como forma de suspensão ou de extinção do processo destinado à apuração de ação conflitante com a lei (Ramidoff, 2011).

A remissão judicial depende, pois, da concordância do adolescente, dos pais ou responsável e do defensor, além da intervenção ministerial, quando, então, o órgão julgador deverá proferir decisão, em seguida. O órgão julgador deverá adotar as providências legais para formação do procedimento destinado ao acompanhamento do cumprimento das medidas legais – protetivas e socioeducativas – judicialmente determinadas ao adolescente por meio da concessão de remissão judicial.

Na hipótese de ser grave o fato produzido pela ação conflitante com a lei atribuída a adolescente, afigura-se possível a aplicação de medida socioeducativa de internação ou colocação em regime de semiliberdade. Nesses casos, o órgão julgador deverá verificar se o adolescente tem ou não advogado constituído, para o exercício pleno de sua defesa. Se o adolescente não dispuser de advogado constituído, impõe-se a comunicação à Defensoria Pública, ou a nomeação de defensor dativo, para que promova sua defesa.

O órgão julgador deverá designar audiência em continuação, no mais breve tempo possível, independentemente de o adolescente se encontrar apreendido ou internado, com maior razão nessas hipóteses. Para tal desiderato, o órgão julgador poderá determinar a realização de diligências, bem como a elaboração de relatório sobre o estudo do caso a ser realizado por equipe interprofissional, se não, por profissional qualificado. A defesa prévia deverá ser oferecida no prazo legal (estatutário) de até três dias contados da audiência de apresentação, por advogado constituído, defensor público ou nomeado (dativo), na qual, além do rol de testemunhas, poderão ser designados os meios de prova, em direito admitidos, que, efetivamente, pretenda-se utilizar (Ramidoff, 2012).

Uma vez encerrada a instrução, isto é, após a ouvida das testemunhas arroladas na representação e na defesa prévia, cumpridas as diligências e acostado o relatório sobre o estudo do caso, deverá ser oferecida oportunidade processual para que cada uma das partes deduza suas derradeiras alegações.

As alegações finais deverão ser preferencialmente deduzidas na audiência em continuação pelo prazo legal (estatutário) de 20 minutos, por cada uma das partes, sendo certo que o prazo poderá ser prorrogado por mais 10 minutos. O órgão julgador poderá facultar às partes a apresentação de memoriais em substituição às alegações a serem oferecidas em audiência, quando, então, fixará prazo judicial para tal desiderato; e, assim, em seguida, deverá proferir sentença. Caso eventualmente o adolescente, apesar de devidamente comunicado, deixar de comparecer à audiência designada para sua apresentação, poderá ser coercitivamente conduzido para ser ouvido em juízo, em data a ser determinada pelo órgão julgador (Ramidoff, 2012).

A remissão judicial como forma de suspensão ou de extinção do processo poderá ser oferecida ao longo da tramitação do processo que se destina à apuração de ação conflitante com a lei; contudo, por obviedade, até a prolação da decisão judicial final. No acertamento adequado do caso legal (concreto), o órgão julgador poderá isentar o adolescente do cumprimento de medidas socioeducativas quando reconhecer na sentença que restou comprovada a inexistência do fato, louvando-se para tanto dos meios de prova, em direito admitidos. Outrossim, o adolescente deverá ser isento do cumprimento de qualquer medida socioeducativa quando não houver prova da existência do fato (Ramidoff, 2012).

Ainda, trata-se de hipótese de isenção de responsabilização diferenciada a não caracterização de ação conflitante com a lei, isto é, quando o comportamento atribuído ao adolescente não configurar uma das condutas descritas "como crime ou contravenção penal" (ato infracional - art. 103, Lei n. 8.069/1990). E, finalmente, o adolescente não deverá ser responsabilizado quando não existir prova de ter praticado ação, participado ou se envolvido em acontecimento conflitante com a lei. Entretanto, observa-se que, em quaisquer dessas hipóteses legais de isenção de responsabilização diferenciada, ao adolescente poderão ser judicialmente determinadas medidas específicas de proteção que se afigurem adequadas à plenitude da formação de sua personalidade, uma vez que se encontra na condição humana peculiar de desenvolvimento (Ramidoff, 2012).

Assim, nas hipóteses legais (estatutárias) de isenção de responsabilização diferenciada, quando o adolescente estiver apreendido – em razão de mandado de busca e apreensão – ou provisoriamente internado, ele deverá ser incontinentemente colocado em liberdade, mediante termo de entrega e responsabilidade aos seus pais ou ao responsável legal.

A respeito da comunicação judicial, nos casos em que se determinar judicialmente o cumprimento de medidas socioeducativas de internação ou de regime de semiliberdade, a intimação da sentença deverá ser realizada ao adolescente e a seu defensor. Nos casos em que o adolescente acompanha o processo em liberdade e, assim, não for encontrado para ser pessoalmente intimado da sentença, o oficial de justiça poderá proceder à comunicação judicial dirigindo-a aos pais ou ao responsável legal; contudo, de igual maneira, deverá intimar o defensor constituído, público, nomeado ou dativo (Ramidoff, 2012).

Nas hipóteses de responsabilização diferenciada em que não se aplicar medidas socioeducativas privativas de liberdade ou apenas aquelas específicas de proteção, inclusive nos casos de isenção de responsabilidade, a intimação da decisão judicial poderá ser feita apenas ao defensor (constituído, público, nomeado ou dativo) do adolescente. No mais, o adolescente, ao ser intimado pessoalmente da sentença que lhe determinou o cumprimento de medidas legais - protetivas e socioeducativas - poderá se manifestar acerca do desejo de recorrer ou não quando da realização do ato de comunicação judicial, o que certamente deverá ser objetivamente consignado e certificado (Ramidoff, 2012).

— 9.2.5 —

## Infiltração de agentes de polícia em investigação de crimes contra a dignidade sexual de criança e de adolescente

A Lei n. 13.441, de 8 de maio de 2017 (Brasil, 2017e), alterou o Estatuto da Criança e do Adolescente, passando a regulamentar matéria que seria mais bem disciplinada no bojo do Código de Processo Penal - Decreto-Lei n. 3.689, de 3 de outubro de 1941 (Brasil, 1941b) -, ou em outra legislação penal e processual penal, uma vez que trata da investigação policial acerca de crimes contra a dignidade sexual de criança e adolescente por meio da infiltração de investigadores (policiais) no ambiente computacional-eletrônico destinado a troca de dados, informações e comunicações (rede mundial de computadores; internet).

Desse modo, a Lei n. 13.441/2017 acrescentou os arts. 190-A a 190-E à Lei n. 8.069/1990, por meio dos quais determina que a infiltração de agentes de polícia na internet deverá ser precedida de autorização judicial que fundamentadamente delimitará a produção da prova, inclusive mediante ouvida do órgão de execução ministerial (art. 190-A).

As informações obtidas por meio da operação de infiltração policial, em razão mesmo do direito à dignidade sexual de criança e adolescente, deverão permanecer em sigilo, nos termos do art. 190-B da Lei n. 8.069/1990.

O agente policial que desenvolver suas atribuições legais, nos limites legais e judicialmente determinados para a investigação a partir da ocultação de identidade para, por meio da internet, buscar elementos probatórios que se destinem à responsabilização criminal do agente que pratica crime contra a dignidade sexual de criança e adolescente, por certo, não comete crime algum; ressalvando-se, por óbvio, os eventuais excessos (art. 190-C, Lei n. 8.069/1990).

Desde o registro da identidade fictícia do agente policial infiltrado até a apresentação final do relatório circunstanciado da operação investigatória realizada, as ações deverão ser sigilosas, bem como todos os atos eletrônicos deverão ser reportados em autos que permanecerão apartados dos autos principais destinados à apuração e ao julgamento do crime contra a dignidade sexual da criança e do adolescente (arts. 190-D e 190-E, Lei n. 8.069/1990).

## — 9.2.6 —
## Apuração de irregularidades em entidade de atendimento

O Estatuto da Criança e do Adolescente regulamenta procedimento específico para apuração de irregularidades em entidade de atendimento - protetivo e socioeducativo -, independentemente de se tratar de entidade governamental ou não governamental. Em linha de entendimento com o que se encontra disposto nos arts. 95, 96 e 97 da Lei n. 8.069/1990, a fiscalização de tais entidades deverá ser realizada por juiz de direito, membro do Ministério Público ou do Conselho Tutelar (Ramidoff, 2012).

Por isso, afigura-se plausível a inauguração do procedimento específico por meio de portaria judicial, representação ministerial ou oferecida pelo colegiado do Conselho Tutelar. Quando se iniciar o procedimento específico, deverá circunstanciar, de modo detalhado, a situação fática identificada com uma das irregularidades na entidade de atendimento.

O dirigente da entidade de atendimento poderá ser provisoriamente afastado da gestão administrativa e financeira sempre que se afigurar indispensável para o asseguramento dos direitos da criança e do adolescente. O afastamento provisório do dirigente da entidade de atendimento apenas será determinado quando houver motivo grave, isto é, no caso de irregularidades administrativas cujas consequências possam comprometer as atividades de atendimento direto à criança ou ao adolescente. O afastamento do dirigente será realizado por decreto judicial devidamente fundamentado, o qual será proferido ao término do procedimento especificamente estabelecido para tal desiderato, sendo que deverá ser ouvido oportunamente o Ministério Público acerca de tal providência legal. Já para o afastamento liminar do dirigente da entidade de atendimento, a autoridade judiciária deverá previamente ouvir o Ministério Público (Ramidoff, 2012).

O que se objetiva com tal medida é romper com a gestão irregular, bem como assegurar cautelarmente os direitos e as garantias fundamentais afetos à criança e ao adolescente que se encontram institucionalizados (acolhidos ou internados) nas entidades de atendimento. Uma vez estabelecida, de forma regular e válida, a relação jurídica processual especial, deverão ser adotadas as providências legais que assegurem o exercício da ampla defesa e do contraditório substancial, ao longo do devido processo legal (estatutário). Dessa maneira, o dirigente da entidade de atendimento deverá ser citado para que, querendo, ofereça resposta e a defesa que tiver, por escrito, no prazo legal (estatutário) de dez dias. O dirigente, em sua defesa, poderá acostar documentação que entender necessária, bem como indicar os meios de prova, em direito admitidos, que, efetivamente, pretender produzir (Ramidoff, 2012).

Após ter sido facultada oportunidade processual para oferecimento de defesa ao dirigente da entidade de atendimento, caso seja necessário, será designada judicialmente audiência de instrução e julgamento, mediante a adoção das cautelas de estilo - como intimação das partes, peritos, técnicos etc. Encerrada a instrução judicial, deverá ser facultada oportunidade procedimental para cada uma das partes e ao Ministério Público, com o intuito de que deduzam suas derradeiras alegações em audiência (Ramidoff, 2012).

A autoridade judiciária, tendo em conta a complexidade do caso legal e contando com a anuência das partes e do Ministério Público, poderá estabelecer prazo legal (estatutário) de cinco dias para apresentação de memoriais em substituição às alegações orais seguidas de pronunciamento ministerial. Em seguida, o órgão julgador deverá prolatar decisão judicial em igual prazo, isto é, em até cinco dias, nos termos do parágrafo 1º do art. 193 do Estatuto.

No caso de afastamento provisório ou definitivo do dirigente, o órgão julgador deverá comunicar o superior hierárquico administrativo, inclusive determinando-lhe prazo judicial para a substituição do dirigente afastado. No mais, observa-se que o órgão julgador poderá estabelecer prazo judicial para a supressão das irregularidades administrativas que forem constatadas, inclusive mediante acompanhamento do Ministério Público e do Conselho Tutelar. As entidades de atendimento, na verdade, desenvolvem e, assim, complementam políticas públicas por meio de programas de proteção à criança e ao adolescente. E, por isso mesmo, a ideia é a de adequação das atividades desenvolvidas pelas entidades de atendimento aos ditames da doutrina da proteção integral, especial e prioritária da criança e do adolescente (Ramidoff, 2012).

Dessa maneira, uma vez atendidas as exigências legais e judiciais determinadas, e realizadas as adequações necessárias ao pleno atendimento das necessidades vitais básicas da criança e do adolescente institucionalizado, o procedimento especial deverá ser extinto, sem julgamento de mérito (art. 193, § 3º, Lei n. 8.069/1990). A multa e a advertência, além de constituírem medidas de responsabilização do dirigente da entidade ou do gestor do programa de atendimento, servem como medidas coercitivas para o cumprimento dos ditames estatutários e judiciais estabelecidos para adequação das atividades desenvolvidas em prol da infância e da adolescência (Ramidoff, 2012).

## — 9.2.7 — Apuração de infração administrativa às normas de proteção à criança e ao adolescente

O Estatuto da Criança e do Adolescente estabelece regras que regulamentam o procedimento judicial especial destinado à apuração de infrações administrativas às normas de proteção à criança e ao adolescente, com o intuito de aplicar medidas legais que se destinem a cessar as irregularidades, bem como a responsabilizar os infratores. O responsável, o dirigente ou a entidade de atendimento, assim, poderão ser responsabilizados por meio da imposição de penalidades administrativas em decorrência da infração às normas de proteção à criança e ao adolescente. O procedimento judicial para a imposição dessas penalidades será inaugurado por representação ministerial; se não, por representação oferecida pelo Conselho Tutelar; ou por meio de auto de infração elaborado por servidor ou voluntário credenciado, no qual constará a assinatura de pelo menos duas testemunhas, sempre que isso for possível (Ramidoff, 2012).

O auto de infração deverá descrever, de forma específica, a natureza e as circunstâncias em que se deu a infração às normas de proteção à criança e ao adolescente. O procedimento iniciado por meio de auto de infração poderá obedecer aos modelos padrões – "fórmulas impressas" –, cujo objetivo é a agilização e simplificação adequada da autuação e, assim, consequentemente, da duração do próprio processamento do feito. A lavratura do auto de infração deverá ser realizada logo em seguida à verificação da irregularidade, sempre que possível; contudo, caso assim não se proceda, impõe-se a certificação dos motivos que determinaram o retardamento da lavratura. A pessoa ou a entidade (por seu representante legal) que for representada deverá ser regular e validamente comunicada acerca da representação que lhe fora realizada, tendo o prazo legal de dez dias para apresentação de sua defesa (Ramidoff, 2012).

A pessoa ou a entidade que for autuada deverá ser intimada, pelo autuante, no próprio auto de infração, na hipótese em que for lavrado na presença do autuado. A comunicação ainda poderá ser realizada por oficial de justiça ou funcionário legalmente habilitado, mediante a entrega de cópia do auto de infração ou da representação oferecida, quando não a intimação poderá ser realizada na pessoa do respectivo representante legal, adotando-se, no entanto, a cautela de lavrar certidão sobre tal circunstância. A intimação do autuado/representado também poderá ser realizada pela via postal, com Aviso de Recebimento (AR), no caso de não ter sido encontrado o requerido ou o seu representante legal. Contudo, quando o autuado/representado não for encontrado, ou, mesmo quando for incerto ou desconhecido seu paradeiro ou o de seu representante legal, será possível a intimação editalícia, pelo prazo de 30 dias (Ramidoff, 2012).

Após o prazo legal para apresentação da defesa pelo autuado/representado, independentemente de ter sido efetivamente oferecida ou não, será concedida oportunidade procedimental para que o Ministério Público, assim desejando, se pronuncie a respeito. Decorrido o prazo legal de cinco dias para o pronunciamento ministerial, o órgão julgador, em idêntico lapso temporal, deverá publicar sua decisão judicial acerca da pretensão deduzida, quando, então, de forma adequada, resolverá sobre a aplicação ou não de penalidades administrativas. Do contrário, o órgão julgador deverá designar data para a realização de audiência de instrução e julgamento, bem como adotar as cautelas de estilo para tal desiderato. Após a instrução procedimental, às partes será judicialmente facultada oportunidade para apresentação de suas derradeiras alegações, pelo prazo legal de 20 minutos, prorrogável por mais 10 minutos; e, assim, em seguida será realizada prestação jurisdicional adequada à resolução do feito (Ramidoff, 2012).

— 9.2.8 —

## Habilitação de pretendentes à adoção

A Seção VIII do Estatuto da Criança e do Adolescente, que se refere ao procedimento específico destinado à habilitação de pretendentes à adoção, fora estabelecida pela Lei n. 12.010/2009, que, por meio dos arts. 197-A a 197-E, passou a regular as condições, os critérios objetivos e os requisitos legais para a dedução, o conhecimento e o julgamento do pedido de habilitação. Contudo, observa-se que a Lei n. 13.509/2017 não só procedeu à alteração na redação dessas novas figuras legislativas, mas também fez vários acréscimos à mencionada regulamentação (art. 197-C, § 3º; art. 197-E, §§ 3º, 4º e 5º; e art. 197-F).

O objetivo da reforma do Estatuto da Criança e do Adolescente, no âmbito da adoção, foi o de não só estabelecer expressamente os pressupostos e requisitos legais específicos para a habilitação de pretendentes, mas principalmente evitar excessos de prazos, e assim desburocratizar o rito procedimental por meio de providências judiciais que assegurem a proteção integral da criança e do adolescente. A pretensão inicialmente deduzida para a habilitação de pretendentes deverá atender previamente não só as condições da ação – subsidiariamente, as normas gerais previstas na legislação processual pertinente (art. 152 da Lei n. 8.069/1990) –, além dos requisitos legais específicos estabelecidos pela legislação estatutária (Ramidoff, 2012).

Dessa maneira, no pedido inicial deverá constar: a qualificação completa dos pretendentes, inclusive com seus dados familiares; cópias autenticadas de certidão de nascimento ou casamento, se não, declaração circunstanciada sobre a união estável; cópias da cédula de identidade e da inscrição no Cadastro de Pessoas Físicas (CPF). Os pretendentes também deverão acostar: comprovante de renda e domicílio; atestados de sanidade física e mental; certidão de antecedentes criminais; certidão negativa de distribuição cível, com o intuito de que demonstrem compatibilidade pessoal, estrutural (material) e social à pretensão final de adoção. O Ministério Público deverá ser citado e intimado pessoalmente de todos os atos procedimentais relacionados à habilitação de pretendentes à adoção, pois, na condição de prerrogativa funcional, o não oferecimento de oportunidade processual para pronunciamento acerca do pedido ensejará a nulidade absoluta do feito, uma vez que se trata de vício de ordem pública (Ramidoff, 2012).

— 9.3 —

## Atribuições ministeriais

O art. 197-B do Estatuto da Criança e do Adolescente descreve novas atribuições ministeriais a serem desenvolvidas no procedimento de habilitação de pretendentes à adoção e que deverão ser adotadas no prazo legal de até cinco dias. O órgão de execução ministerial, assim, poderá apresentar quesitos que deverão ser respondidos pela equipe interprofissional ao elaborar o relatório referente ao estudo psicossocial relativo aos pretendentes. Além disso, o membro do Ministério Público em exercício perante a Justiça da Infância e da Adolescência poderá requerer a designação de audiência para a ouvida dos pretendentes à habilitação e de eventuais testemunhas que possam oferecer elementos cognitivos e de convicção acerca do pleito. Por fim, o agente ministerial também terá a prerrogativa de requerer a juntada de documentação complementar e a realização das demais providências legais que sejam indispensáveis à resolução adequada da pretensão deduzida (Ramidoff, 2012).

## — 9.4 —
## Equipe interprofissional

A Lei n. 12.010/2009 inclui o art. 197-C no Estatuto da Criança e do Adolescente, contudo, os parágrafos 1º a 3º tiveram suas respectivas redações alteradas pela Lei n. 13.509/2017, para, assim, regulamentar a atuação da equipe interprofissional que presta serviço na Justiça da Infância e da Adolescência, nos procedimentos específicos de habilitação de pretendentes à adoção. A equipe interprofissional, assim, deverá obrigatoriamente intervir nos procedimentos que se destinam à habilitação de pretendentes à adoção, quando, então, realizará estudo psicossocial circunstanciado cuja finalidade é permitir a verificação da adequabilidade da medida legal a ser judicialmente adotada.

A capacidade e o preparo dos pretendentes à adoção para a paternidade e a maternidade responsáveis deverão ser aferidos durante a elaboração do estudo e do correspondente relatório técnico com vistas ao deferimento judicial ou não da habilitação dos postulantes. A maternidade e a paternidade responsáveis são aquelas condizentes com os requisitos e os princípios adotados na legislação estatutária, vale dizer, com a capacidade de criação, educação e assistência da criança e do adolescente para a vida adulta plena (Ramidoff, 2012). Para tal mister, a Justiça da Infância e da Adolescência proporcionará a participação (obrigatória) dos pretendentes à habilitação para adoção em programas que se destinem à preparação psicológica, bem como que sirvam para orientação e estímulo à adoção inter-racial, de crianças maiores, de adolescentes com necessidades especiais (deficiência, doenças crônicas ou necessidades específicas de saúde) e de grupos de irmãos – é o que prevê o parágrafo 1º do art. 197-C da Lei n. 8.069/1990 (Ramidoff, 2012).

Os programas de preparação deverão contar preferencialmente com o apoio dos técnicos responsáveis pela execução da política municipal de garantia do direito à convivência familiar, independentemente de as crianças e os adolescentes em regime de acolhimento familiar ou institucional estarem ou não em condições de adoção (art. 197-C, § 2º, Estatuto da Criança e do Adolescente).

Esses técnicos também deverão acompanhar - orientar, supervisionar e avaliar - o contato das crianças e adolescentes em condições de adoção que se encontrem acolhidos familiar ou institucionalmente durante a etapa de preparação psicológica e de orientação, caso essa convivência seja recomendável (Ramidoff, 2012).

## — 9.5 —
## Providências procedimentais

O órgão julgador adotará as providências procedimentais necessárias para sanar eventuais questões pendentes e com potencial de inviabilizar o julgamento do pleito. Uma vez certificada a conclusão da participação dos pretendentes no programa de preparação psicológica e de orientação, o juiz de direito, no prazo legal - 48 horas -, avaliará as diligências ministeriais requeridas e ordenará a juntada do relatório (laudo) referente ao estudo psicossocial, e poderá designar data para audiência de instrução e julgamento se necessário (art. 197-D, Lei n. 8.069/1990). Nas hipóteses de inexistência ou indeferimento das diligências ministeriais, o órgão julgador determinará a juntada do relatório referente a estudo psicossocial e, em seguida, oportunizará pronunciamento ministerial, pelo prazo legal - cinco dias -, e, em igual prazo, deverá julgar o pedido de habilitação dos pretendentes à adoção, nos termos do parágrafo único do art. 197-D do Estatuto da Criança e do Adolescente (Ramidoff, 2012).

## — 9.6 —
## Julgamento

O juiz de direito em exercício na Vara da Infância e da Adolescência que conhecer e instruir o procedimento especial destinado à habilitação de pretendentes à adoção deverá conceder tutela jurisdicional ou não à pretensão deduzida. No caso de deferimento de tutela jurisdicional à pretensão deduzida, isto é, com o deferimento da habilitação, o(s) postulante(s) deverá(ão) ser inscrito(s) no cadastro de pessoas interessadas na adoção (art. 50). O recurso cabível da decisão judicial que deferir ou indeferir a habilitação de pretendentes à adoção é o de apelação, consoante a sistemática do Estatuto da Criança e do Adolescente, segundo a qual resta contemplada, no que couber, a processualística civil para tal desiderato. A convocação das pessoas cadastradas para adoção deverá respeitar a ordem cronológica de habilitação e, de igual maneira, a existência de crianças e adolescentes adotáveis (Ramidoff, 2012).

A legislação estatutária prevê uma exceção à ordem cronológica de convocação, qual seja, quando restar demonstrado pelos meios de prova, em direito admitidos, que existe outra solução mais adequada à preservação dos interesses, dos direitos e das garantias fundamentais da criança e do adolescente adotáveis que se encontrem em uma das situações previstas no parágrafo 13 do art. 50 (art. 197-E, § 1º). Isto é, nos casos: de pedido de adoção unilateral; de parente com quem a criança ou o adolescente mantenha vínculos de afinidade e afetividade; de quem detém a tutela ou guarda de criança maior de 3 anos ou adolescente, desde que o lapso de tempo de convivência comprove a fixação de laços de afinidade e afetividade; e que não tenha ocorrido má-fé ou a prática de crime, conforme os arts. 237 ou 238 do Estatuto da Criança e do Adolescente (Ramidoff, 2012).

A habilitação judicialmente concedida aos pretendentes à adoção poderá ser reavaliada trienalmente mediante avaliação por equipe interprofissional (art. 197-E, § 2º, Lei n. 8.069/1990); entretanto, observa-se que deverá ser dispensada a "renovação da habilitação", inclusive, bastando "a avaliação já realizada pela equipe interprofissional", na hipótese do adotante se candidatar a uma nova adoção (art. 197-E, § 3º).

Para o mais, se o habilitado recusar injustificadamente por três vezes a adoção de crianças ou adolescentes indicados de acordo com o perfil escolhido, deverá necessariamente ser realizada reavaliação da habilitação anteriormente concedida (art. 197-E, § 4º, Estatuto da Criança e do Adolescente).

A legislação estatutária prevê expressamente a exclusão de interessados já habilitados dos cadastros de adoção, bem como a proibição de renovação da habilitação, para os casos de desistência em relação à guarda para adoção e de devolução de criança ou adolescente depois do trânsito em julgado da sentença que conceder a adoção; contudo, essas consequências legais poderão deixar de ser aplicadas, excepcionalmente, mediante decisão judicial fundamentada (art. 197-E, § 5º, Lei n. 8.069/1990).

No mais, observa-se que o prazo legalmente estabelecido para a conclusão do procedimento destinado à habilitação para adoção deve ser no máximo de 120 dias, podendo ser prorrogado por igual período; contudo, é indispensável a prolação de decisão judicial especificamente fundamentada para tal desiderato (art. 197-F, Lei n. 8.069/1990).

## — 9.7 — Recursos

O Estatuto da Criança e do Adolescente adota expressamente o sistema recursal previsto na processualística civil relativos aos feitos que tramitem perante o Juízo de Direito da Infância e da Adolescência, isto é, atualmente, de acordo com a Lei n. 13.105/2015 (Código de Processo Civil). Para tanto, o Estatuto da Criança e do Adolescente determina algumas adaptações com o intuito de que se conforme o processamento dos recursos e demais impugnações à principiologia protetiva. Assim, os recursos e as impugnações previstos na legislação processual civil, independentemente de preparo ou mesmo pagamento de qualquer custa processual, poderão ser interpostos perante a autoridade judiciária competente (Ramidoff, 2012).

O prazo legal, isto é, estatutariamente previsto para interposição e correspondente contrariedade, em regra é sempre de dez dias; ressalvando-se, contudo, os embargos de declaração, cujo prazo legal a ser observado é aquele previsto na legislação processual civil.

Com relação ao agravo de instrumento, o prazo legal será de dez dias, nos termos do inciso II do art. 198 da Lei n. 8.069/1990, independentemente das alterações recentes da processualística civil, tanto para interposição e correspondente resposta quanto para o pronunciamento ministerial. Portanto, excetuados os embargos de declaração, o prazo para interpor e responder os recursos, de acordo com a legislação estatutária, será sempre de dez dias.

Os embargos de declaração, por sua vez, deverão ser opostos no prazo legal de cinco dias, nos termos do art. 1.023 da Lei n. 13.105/2015, por meio de petição dirigida ao órgão julgador competente acerca de ponto obscuro, contraditório ou omisso; sendo certo que não estão sujeitos a preparo. As pretensões recursais deduzidas na área jurídico-legal infantoadolescente terão preferência de julgamento, inclusive mediante dispensa de revisor, consoante a principiologia protetiva, estatutariamente adotada, e a garantia fundamental da absoluta prioridade. O órgão julgador *a quo* deverá proceder ao juízo de retratação antes mesmo que determine o encaminhamento da pretensão recursal deduzida para apreciação no tribunal *ad quem* (Ramidoff, 2012).

O prazo legal para a manutenção ou a reforma da decisão judicial prolatada será de cinco dias, nas hipóteses de interposição de apelação ou de agravo de instrumento (art. 198, VII, da Lei n. 8.069/1990). O órgão julgador deverá proferir despacho fundamentado acerca da manutenção ou reforma da decisão judicial então reprochada, em linha mesmo ao que dispõe o inciso IX do art. 93 da Constituição da República de 1988. No caso de manutenção da decisão judicial apelada, o escrivão deverá remeter os autos respectivos para a instância superior, no prazo legal de 24 horas, independentemente de qualquer outra provocação da parte que interpôs o recurso. Na hipótese de reforma da decisão judicial reprochada, a remessa dos autos para a superior instância dependerá da inequívoca e expressa manifestação da parte interessada (legitimada) ou do Ministério Público, no prazo legal de cinco dias a partir da intimação do despacho fundamentado reformador (Ramidoff, 2012).

Com relação ao agravo de instrumento, entende-se que sua nova regulamentação pela processualidade civil deva ser adotada; de modo semelhante, contempla a possibilidade de manutenção ou reforma da decisão judicial reprochada pelo instrumento, assegurando-se, assim, juízo de reforma (art. 529, Código de Processo Civil).

Acerca das decisões judiciais que se destinem a disciplinar, por meio de portarias, autorizações e alvarás, a entrada e a permanência de criança ou adolescente em determinados locais e eventos, desacompanhado dos pais ou responsável, bem como acerca da participação desses sujeitos em espetáculos e certames (art. 149 do Estatuto), apenas caberá recurso de apelação (Ramidoff, 2012).

A Lei n. 12.010/2009 acrescentou cinco artigos (199-A a 199-E) ao Estatuto da Criança e do Adolescente, com o intuito de especificar os efeitos jurídico-legais a serem produzidos por meio das decisões relativas ao deferimento judicial da adoção. O art. 199-A da Lei n. 8.069/1990 determina que a decisão judicial que deferir a adoção produzirá desde logo seus efeitos vinculativos, ainda que seja interposto recurso de apelação. Nesse caso, o recurso de apelação apenas será recebido em seu efeito devolutivo. A única exceção à exclusividade do efeito devolutivo a ser implementado no recurso de apelação ocorrerá nos casos de adoção internacional ou comprovadamente de perigo de dano irreparável ou de difícil reparação à criança ou ao adolescente (Ramidoff, 2012).

O art. 199-B do Estatuto da Criança e do Adolescente, de igual maneira, determina a exclusividade do efeito devolutivo em que se deverá receber o recurso de apelação interposto em relação à decisão judicial que destituir o poder familiar de um ou de ambos os genitores. O art. 199-C do Estatuto da Criança e do Adolescente determina a preferência da tramitação e do julgamento dos recursos interpostos nos procedimentos de adoção e de destituição do poder familiar. A mencionada figura legislativo-estatutária estabelece providências procedimentais para o julgamento absolutamente prioritário do inconformismo, inclusive, por exemplo, acerca da distribuição, da desnecessidade de revisor e do pronunciamento ministerial, em caráter de urgência. O art. 199-D do Estatuto estabelece o prazo legal máximo de 60 dias para o relator apresentar suas ponderações e, assim, levar o feito a julgamento. O mencionado prazo legal máximo para colocar o processo em mesa para julgamento será contado a partir da data em que se realizou a conclusão do feito para apreciação do relator (Ramidoff, 2012).

O Ministério Público será pessoalmente intimado – prerrogativa funcional – da data designada para o julgamento do recurso e, assim, quando se realizar a sessão de julgamento, poderá oralmente oferecer pronunciamento acerca da pretensão recursal deduzida, caso entenda ser necessário. O art. 199-E do Estatuto da Criança e do Adolescente estabelece atribuição legal ao Ministério Público, legitimando-o a adotar medidas legais para a responsabilização das pessoas que descumprirem as providências e os prazos legais previstos nas anteriores figuras legislativas acrescidas pela Lei n. 12.010/2009 (Ramidoff, 2012).

## — 9.8 — Ministério Público

As legislações específicas destinadas à regulamentação do exercício das atribuições ministeriais são denominadas *Leis Orgânicas*, as quais dispõem sobre as normas gerais para a organização do Ministério Público dos Estados – Lei n. 8.625, de 12 de fevereiro de 1993 (Brasil, 1993a) – e da União – Lei n. 1.341, de 25 de janeiro de 1951 (Brasil, 1951).

Entretanto, cada estado-membro, por sua vez, contará com a Lei Orgânica Complementar própria, a qual regulamentará também o Estatuto do Ministério Público, por exemplo, no Estado do Paraná, a Lei Orgânica e Estatuto do Ministério Público – Lei Estadual Complementar n. 85, de 27 de dezembro de 1999 (Paraná, 1999). Ao Ministério Público se atribui, constitucional e legalmente, a defesa da ordem jurídica, do regime democrático e dos interesses sociais e individuais indisponíveis, motivo pelo qual deve adotar as providências necessárias à promoção da proteção integral, com absoluta prioridade, dos interesses, direitos e garantias afetos à infância e à adolescência (Ramidoff, 2012).

O Ministério Público tem atribuições legalmente estabelecidas e que estatutariamente foram especificadas com o intuito de compatibilizar a proteção integral dos interesses, direitos e garantias afetos à criança e ao adolescente com as funções ministeriais; inclusive, na defesa dos interesses metaindividuais (Alves, 2005), quando, então, poderá deduzir todas as medidas e providencias legais que entenda serem pertinentes (Ramidoff, 2012).

A legislação estatutária confere, assim, atribuições específicas ao Ministério Público, como a possibilidade legal de: conceder remissão (exclusão do processo); acompanhar procedimentos para apuração de ações conflitantes com a lei; entre outras.

O órgão de execução ministerial deverá adotar medidas e providências legais para a regularização dos procedimentos especiais que se destinam à: concessão de tutela jurisdicional de alimentos; suspensão e destituição do poder familiar; colocação em família substituta; entre outras providências legais. Enfim, o Ministério Público deverá atuar nos demais procedimentos cuja competência para julgamento seja do Juízo de Direito da Vara da Infância e da Adolescência; adotando as medidas legais, cautelares e ações específicas – inclusive mandado de segurança, *habeas corpus* etc. (art. 201 da Lei 8.069/1990) – para o asseguramento do pleno exercício da cidadania infantoadolescente. A intimação pessoal do Ministério Público constitui uma prerrogativa funcional reconhecida e estabelecida pela legislação estatutária. O Ministério Público terá atuação obrigatória, na qualidade de *custus iuris*, nas relações jurídicas processuais e demais procedimentos, com intuito de promover a defesa dos direitos e interesses individuais, difusos e coletivos afetos à infância e à adolescência (Ramidoff, 2012).

Dentre as atribuições legalmente destinadas ao Ministério Público, a Lei n. 14.344/2022 (Lei Henry Borel) incluiu o dever legal de intervir, na qualidade de custus juris – isto é, quando não for parte no processo –, nas causas cíveis e criminais que se destinam à apuração da responsabilização (administrativa, cível e criminal) do agente a quem se atribua a prática de violência doméstica e familiar contra a criança e o adolescente, nos termos do inc. XIII do art. 201 da Lei n. 8.069/1990 (Estatuto da Criança e do Adolescente).

O Ministério Público, na condição de *custus iuris*, tem a prerrogativa funcional de ter vista dos autos, mediante intimação pessoal, depois das partes, oportunidade em que poderá requerer a juntada de documentos, bem como providências legais que entender necessárias à resolução adequada do caso legal (concreto). Além disso, o Ministério Público tem legitimidade para interpor recurso que se afigurar necessário para o asseguramento de direito individual ou garantia fundamental afeta à criança ou adolescente. Conforme já enunciado, ao Ministério Público, como *custus iuris*, é assegurada legalmente a prerrogativa funcional de ser intimado pessoalmente acerca de todos os atos processuais e procedimentais, inclusive com vista dos autos (art. 203 da Lei n. 8.069/1990). Por isso mesmo a não intervenção ministerial resultará nulidade absoluta do feito, isto é, de ordem pública, a qual, portanto, poderá ser declarada a qualquer tempo ou instância jurisdicional de ofício pelo órgão julgador competente (Ramidoff, 2012).

A nulidade absoluta do feito decorrente da não intervenção ministerial também poderá ser requerida por qualquer interessado legitimado, assim que tiver conhecimento do processo. O que se impõe legalmente é a concessão de oportunidade processual para que se pronuncie o órgão de execução ministerial. Eis, pois, o que se pode depreender por falta de intervenção do Ministério Público, até porque a eventual desídia funcional não pode ser obstáculo ao exercício de direito individual ou ao asseguramento de garantia de direito fundamental afeto à infância e à adolescência. As hipóteses em que se facultar oportunidade processual para o pronunciamento ministerial, e, assim, o órgão de execução ministerial, de forma injustificada, deixar de proceder, certamente ensejarão responsabilização administrativa; contudo, não se verificará nulidade processual ou procedimental. Os pronunciamentos ministeriais deverão ser fundamentados contemplando, assim, não só as razões, as condições e as circunstâncias elementares ao substrato fático, mas também os motivos de direito em que se basear a pretensão deduzida e a contrariedade (Ramidoff, 2012).

## — 9.9 — Advogado

O advogado e, assim, o exercício profissional da advocacia, para além de constituírem expressões do regime democrático, afiguram-se indispensáveis para a administração da justiça, nos termos do art. 133 da Constituição da República de 1988. Dessa maneira, a criança e o adolescente, seus pais ou responsável e as pessoas que tenham legítimo interesse na solução da lide poderão intervir nos procedimentos regulamentados pelo Estatuto da Criança e do Adolescente, por meio de advogado que gozará das prerrogativas profissionais inerentes ao exercício da advocacia. Ademais, encontra-se constitucional (art. 5°, LXXIV; e art. 134, Constituição) e estatutariamente (§ único, art. 206, Lei n. 8.069/1990) assegurada a prestação de assistência judiciária integral e gratuita aos sujeitos de direito mencionados. Ao adolescente a quem se atribua a prática ou o envolvimento em ação conflitante com a lei será admitida a constituição de advogado, quando não, a nomeação de defensor, com o intuito de que se assegure a ampla defesa e o contraditório substancial, independentemente de o adolescente estar ausente ou se encontrar foragido (Ramidoff, 2012).

A ausência do advogado constituído, do defensor público ou do defensor nomeado não ensejará o adiamento do ato processual, cabendo, pois, ao órgão julgador a nomeação de defensor substituto e provisório para evitar a postergação da realização do ato. O instrumento de mandato poderá ser dispensado nos casos em que se tratar de defensor nomeado ou advogado constituído na ocasião da realização do ato formal em que esteja presente a autoridade judiciária (Ramidoff, 2012).

— 9.10 —

## Proteção judicial dos interesses individuais, difusos e coletivos

A proteção integral e especial para salvaguardar os direitos afetos à criança e ao adolescente também se desenvolve procedimentalmente com o intuito de que seja reconhecida legitimidade para adoção e propositura judicial de medidas legais na defesa dos interesses indisponíveis desses novos sujeitos de direito – individuais, difusos e coletivos. O objetivo é a prevenção e a defesa dos direitos individuais fundamentais, quando não, a redução dos danos sofridos (menor prejuízo) e experimentados pelas vítimas infantojuvenis, como: a saúde como bem-estar físico, psíquico e social; a abolição do trabalho infantil; o acolhimento (Bazílio, 2004) entre outras liberdades públicas constitucional e estatutariamente reconhecidas a esses novos sujeitos de direito (Ramidoff, 2012).

O Estatuto da Criança e do Adolescente regulamenta o exercício do direito a ações de responsabilidade por ofensa aos direitos da criança e do adolescente com o objetivo de proteção judicial dos interesses individuais, difusos e coletivos desses sujeitos de direito. O não oferecimento (falta) ou a oferta irregular de serviços públicos (acessos) relacionados aos interesses e direitos individuais, difusos e coletivos pertinentes à infância e à adolescência constituem pressupostos para a concessão de tutela jurisdicional voltados a proteção, defesa e promoção de tais direitos – por exemplo, à promoção social de famílias e ao pleno exercício do direito à convivência familiar, nos termos do inciso IX do art. 208 da Lei n. 8.069/1990 (Ramidoff, 2012).

Nesse sentido, observa-se que, com a alteração determinada pela Lei n. 13.306, de 4 de julho de 2016 (Brasil, 2016b), o atendimento em creche e pré-escola deve ser realizado para crianças com até 5 anos de idade. É certo que o seu não oferecimento ou a oferta irregular fundamentará a propositura de ações de responsabilidade por ofensa aos direitos assegurados à criança e ao adolescente (art. 208, III, Lei n. 8.069/1990).

Uma vez realizada a comunicação do desaparecimento de crianças e adolescentes, deverão ser imediatamente adotadas as medidas legais investigatórias, inclusive sendo comunicado o fato às autoridades portuárias e aeroportuárias, bem como às polícias rodoviárias estaduais e federal e às companhias de transportes interestaduais e internacionais, fornecendo-lhes todos os dados necessários à identificação da pessoa desaparecida (art. 208, § 2º, Lei n. 8.069/1990). A comunicação do desaparecimento deverá contemplar todos os dados e informações pessoais, familiares e comunitárias que sejam necessários à identificação da criança ou adolescente que ainda não fora localizado. Entretanto, é preciso o engajamento de todos para que essas informações não fiquem restritas ao âmbito jurídico (Veronese; Silva, 1998) e, assim, seja possível a difusão da comunicação do desaparecimento na rede de proteção (Ramidoff, 2012).

A Lei n. 12.594, de 18 de janeiro de 2012 (Brasil, 2012a), incluiu o inciso X ao art. 208 da Lei n. 8.069/1990, estabelecendo a existência de "programas de atendimento para a execução das medidas socioeducativas e aplicação de medidas de proteção" entre as hipóteses em que é possível a propositura de ações de responsabilização pelo não oferecimento ou pela oferta irregular.

A Lei n. 13.431, de 4 de abril de 2017 (Brasil, 2017a), por sua vez, acrescentou o inciso XI ao art. 208 da Lei n. 8.069/1990, acrescendo hipótese que autoriza a propositura de ações de responsabilidade as "políticas e programas integrados de atendimento à criança e ao adolescente vítima ou testemunha de violência".

A competência jurisdicional é absoluta para a proposição das ações destinadas à promoção e à defesa dos direitos individuais, difusos e coletivos. Essas ações deverão ser deduzidas no foro do local em que se deu a ação ou a omissão ofensiva aos direitos individuais, difusos e coletivos afetos à infância e à adolescência. Contudo, a competência jurisdicional absoluta do Juízo de Direito da Vara da Infância e da Adolescência pode ser excepcionalizada nos casos em que a legislação destinar o processamento à Justiça Federal; bem como nas hipóteses de competência originária dos tribunais superiores (Ramidoff, 2012).

O Ministério Público, os entes jurídicos de direito público interno – isto é, União, estados, municípios e o Distrito Federal – e as associações de defesa da criança e do adolescente encontram-se legitimados "concorrentemente para a propositura de "ações cíveis fundadas em interesses coletivos ou difusos" (art. 210, Lei n. 8.069/1990) da infância e da adolescência.

No atinente ao Ministério Público, entende-se juridicamente plausível o litisconsórcio facultativo entre as instituições ministeriais da União e dos estados-membros na promoção e defesa dos interesses indisponíveis, dos direitos individuais e das garantias fundamentais afetos à criança e ao adolescente.

O Ministério Público, ou outro legitimado concorrente, também poderá funcionar como substituto processual, nas hipóteses em que se verificar desistência ou abandono da ação por associação legitimada, assumindo, assim, a titularidade ativa da pretensão deduzida na relação jurídica processual. O ajustamento de conduta, então, compromissado perante os órgãos públicos legitimados para tal desiderato, terá eficácia de título executivo extrajudicial, possibilitando, assim, maior celeridade para a efetividade das exigências legais previstas para o asseguramento dos interesses, direitos e garantias afetos à infância e à adolescência. Ao asseguramento dos direitos e interesses individuais, difusos e coletivos, afigura-se plausível juridicamente o exercício pleno do direito de ação, haja vista que são admissíveis as mais diversificadas ações precisamente por sua especificidade e pertinência à pretensão a ser deduzida (Ramidoff, 2012).

O Estatuto da Criança e do Adolescente expressamente acolheu as normas da atual processualística civil para o exercício das ações destinadas à proteção judicial dos direitos e interesses individuais, difusos e coletivos. As figuras legislativas pertinentes ao exercício da ação mandamental – Lei do Mandado de Segurança, Lei n. 12.016, de 7 de agosto de 2009 (Brasil, 2009c) – também foram acolhidas pelo Estatuto da Criança e do Adolescente contra os atos ilegais ou abusivos de autoridade pública, representantes ou órgãos de partidos políticos e administradores de entidades autárquicas, bem como de dirigentes de pessoas jurídicas ou pessoas naturais no exercício de atribuições do poder público. O órgão julgador poderá conceder tutela jurisdicional específica relacionada à obrigação de fazer, quando não determinar medidas judiciais que garantam a efetividade jurídica e social do cumprimento da obrigação, nas demandas cuja pretensão seja o adimplemento da obrigação de fazer ou não fazer (Ramidoff, 2012).

De igual maneira, o órgão julgador poderá conceder liminarmente tutela jurisdicional, na hipótese em que se verificar temor justificado da ineficácia do provimento judicial final, ou, se não, depois de prévia justificação, em cognição sumária, quando, então, a parte adversa deverá ser citada para tal desiderato.

Ainda será possível a imposição de multa diária à parte adversa, nos casos em que se afigurar necessária e adequada à obrigação de fazer ou de não fazer, quando, então, também deverá ser especificado prazo judicial razoável para o cumprimento da determinação judicial.

A multa judicialmente estabelecida é devida a partir do dia em que se verificou o não cumprimento fiel e integral da obrigação de fazer ou de não fazer; contudo, apenas poderá ser executada depois que a decisão judicial que a estipulou transitar formal e materialmente em julgado.

As receitas decorrentes do recolhimento das multas deverão ser depositadas no Fundo Municipal da Infância e Adolescência (FIA), cuja gestão compete ao Conselho Municipal dos Direitos da Criança e do Adolescente.

O não recolhimento das multas até 30 dias após o trânsito em julgado da decisão judicial que lhes estipulou ensejará a dedução de pretensão executória a ser promovida pelo Ministério

Público ou concorrentemente pelos demais legitimados para tal desiderato.

O FIA deverá ser criado e regulamentado por legislação municipal própria; pois, do contrário, ante a inexistência do FIA, os valores relativos ao pagamento de multas deverão ser depositados em conta com correção monetária, em uma das instituições oficiais de crédito.

Na hipótese de interposição de recurso da decisão judicial que tenha por objeto o cumprimento de obrigação de fazer ou de não fazer, o juiz de direito, no ato de seu recebimento, poderá conferir efeito suspensivo, com o intuito de evitar prejuízo irreparável à parte.

Nos casos em que for imposta condenação ao Poder Público, a apuração da responsabilização civil e administrativa do agente a quem se atribua a conduta (ação ou omissão) ofensiva (ameaça ou violência) aos direitos e interesses individuais, difusos ou coletivos, poderá ser iniciada pela remessa judicial de peças informativas à autoridade competente.

O Ministério Público funcionará como substituto processual nos casos em que associação legitimada deixar de executar a decisão judicial que impuser condenação ao Poder Público, desde que tenha transcorrido o lapso temporal de 60 dias do trânsito em julgado de tal sentença condenatória.

Os demais legitimados, assim como o Ministério Público, também gozam de idêntica faculdade (substituição) processual para a iniciativa executória em relação à decisão judicial que impuser condenação ao Poder Público. Nos casos de dedução de pretensão manifestamente infundada, o órgão julgador poderá condenar a associação legitimada que figurar como parte autora, na relação jurídica processual, a pagar à parte adversa honorários advocatícios que serão fixados, consoante os ditames do parágrafo 4º, do art. 20 do Código de Processo Civil (Brasil, 2015a). No entanto, quando se trata de litigância de má-fé, a associação e os diretores responsáveis pela propositura da ação serão condenados ao pagamento do décuplo das custas; sem prejuízo da responsabilização solidária ao pagamento de indenização por perdas e danos (Ramidoff, 2012).

Nas hipóteses de ação civil pública ou ação popular que se destinam à proteção judicial dos direitos e interesses individuais, difusos ou coletivos, não serão adiantados os pagamentos de custas, emolumentos, honorários periciais ou quaisquer outras despesas processuais. O Ministério Público tem legitimidade para a propositura de ação civil pública que importe na defesa de direitos e interesses individuais, difusos ou coletivos pertinentes à proteção da infância e da adolescência. Dessa maneira, qualquer pessoa ou servidor público poderá provocar ou mesmo encaminhar informações ao Ministério Público para tal desiderato, indicando os elementos de convicção para proposição da ação civil pública. Os órgãos julgadores poderão remeter peças ao Ministério Público acerca de fatos que demandem o oferecimento judicial de ação civil pública (Ramidoff, 2012).

Em linha com o comando constitucional – art. 5º, inciso XXXIV, alíneas "a" e "b" da República de 1988 (Brasil, 1988), é reconhecido ao interessado a possibilidade de requerer às autoridades públicas competentes a expedição de certidões e informações necessárias à instrução da petição de ação civil ou ação popular. As autoridades públicas competentes deverão fornecer as certidões e as informações no prazo legal de 15 dias. O órgão ministerial poderá instaurar inquérito civil, com o intuito de assegurar a proteção integral dos interesses individuais, difusos e coletivos. O inquérito civil será presidido pelo órgão ministerial, o qual poderá requisitar toda sorte de informações, dados eletrônico-computacionais, avaliações, laudos, exames, certidões e demais elementos de convicção que entender necessários à comprovação ou demonstração de direito (Ramidoff, 2012).

O prazo legal para a prestação de tais informações não poderá ser inferior a dez dias úteis; quando não, poderá ser estipulado lapso temporal suficiente à elaboração da perícia ou mesmo localização e encaminhamento de documentação. O órgão ministerial, entre outras medidas, poderá promover, de maneira fundamentada, o arquivamento dos autos de inquérito civil ou das peças informativas que serviriam à propositura da ação civil para proteção de direitos individuais, difusos ou coletivos (Ramidoff, 2012).

Nesses casos, impõe-se a remessa do inquérito civil ou das mencionadas peças informativas ao Conselho Superior do Ministério Público, sob pena de o agente ministerial incorrer em falta grave. O Conselho Superior do Ministério Público homologará ou rejeitará a promoção de arquivamento realizado pelo órgão ministerial; contudo, até que isso se realize, as associações legitimadas poderão apresentar razões escritas ou documentos, os quais deverão ser acostados aos autos de inquérito civil ou às peças de informações. O Conselho Superior do Ministério Público, de igual maneira, poderá analisar e ponderar acerca do teor das razões escritas ou dos documentos para a homologação ou rejeição da promoção ministerial de arquivamento. Na hipótese de não ser homologada a promoção de arquivamento, deverá ser designado outro órgão ministerial para o ajuizamento da ação civil devida à proteção dos interesses individuais, difusos ou coletivos. No mais, para a proteção de direitos e interesses difusos ou coletivos, aplica-se subsidiariamente a Lei da Ação Civil Pública, isto é, a Lei n. 7.347, de 24 de julho de 1985 (Brasil, 1985) (Ramidoff, 2012).

# Capítulo 10

## *Crimes e infrações administrativas*

A Lei n. 8.069, de 13 de julho de 1990 (Brasil, 1990b), em seu Título VII do Livro II, isto é, da Parte Especial, também não deixou de cuidar dos crimes e das infrações administrativas praticadas em detrimento de interesses, direitos e garantias inerentes à infância e à adolescência. Sendo assim, é possível observar que os arts. 225 a 227 do Estatuto da Criança e do Adolescente estabelecem normas de integração - vale dizer, as "Disposições Gerais" -, haja vista que especificam não só os objetos de tratamento legal - ou seja, os delitos praticados contra a criança e o adolescente -, mas, também, a metodologia procedimental para as respectivas apurações investigativas e de responsabilização legal - isto é, tanto penal quanto processual penal. Por conseguinte, nos arts. 228 a 244-B da Lei n. 8069/1990, o legislador prescreveu as figuras legislativas penais específicas que descrevem ameaças e violências contra os direitos individuais e as garantias fundamentais afetos à criança e ao adolescente, e que aqui serão objetos de tratamento analítico, segundo os parâmetros estabelecidos pela dogmática jurídico-legal, não deixando, entretanto, de considerar as importantes contribuições transdisciplinares e críticas acerca da responsabilização penal e suas consequências sancionatórias, isto é, de cunho repressivo-punitivo (Ramidoff, 2012).

Dessarte, tem-se que o princípio da legalidade, na condição de "pedra angular de todo direito penal que aspire à segurança jurídica" (Batista, 1990), assegura a possibilidade do prévio conhecimento dos crimes e das penas a que será submetido o agente que ameaçar ou violentar os direitos individuais e as garantias fundamentais destinados especificamente à criança e ao adolescente.

O princípio da legalidade é contemplado de forma expressa, tanto no texto constitucional quanto na legislação penal ordinária, isto é, conforme prescreve o art. 5º, inciso XXXIX, da Constituição da República de 1988, "não há crime sem lei anterior que o defina, nem pena sem prévia cominação legal", bem como o art. 1º do Código Penal brasileiro, Lei n. 2.848, de 7 de dezembro de 1940 (Brasil, 1940), "não há crime sem lei anterior que o defina. Não há pena sem prévia cominação legal".

## — 10.1 —
## Aspectos criminológicos

Por mais que se busque a prevenção (zelo), a promoção (mobilização) e a defesa dos direitos individuais fundamentais afetos à criança e ao adolescente, ao longo do Estatuto da Criança e do Adolescente, é certo que isso não será alcançado por meio da criminalização de condutas e acontecimentos que possam ameaçar ou mesmo violar tais direitos.

O direito penal - ainda que aqui especial - não tem a qualidade de assegurar valor humanitário (agregar/atribuir direitos fundamentais) à vítima infantoadolescente; vale dizer, o sistema de justiça penal não tem o condão de resgatar a criança e o adolescente dos ciclos de violências em que possam estar envolvidos. Contudo, a integração de âmbitos jurídico-legais e as importantes contribuições multidisciplinares poderão oferecer outras estratégias para o rompimento dos ciclos de ameaças e violências que diuturnamente engendram desrespeitos e ofensas aos direitos individuais e às garantias fundamentais desses novos sujeitos de direito que se encontram na condição humana peculiar de desenvolvimento (Ramidoff, 2012).

## — 10.2 — Disposições gerais

Quando se trata de legislação especial, expressamente buscou-se ressalvar concorrência de normas repressivo-punitivas por meio de dispositivo integrativo, como se afigura ser o art. 225 do Estatuto da Criança e do Adolescente, estabelecendo-se, assim, critério hermenêutico - princípio da especialização - para a resolução de conflitos entre normativas legislativas, ou complementando as hipóteses de que subsidiariamente as condutas (ação e omissão) relevantes poderão ser objeto de classificação/qualificação/valoração/atribuição de juízo de valor negativo pelo direito penal comum.

O art. 226 do Estatuto pontua norma de integração, tanto material quanto processual, isto é, dispõe que, para o reconhecimento jurídico-legal dos crimes em espécie, praticados contra os direitos, as garantias e os interesses de crianças e adolescentes, é indispensável não só o atendimento das categorias elementares jurídico-penais, mas também o ambiente processual próprio, vale dizer, a processualidade indispensável para o conhecimento e o julgamento desses crimes (Ramidoff, 2012).

Nesse sentido, o art. 226 da Lei n. 8.069/1990 alinha-se sistematicamente às prescrições do art. 12 do Código Penal brasileiro, isto é, que as regras estabelecidas em sua parte geral são aplicáveis aos acontecimentos incriminados por lei especial, ressalvando-se, pois, as hipóteses em que a lei especial dispuser de modo diverso. Já a lei processual penal brasileira contém dispositivos semelhantes, por meio dos quais é determinada a aplicação de suas normativas procedimentais por interpretação extensiva ou mesmo por aplicação analógica, e, suplementarmente, pelos princípios gerais de direito, conforme o art. 3º do Código de Processo Penal – Decreto-Lei n. 3.689, de 3 de outubro de 1941 (Brasil, 1941b) (Ramidoff, 2012).

A Lei n. 14.344/2022 (Lei Henry Borel) alterou o art. 226 da Lei n. 8.069/1990 (Estatuto da Criança e do Adolescente), para, assim, incluir os parágrafos 1º e 2º, os quais passaram a disciplinar especificamente a responsabilização criminal do agente a quem se atribui a prática de crime, no âmbito doméstico e familiar, contra a criança e o adolescente, para além da observância das regras estabelecidas na Parte Geral do Código Penal e das regras processuais estabelecidas no Código de Processo Penal. Dessa forma, verifica-se que acerca dos crimes cometidos contra a criança e o adolescente, então, classificados como violência doméstica e familiar, não se aplica quaisquer regras ou benefícios legais ou processuais previstos na Lei dos Juizados Especiais Criminais (Lei n. 9.099/1995).

Ainda, nesse mesmo sentido, é a expressa vedação legal acerca da possibilidade de aplicação das sanções penais de cesta básica ou de outras penas de prestação pecuniária ou mesmo qualquer medida que represente substituição de sanção penal que redunde no pagamento isolado de multa, nas hipóteses de crimes praticados no âmbito doméstico e familiar contra a criança e o adolescente.

O art. 227 do Estatuto determina que o instrumento processual competente para a persecução penal dos crimes definidos na legislação especial é a ação penal de iniciativa pública incondicionada. E, assim, consequentemente, estabelece atribuição legal ao órgão de execução ministerial, pois, como se sabe, tanto constitucional quanto legalmente, a ação penal de iniciativa pública é promovida pelo Ministério Público. Nesses casos, independentemente de representação do ofendido ou mesmo de requisição do Ministro da Justiça (§ 1º, art. 100, Código Penal), a promoção da ação penal de iniciativa pública restou constitucionalmente estabelecida como função institucional privativa do Ministério Público, na forma da lei, conforme o inciso I do art. 129 da Constituição da República de 1988 (Ramidoff, 2012).

A Lei n. 13.869, de 5 de setembro de 2019 (Brasil, 2019d), também alterou o Estatuto da Criança e do Adolescente e, assim, com o acréscimo do art. 227-A, estabeleceu que sejam atribuídos os efeitos da condenação (art. 92, *caput*, I, Código Penal), isto é, a perda de cargo, função pública ou mandato eletivo, à prática dos crimes especiais previstos na legislação estatutária cometidos por servidores públicos com abuso de autoridade, condicionados à ocorrência de reincidência. Contudo, o parágrafo único do art. 227-A expressamente ressalva que a perda do cargo, do mandato eletivo ou da função pública não dependerá, entretanto, da sanção penal aplicada na reincidência.

## — 10.3 —
## Crimes em espécie

A partir do art. 228, o legislador do Estatuto da Criança e do Adolescente disciplinou os crimes em espécie, descrevendo a conduta e contemplando a pena incidente quando da prática do delito. A seguir, comentam-se cada um dos dispositivos.

### — 10.3.1 —
### Falta de manutenção de registro e não fornecimento de declaração de nascimento

O art. 228 da Lei n. 8.069/1990 prevê a responsabilidade penal do "encarregado de serviço ou o dirigente de estabelecimento de atenção à saúde de gestante", por deixar de manter registro das atividades desenvolvidas, na forma e no prazo referidos no art. 10 do mesmo estatuto, bem como "de fornecer à parturiente ou a seu responsável, por ocasião da alta médica, declaração de nascimento, onde constem as intercorrências do parto e do desenvolvimento do neonato".

Isto é, cuida-se de proteger os direitos à saúde e aqueles inerentes ao exercício da cidadania, pois, por meio da declaração de nascimento, assegura-se inicialmente o assentamento do registro civil da criança e futuramente do adolescente para identificação e reconhecimento de suas qualidades como sujeitos de direito a terem direitos.

O crime previsto nesse artigo do Estatuto da Criança e do Adolescente pode ter inúmeras classificações jurídico-penais; contudo, caracteriza-se pela classificação relativa às pessoas que praticam as condutas delituosas nele descritas, isto é, os autores. Por isso, o mencionado tipo penal pode ser classificado como *especial* – para alguns doutrinadores, também como *crime próprio* – pois somente as pessoas que gozam das atribuições mencionadas nessa previsão legal é que poderão praticar tal crime. Em resumo, o crime especial exige, para o reconhecimento da autoria delituosa, condição ou qualidade especial do agente para praticá-lo (Ramidoff, 2012).

Assim, o autor da conduta delituosa deverá ser necessariamente o "encarregado de serviço ou o dirigente de estabelecimento". O crime previsto no art. 228 do Estatuto da Criança e do Adolescente é classificado como *especial* ou *próprio*, precisamente por exigir qualidades específicas para o reconhecimento jurídico-penal da autoria delituosa.

Os *crimes comuns* são assim classificados, precisamente, por não exigirem qualquer condição ou qualidade especial para o reconhecimento normativo da autoria, entendendo-se ser possível a prática da conduta delituosa por qualquer pessoa. Exemplo disso é o que se encontra disposto no art. 236 do Estatuto da Criança e do Adolescente, que considera crime o ato de "impedir ou embaraçar a ação de autoridade judiciária, membro do Conselho Tutelar ou representante do Ministério Público no exercício de função prevista nesta Lei". Isto é, a prática da conduta delituosa descrita na mencionada figura legislativa não exige qualquer condição ou qualidade especial do agente para "impedir ou embaraçar a ação", e, assim, ser considerado normativamente autor do delito.

## — 10.3.2 —
## Falta de identificação do neonato e não realização de exames

O art. 229 da Lei n. 8.069/1990 prevê a responsabilidade penal do médico, enfermeiro ou dirigente de estabelecimento de atenção à saúde de gestante, por deixar de identificar corretamente o neonato e a parturiente, por ocasião do parto, bem como deixar de proceder aos exames referidos no art. 10 da mencionada legislação especial. Assegura-se, aqui, o direito individual ao estado de filiação inerente à personalidade, bem como de identificação parental, conforme assegura o art. 27 do Estatuto da Criança e do Adolescente. Até porque o exercício pleno do direito individual da convivência familiar e comunitária também dependerá da identificação correta do neonato e da parturiente. Afinal, desde o primeiro momento de vida, por meio da identificação correta do neonato e da parturiente, assim como pela manutenção de alojamento conjunto, possibilitando ao neonato a permanência junto à mãe, consoante o inciso V do art. 10, do Estatuto da Criança e do Adolescente, assegura-se o direito individual à convivência familiar (Ramidoff, 2012). Eis aí a importância da identificação correta do neonato e da parturiente. Realizar exames visando ao diagnóstico e à terapêutica de anormalidades no metabolismo do recém-nascido é a conduta que se exige do médico, do enfermeiro ou do dirigente de estabelecimento de atenção à saúde de gestante, como medida protetiva à atenção global e integral ao direito individual à saúde do neonato. O crime aqui previsto também pode ter inúmeras classificações jurídico-penais; contudo, como observado nos comentários ao artigo anterior, caracteriza-se pela classificação relativa às pessoas que praticam as condutas delituosas nele descritas, isto é, os autores. Esse tipo penal também pode ser classificado como *especial* ou, segundo alguns doutrinadores, como *crime próprio*, pois somente as pessoas que têm as atribuições mencionadas nessa previsão legal é que poderão praticar tal crime. Os crimes especiais exigem dos autores uma condição ou qualidade especial para praticá-los (Ramidoff, 2012).

Aqui, de igual maneira, resumidamente, tem-se que o crime especial, ou *próprio*, para o reconhecimento da autoria delituosa, exige condição ou qualidade especial do agente que pratica uma das condutas descritas no tipo penal. Assim, o agente que praticar pelo menos uma das condutas delituosas previstas no art. 229 do Estatuto da Criança e do Adolescente deverá ser necessariamente "médico, enfermeiro ou o dirigente de estabelecimento", pois o crime ali previsto é classificado como *especial* ou *próprio*, uma vez que exige qualidades específicas para o reconhecimento jurídico-penal da autoria delituosa. Diversamente, classifica-se o crime como *comum* nas hipóteses em que a prática de conduta delituosa não exige qualquer condição ou qualidade especial do agente, para, assim, ser considerado normativamente autor do delito (Ramidoff, 2012).

### — 10.3.3 —
### Privação ilegal da liberdade da criança ou do adolescente

O art. 230 do Estatuto da Criança e do Adolescente prevê como crime a privação ilegal da liberdade de criança ou de adolescente nas hipóteses em que ocorre a apreensão de qualquer daqueles sujeitos de direito sem que exista ordem escrita da autoridade judicial competente ou não se encontrem aqueles em estado de flagrante na prática de ato infracional. A criança pode praticar ato infracional, nos termos do art. 105 da Lei n. 8.069/1990;

contudo, a atribuição legal para a resolução adequada do caso concreto é do Conselho Tutelar, conforme prevê o inciso I do art. 136, combinado com o inciso III do art. 98 e com os incisos I a VII do art. 101 do Estatuto da Criança e do Adolescente. Todavia, admite-se a contenção da criança que esteja na prática de ato infracional, desde que, imediatamente, seja comunicado ao Conselho Tutelar para que esse órgão adote as providências e medidas legais compatíveis com a proteção integral. Se não, apenas por ordem judicial escrita da autoridade judiciária competente será possível a privação da liberdade da criança (Ramidoff, 2012).

Igualmente, o adolescente pode ser apreendido em flagrante em razão da prática de ato infracional, bem como por ordem escrita da autoridade judicial competente. Entretanto, impõe-se a observância das formalidades legais para a execução da apreensão tanto da criança quanto do adolescente, pois todo aquele que proceder à apreensão sem adotar as formalidades legais incidirá nas sanções penais previstas àquele que privar indevidamente a liberdade da criança ou do adolescente. O crime previsto na primeira hipótese (proceder à apreensão de criança ou adolescente sem estar em flagrante de ato infracional), conforme o *caput* do art. 230 do Estatuto da Criança e do Adolescente, pode ser praticado por qualquer pessoa, uma vez que, se encontrando na presença de estado de flagrância, qualquer pessoa do povo pode efetuar a apreensão de adolescente. Logo, o crime correspondente a essa primeira hipótese pode ser classificado quanto à autoria como *crime comum* (Ramidoff, 2012).

Contudo, os crimes descritos respectivamente na segunda hipótese (proceder à apreensão de criança ou adolescente inexistindo ordem escrita da autoridade judiciária competente), do *caput* e no parágrafo único do art. 230 do Estatuto da Criança e do Adolescente, devem ser classificados como *crimes especiais ou próprios*, pois exigem dos agentes condições e qualidades especiais. Isto é, deverão ser necessariamente servidores públicos - conselheiro tutelar (criança infratora), delegado de polícia, escrivão, oficial de justiça, policial civil ou policial militar - que tenham atribuições legalmente previstas para cumprir "ordem escrita da autoridade judiciária competente" ou proceder "à apreensão sem observância das formalidades legais" (Ramidoff, 2012).

## — 10.3.4 —
## Falta de comunicação da apreensão de criança ou adolescente

O art. 231 do Estatuto da Criança e do Adolescente prevê como crime a não comunicação imediata da apreensão de criança ou adolescente que deve ser realizada pela autoridade policial responsável pela detenção à autoridade Judiciária competente e à família, se não, à pessoa indicada pelos apreendidos. O que se busca assegurar é a mais ampla proteção da criança e do adolescente, principalmente quando privados legalmente da liberdade, evitando-se, assim, eventuais desvios de poder, bem como assegurando a efetivação das garantias fundamentais desses sujeitos e que decorrem do devido processo legal e dos consectários da ampla defesa e do contraditório. O crime aqui previsto, além das inúmeras classificações jurídico-penais, pode ser classificado como *crime especial* ou *próprio* com relação à pessoa que praticar a conduta delituosa nele descrita, isto é, a autoridade policial responsável pela apreensão de criança ou adolescente. Esse tipo penal também pode ser classificado como *especial ou próprio* porque somente a pessoa que tem tais atribuições legais é que poderá deixar de fazer a imediata comunicação, ou seja, praticar esse crime. Isso porque, como se sabe, o crime especial ou próprio exige, para o reconhecimento da autoria delituosa, condição ou qualidade especial do agente que pratica uma das condutas descritas no tipo penal (Ramidoff, 2012).

## — 10.3.5 —
## Vexame e constrangimento ilegais

O art. 232 da Lei n. 8.069/1990 prevê como crime a submissão de criança ou adolescente a vexame ou constrangimento. A submissão a vexame ou constrangimento deverá, contudo, ser exercida por quem detenha autoridade, guarda ou vigilância da criança ou do adolescente. Dessa maneira, assegura-se que nenhuma criança ou nenhum adolescente poderá ser objeto de qualquer forma de violência, crueldade e opressão, conforme dispõe o art. 227 da Constituição da República de 1988 e o art. 3º do Estatuto da Criança e do Adolescente, que asseveram que será punido na forma da lei qualquer atentado, por ação ou omissão, aos direitos fundamentais de criança ou adolescente. De igual maneira, essa figura delitiva também pode ser classificada como *crime especial* ou *próprio* com relação à pessoa que praticar a conduta delituosa nele descrita, isto é, aquele que tem a criança ou adolescente sob sua autoridade, guarda ou vigilância. Esse tipo penal também pode ser classificado como *especial ou próprio* porque somente a pessoa que tem uma dessas atribuições legais é que poderá submeter a vexame ou a constrangimento, ou seja, praticar o comentado crime. Como já foi comentado, o crime especial ou próprio, para o reconhecimento da autoria delituosa, exige condição ou qualidade especial do agente que pratica uma das condutas descritas no tipo penal (Ramidoff, 2012).

## — 10.3.6 —
## Não ordenar imediata liberação

O art. 234 da Lei n. 8.069/1990 determina a responsabilização penal da autoridade competente, isto é, a autoridade policial, a autoridade judiciária e o conselho tutelar, que, sem justa causa, deixar de ordenar a imediata liberação de criança ou adolescente, tão logo tenha conhecimento da ilegalidade da apreensão. Afinal, como se sabe, as mencionadas autoridades gozam das atribuições legais específicas para a proteção da criança e do adolescente, e, assim, no âmbito de seus deveres legais, não poderão deixar de proceder sempre de acordo com os ditames da doutrina da proteção integral, sob pena de serem responsabilizadas administrativa, civil e criminalmente (Ramidoff, 2012).

Esse crime também pode ser classificado como *crime especial* ou *próprio* com relação à pessoa que praticar a conduta delituosa descrita no respectivo tipo penal, isto é, a autoridade competente que não ordenar a imediata liberação de criança ou adolescente.

Assim, poderão ser autores de tal conduta delituosa: delegado de polícia, na ocasião da apreensão em flagrante pela prática de ato infracional ou no cumprimento de ordem escrita da autoridade judicial competente - condução coercitiva, mandado de busca e apreensão, por exemplo; o promotor de justiça, na ocasião da ouvida informal, com eventual propositura de remissão, arquivamento e mesmo em algumas hipóteses de complementação de diligências investigatórias, em que não se opere a internação provisória, ou nos casos de se alcançar o prazo legal de 45 dias dessa espécie de internação; e o órgão julgador - juiz de direito e ou o relator nas instâncias jurisdicionais superiores. Esse tipo penal pode ser classificado como *especial ou próprio*, pois somente a pessoa que tem uma dessas atribuições legais é que poderá deixar "de ordenar a imediata liberação de criança ou adolescente, tão logo tenha conhecimento da ilegalidade da apreensão" (art. 234, Lei n. 8.069/1990). Afinal, como se sabe, o crime especial ou próprio, para o reconhecimento da autoria delituosa, exige condição ou qualidade especial do agente que pratica uma das condutas descritas no tipo penal (Ramidoff, 2012).

## — 10.3.7 —
## Descumprimento injustificado de prazo legal

O art. 235 da Lei n. 8.069/1990 prevê a aplicação de sanção penal àquele que, de qualquer forma, descumprir, injustificadamente, o prazo fixado na legislação estatutária que se destine a beneficiar o adolescente privado de liberdade. Assim, os prazos legais estabelecidos no Estatuto da Criança e do Adolescente que beneficiem o adolescente privado de liberdade não podem ser descumpridos, sem que, para tanto, exista justificação juridicamente plausível. O elemento normativo que constitui o tipo de injusto penal doloso em comento deverá ser avaliado judicialmente pelo órgão julgador, conforme as circunstâncias concretas em que ocorrer o fato punível. Ademais, tal crime pode ser classificado como *crime especial* ou *próprio* com relação à pessoa que praticar a conduta delituosa nele descrita, isto é, aquele que em razão do cargo público mantém legalmente adolescente privado de liberdade. O dirigente de entidade, o delegado de polícia, o promotor de justiça e o juiz de direito têm atribuições legais que deveriam ser cumpridas no prazo legal; contudo, muitas vezes estes injustificadamente descumprem tal prazo em benefício de adolescente privado de liberdade (Ramidoff, 2012).

## — 10.3.8 —
## Embaraçar exercício de função pública

O art. 236 da Lei n. 8.069/1990 regulamenta a responsabilização criminal de quem impedir ou embaraçar a ação de autoridade judiciária, membro do Conselho Tutelar ou representante do Ministério Público que se encontre no exercício de função estatutariamente prevista, em prol dos direitos individuais e das garantias fundamentais afetos à criança e ao adolescente. Trata-se de crime comum que pode ser praticado por qualquer pessoa, uma vez que não exige condição especial ou qualidade específica para a realização da conduta considerada delitiva. Contudo, a figura típica penal conta com diversos elementos normativos, isto é, que demandam interpretação valorativa de seu conteúdo para que assim possa aperfeiçoar-se, tanto formalmente quanto materialmente, o crime, como, por exemplo, as expressões "no exercício de função prevista nesta lei" (Ramidoff, 2012).

— 10.3.9 —

## Subtração de criança ou adolescente para colocação em lar substituto

O art. 237 do Estatuto criminaliza a subtração de criança e adolescente cuja finalidade seja a colocação em lar substituto, pois são retirados indevidamente do poder de quem os tem sob guarda em virtude de lei ou ordem judicial. A configuração do crime se vincula ao intuito de colocação em lar substituto, independentemente da motivação vil, econômica, cultural, entre outras. Logo, é possível verificar que, além do dolo geral de retirar a criança ou adolescente do poder de quem os tem legalmente, requer-se para o aperfeiçoamento da figura típica o elemento subjetivo especial (dolo específico) de colocação em outro núcleo familiar substituto (Ramidoff, 2012).

— 10.3.10 —

## Entrega ilegal de filho a terceiro, mediante pagamento ou recompensa

O art. 238 da Lei n. 8.069/1990 tipifica como crime o ato de prometer ou efetivar a entrega de filho ou pupilo a terceiro, mediante paga ou recompensa. Logo, responsabiliza criminalmente os pais ou o responsável pela assistência, guarda e educação de criança e de adolescente que prometerem ou efetivarem a entrega destes mediante obtenção de vantagem. A vantagem pode ser de cunho econômico-financeiro ou representativa de qualquer outro benefício patrimonial, pois o tipo de injusto penal doloso exige para sua configuração que se dê mediante paga ou recompensa, isto é, a venalidade da subtração de criança ou adolescente para entrega a terceiro. De igual maneira, o terceiro que receber a criança ou o adolescente, bem como quem efetivar a oferta ou mesmo o pagamento da vantagem econômica ou da recompensa, também será responsabilizado criminalmente (Ramidoff, 2012).

## — 10.3.11 — Envio ilegal de criança ou adolescente para o exterior

O art. 239 da Lei n. 8.069/1990 prevê a criminalização penal de quem promove ou auxilia a efetivação de ato destinado ao envio de criança ou adolescente para o exterior sem que sejam observadas as formalidades legais ou que tenha a intenção de obter lucro. A venalidade é uma das modalidades motivacionais para a prática da conduta delituosa sob comento, enquanto a inobservância das formalidades legais se constitui na outra fundamentação legal para a responsabilização penal. Ao envio ilegal de criança ou adolescente para o exterior, basta a promoção ou auxílio a efetivação do ato desde que se dê sem observância das formalidades legais ou movido pela ideia de lucro (Ramidoff, 2012).

A sanção penal imposta é a de reclusão de quatro a seis anos, além de multa, para a prática do crime previsto no *caput* do art. 239 do Estatuto; contudo, observa-se que a Lei n. 10.764, de 12 de novembro de 2003 (Brasil, 2003a), ao incluir o parágrafo único ao art. 239, contemplou modalidade de agravamento da sanção penal como resposta à prática deste crime, mediante emprego de violência, grave ameaça ou fraude, quando então a pena é a de reclusão, de seis a oito anos, além da possibilidade de responsabilização penal correspondente à violência.

Portanto, observa-se que o parágrafo único do art. 239 da Lei n. 8.069/1990 descreve modalidade distinta da originariamente prevista no *caput*; para as hipóteses em que houver emprego de violência, grave ameaça ou fraude, as sanções penais se tornarão agravadas não só pelo ato em si, mas também permitirão a responsabilização penal que corresponda à violência empregada.

## — 10.3.12 —
## Pornografia infantoadolescente

O art. 240 da Lei n. 8.069/1990 já previa a criminalização da pornografia infantoadolescente; contudo, com as alterações implantadas pela Lei n. 11.829, de 25 de novembro de 2008 (Brasil, 2008), agravou-se a resposta estatal de cunho repressivo-punitivo, e especificaram-se outras condutas que passam a configurar o crime de pornografia infantil, pois, trata-se de crime de conteúdo variado. Assim, quem produzir, reproduzir, dirigir, fotografar, filmar ou registrar, por qualquer meio, cena de sexo explícito ou pornográfica, envolvendo criança ou adolescente, será responsabilizado criminalmente com sanções penais, isto é, com pena privativa de liberdade e multa. A pena privativa de liberdade será a de reclusão de quatro a oito anos, além da aplicação de multa (Ramidoff, 2012).

A autoria objetivamente descrita no tipo penal é estendida a quem "agencia, facilita, recruta, coage, ou de qualquer modo intermedeia a participação de criança ou adolescente" nas cenas referidas no *caput* do art. 240 do Estatuto, ou ainda quem com crianças e adolescentes contracena. Existe, ainda, a majoração da pena em um terço se o agente comete o crime: no "exercício de cargo ou função pública ou a pretexto de exercê-la" (inciso I); ou "prevalecendo-se de relações domésticas, de coabitação ou de hospitalidade" (inciso II); ou "prevalecendo-se de relações de parentesco consanguíneo ou afim até o terceiro grau, ou por adoção, de tutor, curador, preceptor, empregador da vítima ou de quem, a qualquer outro título, tenha autoridade sobre ela, ou com seu consentimento" (inciso III).

## — 10.3.13 —
## Comercialização de pornografia infantoadolescente

Com o advento da Lei n. 11.829/2008, no Estatuto foram inseridos novos tipos de injustos penais dolosos que se referem à comercialização, divulgação, aquisição, simulação, e aliciamento de criança e adolescentes para a realização de cena ou o próprio ato de sexo explícito ou pornográfico.

No art. 241 da Lei n. 8.069/1990, responsabiliza-se criminalmente: quem vender ou expor à venda fotografia, vídeo ou outro registro que contenha cena de sexo explícito ou pornográfica envolvendo criança ou adolescente; tal-qualmente, quem agenciar, autorizar, facilitar ou, de qualquer modo, intermediar a participação de criança ou adolescente em produção referida nesse artigo, ou assegurar os meios ou serviços para o armazenamento das fotografias, cenas ou imagens produzidas na forma do *caput* desse artigo; e aquela pessoa que assegurar, por qualquer meio, o acesso, na rede mundial de computadores ou internet, das fotografias, cenas ou imagens produzidas na forma do *caput* desse artigo. A reação estatal repressivo-punitiva é agravada nos casos em que o agente comete o crime prevalecendo-se do exercício de cargo ou função; ou comete o crime com o fim de obter para si ou para outrem vantagem patrimonial (Ramidoff, 2012).

## — 10.3.14 —
## Divulgação de pornografia infantoadolescente

O novo art. 241-A do Estatuto da Criança e do Adolescente prevê como crime de conteúdo variado toda e qualquer maneira de divulgação de cenas de sexo explícito ou pornografia infantoadolescente, inclusive, as atividades sexuais simuladas por programas de computadores e por meio de sistemas de informática.

Dessa maneira, são previstas sanções penais a quem:

> Art. 241-A. Oferecer, trocar, disponibilizar, transmitir, distribuir, publicar ou divulgar por qualquer meio, inclusive por meio de sistema de informática ou telemático, fotografia, vídeo ou outro registro que contenha cena de sexo explícito ou pornográfica envolvendo criança ou adolescente:
>
> Pena – reclusão, de 3 (três) a 6 (seis) anos, e multa.

A autoria típica também é estabelecida para quem assegura os meios ou serviços para o armazenamento das fotografias, cenas ou imagens de que trata o *caput* desse artigo; ou assegura, por qualquer meio, o acesso por rede de computadores às fotografias, cenas ou imagens de que trata o *caput* desse artigo (Ramidoff, 2012).

Nessas hipóteses, o agente apenas será punido quando for "responsável legal pela prestação do serviço, oficialmente notificado", e mesmo assim "deixa de desabilitar o acesso ao conteúdo ilícito" (art. 241, § 2º), isto é, pornográfico infantoadolescente.

## — 10.3.15 —
## Aquisição de pornografia infantoadolescente

O art. 241-B da Lei n. 8.069/1990 prevê que todo aquele que adquirir, possuir ou armazenar, por qualquer meio, fotografia, vídeo ou outra forma de registro que contenha cena de sexo explícito ou pornográfica envolvendo criança ou adolescente, será responsabilizado criminalmente. Contudo, a sanção penal aplicável poderá ser diminuída de um a dois terços se de pequena quantidade o material pornográfico infantoadolescente. Entretanto, não se verificará a prática da conduta delituosa nas hipóteses de posse ou de armazenamento cuja finalidade seja a de comunicar às autoridades competentes a ocorrência das condutas delituosas descritas nos arts. 240, 241, 241-A e 241-C da Lei n. 8.069/1990, quando a comunicação for feita por agente público no exercício de suas funções; ou membro de entidade, legalmente constituída, que inclua, entre suas finalidades institucionais, o recebimento, o processamento e o encaminhamento de notícia dos referidos crimes; ou representante legal e funcionários responsáveis de provedor de acesso ou serviço prestado por meio de rede de computadores, até o recebimento do material relativo à notícia feita à autoridade policial, ao Ministério Público ou ao Poder Judiciário. Contudo, impõe-se às mencionadas pessoas que mantenham sob sigilo o material ilícito que se refere à pornografia infantoadolescente (Ramidoff, 2012).

## — 10.3.16 —
## Simulação de pornografia infantoadolescente

O art. 241-C da Lei n. 8.069/1990 criminaliza o ato de "simular a participação de criança ou adolescente em cena de sexo explícito ou pornográfica por meio de adulteração, montagem ou modificação de fotografia, vídeo ou qualquer outra forma de representação visual", inclusive, punindo "quem vende, expõe à venda, disponibiliza, distribui, publica ou divulga por qualquer meio, adquire, possui ou armazena o material produzido por aquelas adulterações, montagens ou modificações ilícitas".

Com isso, a legislação estatutária pretende assegurar toda e qualquer forma de exploração comercial, empresarial ou econômica da dignidade sexual da criança e ou do adolescente. A vulnerabilidade pessoal - física, psíquica e sexual - e social de crianças e adolescentes importa na adoção de medidas que buscam antecipar, de forma preventiva, as suas respectivas participações, por meio de determinações proibitivas que alcançam não só a produção ilegal de cenas de sexo explícito ou pornográfica, mas quem as comercializa e/ou adquire.

## — 10.3.17 —
## Assédio sexual infantoadolescente

O art. 241-D da Lei n. 8.069/1990 prevê como crime o ato de "aliciar, assediar, instigar ou constranger, por qualquer meio de comunicação, criança, com o fim de com ela praticar ato libidinoso", inclusive, responsabilizando criminalmente quem "facilita ou induz o acesso à criança de material contendo cena de sexo explícito ou pornográfica com o fim de com ela praticar ato libidinoso"; bem como quem "pratica as condutas descritas no caput deste artigo com o fim de induzir criança a se exibir de forma pornográfica ou sexualmente explícita".

## — 10.3.18 —
## Conotação jurídico-penal de pornografia infantoadolescente

O art. 241-E da Lei n. 8.069/1990 estabelece o sentido jurídico-penal (legal) do que deve ser entendido pela expressão "cena de sexo explícito ou pornográfica", a qual compreende qualquer situação que envolva criança ou adolescente em atividades sexuais explícitas, reais ou simuladas, ou exibição dos órgãos genitais de uma criança ou adolescente para fins primordialmente sexuais.

Portanto, trata-se de figura típica não incriminadora, mas que guarda conteúdo semântico destinado à aplicação da norma jurídico-penal especial, mediante a delimitação do campo interpretativo, se não, para a integração superadora de eventuais lacunas (anomias) e antinomias normativas.

## — 10.3.19 —
## Entrega ilegal de arma, munição ou explosivo para criança ou adolescente

O art. 242 da Lei n. 8.069/1990 prevê responsabilização penal para quem vender, fornecer, ainda que gratuitamente, ou entregar, de qualquer forma, para criança ou adolescente, arma, munição ou explosivo. A conduta delituosa aqui prevista também encontra delimitação na legislação especial pertinente à regulamentação da aquisição, comercialização, registro, posse e porte de arma de fogo - Lei n. 10.826, de 22 de dezembro de 2003 (Brasil, 2003b) e Decreto n. 5.123, de 1º de julho de 2004 (Brasil, 2004a).

Dessa maneira, não se afigura mais possível se alcançar eventualmente a impunidade de determinadas condutas delituosas - ainda que formais -, mediante a atribuição de responsabilidade à criança ou ao adolescente, os quais lamentavelmente ainda são utilizadas para a prática de condutas delitivas, quando não, equivocadamente - tanto jurídico-legal quanto socialmente -, para uma pretensão de isenção de culpa, isto é, de responsabilização penal (Ramidoff, 2012).

A Lei n. 10.764/2003, por sua vez, deu nova redação à perinorma da mencionada figura típica, para assim determinar a pena de reclusão de três a seis anos para quem "vender, fornecer, ainda que gratuitamente ou entregar, de qualquer forma, a criança ou adolescente arma, munição ou explosivo" (art. 242).

## — 10.3.20 —
## Fornecimento ilegal de produtos que causam dependência física ou psíquica

O art. 243 da Lei n. 8.069/1990 estabelece como crime a prática de qualquer uma das condutas normativamente descritas, isto é, o ato de "vender, fornecer, servir, ministrar ou entregar, ainda que gratuitamente, de qualquer forma, a criança ou a adolescente, bebida alcoólica ou, sem justa causa, outros produtos cujos componentes possam causar dependência física ou psíquica".

Essa é a nova redação determinada pela Lei n. 13.106, de 17 de março de 2015 (Brasil, 2015b), a qual deixou de reproduzir a expressão "ainda que por utilização indevida", passando a objetivamente descrever um tipo penal que pode ser normativamente classificado como *crime formal*; vale dizer, antecipando o resultado típico para a própria conduta, pelo que, não se exige mais a configuração material da indevida utilização do produto que contenha componentes que possam causar dependência física ou psíquica.

E isso se deu em virtude mesmo da inclusão da "bebida alcoólica" entre os elementos constitutivos dessa espécie típico-penal, cuja utilização não pode ser certamente valorada como devida ou indevida, bastando, assim, a mera conduta de vender, fornecer, servir, ministrar ou entregar.

A Lei n. 13.106/2015, igualmente, alterou a resposta estatal ao mencionado crime, estabelecendo como sanção penal a detenção de dois a quatro anos, e multa. Além disso, manteve a previsão acerca do caráter residual do comando penal especial, ante a subsidiariedade expressa (explícita), qual seja, "se o fato não constitui crime mais grave" (art. 243), a depender da maior gravidade da ofensa ao bem jurídico protegido, devendo prevalecer a norma penal que atende especificamente ao crime mais grave (*Lex primaria derogat legi subsidiaria*).

A mencionada figura legislativa está em linha com as diretrizes estatutárias estabelecidas para a prevenção de ameaças e violências contra os direitos da criança e do adolescente, nos moldes do que foi consignado na Seção II, do Capítulo II, do Título III, do Livro I do Estatuto da Criança e do Adolescente; em especial, à proibição da venda a criança ou adolescente de bebidas alcoólicas, bem como produtos cujos componentes possam causar dependência física ou psíquica, ainda que por utilização indevida. O agente que vende, fornece, ministra ou entrega a menor de 18 anos bebida alcoólica, ou qualquer produto composto por substância que cause dependência física ou psíquica, incorre ao art. 243 da Lei n. 8.069/1990 (Ramidoff, 2015). De igual maneira, essa determinação engloba agente que "vende, fornece, ministra ou entrega a interposta pessoa para que distribua produto cujos componentes possam causar dependência física ou psíquica, ainda que por utilização indevida a crianças ou adolescentes". A comercialização de bebida alcoólica para pessoas com idade inferior a 18 anos é expressamente vedada pelo Estatuto da Criança e do Adolescente (art. 81, I, Lei n. 8.069/1990).

— 10.3.21 —

## Fornecimento ilegal de fogos de artifício

O art. 244 da Lei n. 8.069/1990 prevê que a venda, o fornecimento, ainda que gratuitamente, ou a entrega, de qualquer forma, para criança ou adolescente de fogos de estampido ou de artifício, exceto aqueles que, pelo seu reduzido potencial, sejam incapazes de provocar "qualquer dano físico em caso de utilização indevida", constitui cada uma *de per si* em conduta delituosa passível de responsabilização penal.

Contudo, observa-se que os fogos de estampido ou de artifício que são autorizados legalmente para a comercialização, o fornecimento e a entrega para criança ou adolescente que devidamente se encontrem acompanhados e orientados por seus pais ou responsável, por certo, não ensejam responsabilização penal, desde que sejam observadas as recomendações legais para o acesso e a utilização desses produtos (Ramidoff, 2012).

— 10.3.22 —

## Abuso, violência e exploração sexual infantoadolescente

O art. 244-A da Lei n. 8.069/1990 criminaliza a conduta típica de submeter criança ou adolescente à prostituição ou à exploração sexual, prevendo que o proprietário, o gerente ou o responsável pelo local em que se verifique a submissão de criança ou adolescente àquelas práticas, também serão criminalmente responsabilizados. Entretanto, destaca-se que a responsabilização criminal do proprietário, o gerente ou o responsável, certamente, deverá ser individualizada, e, quando houver concurso eventual de pessoas, impõe-se a observância da denominada *cláusula de salvação*, isto é, "na medida da culpabilidade" de cada um dos agentes (art. 224-A, § 1º). No mais, tem-se como efeito secundário e obrigatório da sentença penal condenatória a cassação da licença de localização e de funcionamento do estabelecimento (art. 224-A, § 2º) em que se verifique a submissão de crianças ou adolescentes à prostituição ou à exploração sexual (Ramidoff, 2012).

A Lei n. 13.440, de 8 de maio de 2017 (Brasil, 2017d), alterou a sanção penal legalmente estabelecida para a mencionada figura típica penal, passando, assim, a ser pena de reclusão de quatro a dez anos e multa.

De igual maneira, impõe-se como sanção penal a perda de bens e valores utilizados na prática criminosa em favor do Fundo dos Direitos da Criança e do Adolescente da unidade da Federação (estado ou Distrito Federal) em que foi cometido o crime.

Contudo, observa-se que a comentada alteração legislativa expressamente assegurou o direito de terceiro de boa-fé acerca da possibilidade de imposição da perda de bens e valores, ainda que utilizados na prática delitiva (prostituição ou exploração sexual infantoadolescente).

A permanência – e mesmo a habitualidade – e a menoridade são condições/circunstâncias que devem concorrer e, portanto, ser demonstradas mediante meios de prova, em direito admitidos, para a configuração do comentado tipo penal especial (submissão à prostituição ou exploração sexual infantoadolescente).

Por se tratar de crime caracteristicamente permanente, isto é, aquele em que a ação e a consumação se prolongam pelo tempo, consoante a vontade do agente, vale dizer, enquanto se protrair no tempo a execução e a consumação da submissão de criança ou adolescente à prostituição ou à exploração sexual, entende-se que o agente pratica esse crime especial, podendo ser preso em flagrante em delito.

## — 10.3.23 —
## Corrupção infantoadolescente

Essa nova figura legislativa penal (art. 244-B) fora incluída na Lei n. 8.069/1990 por meio da Lei n. 12.015, de 7 de agosto de 2009 (Brasil, 2009b). O art. 244-B do Estatuto da Criança e do Adolescente criminaliza a conduta típica de corromper ou facilitar a corrupção de criança ou adolescente, isto é, de pessoas com idade inferior a 18 anos, precisamente, quando lhes determina ou com elas pratica infração penal (crime, contravenção penal ou mesmo de menor potencial ofensivo) ou, então, induz a praticá-la. A consequência jurídica é a pena privativa de liberdade, isto é, a reclusão de um a quatro anos. No parágrafo 1º está prevista a equiparação normativa da incriminação penal do agente que corromper ou facilitar a corrupção de crianças e adolescentes mediante a utilização de quaisquer meios eletrônicos, ainda que por meio das salas de bate-papo da internet (Ramidoff, 2012).

O parágrafo 2º, por sua vez, descreve o aumento de pena – um terço – a ser computado nas sanções penais previstas no *caput* nas hipóteses em que se verificar que a infração penal cometida ou induzida constituir qualquer um dos crimes legalmente descritos como hediondos, conforme o rol do art. 1º da Lei n. 8.072, de 25 de julho de 1990 (Brasil, 1990c) – Lei dos Crimes Hediondos.

## — 10.4 —
## Infrações administrativas

As infrações administrativas se encontram previstas nos arts. 245 a 258 da Lei n. 8.069/1990 e objetivam a prevenção, a promoção e a defesa dos direitos fundamentais destinados à criança e ao adolescente por meio da responsabilização administrativa e civil de entidades e de seus dirigentes, bem como dos agentes que desenvolvem atividades diretas com aquelas subjetividades.

## — 10.4.1 —
## Espécies

Assim, conforme o art. 245 da Lei n. 8.069/1990, ocorre infração administrativa quando:

> Art. 245. Deixar o médico, professor ou responsável por estabelecimento de atenção à saúde e de ensino fundamental, pré-escola ou creche, de comunicar à autoridade competente os casos de que tenha conhecimento, envolvendo suspeita ou confirmação de maus-tratos contra criança ou adolescente:
>
> Pena – multa de três a vinte salários de referência, aplicando-se o dobro em caso de reincidência.

Certamente, pratica infração administrativa, passível responsabilização pelo pagamento de "multa de três a vinte salários de referência, aplicando-se o dobro em caso de reincidência" (art. 246, Lei n. 8.069/1990) o responsável ou funcionário de entidade de atendimento que impedir o exercício dos direitos do adolescente privado de liberdade, entre eles: o de peticionar diretamente a qualquer autoridade; o de avistar-se reservadamente com seu defensor; o de receber visitas, ao menos semanalmente; o de corresponder-se com seus familiares e amigos; o de receber escolarização e profissionalização.

A divulgação, "total ou parcialmente, sem autorização devida, por qualquer meio de comunicação, de nome, ato ou documento de procedimento policial, administrativo ou judicial relativo a criança ou adolescente a que se atribua ato infracional" também constitui infração administrativa, que impõe o pagamento de multa de 3 a 20 salários de referência, aplicando-se o dobro em caso de reincidência (art. 247, Lei n. 8.069/1990).

A responsabilização também se atribui a quem "exibe, total ou parcialmente, fotografia de criança ou adolescente envolvido em ato infracional, ou qualquer ilustração que lhe diga respeito ou se refira a atos que lhe sejam atribuídos, de forma a permitir sua identificação, direta ou indiretamente" (art. 247, § 1º, Lei n. 8.069/1990).

Originariamente, o Estatuto da Criança e do Adolescente previa, no art. 248, a responsabilização de quem deixava de "apresentar à autoridade judiciária de seu domicílio, no prazo de cinco dias, com o fim de regularizar a guarda, adolescente trazido de outra comarca para a prestação de serviço doméstico", ainda que autorizado pelos pais ou responsável. Contudo, observa-se que a Lei n. 113.431, de 4 de abril de 2017 (Brasil, 2017a), que regulamentou o sistema de garantia de direitos da criança e do adolescente vítima ou testemunha de violência, alterou a Lei n. 8.069/1990 e, assim, revogou expressamente o art. 248.

O Estatuto da Criança e do Adolescente também prevê que o "descumprimento, dolosa ou culposamente, dos deveres inerentes ao poder familiar ou decorrente de tutela ou guarda, bem assim determinação da autoridade judiciária ou proveniente do Conselho Tutelar" (art. 249), constitui infração administrativa que impõe o pagamento de multa de 3 a 20 salários de referência, aplicando-se o dobro em caso de reincidência.

Igualmente, constitui infração administrativa o ato de hospedar criança ou adolescente desacompanhado dos pais ou responsável, ou sem autorização escrita desses ou da autoridade judiciária, em hotel, pensão, motel ou congênere (art. 250 da Lei n. 8.069/1990); aliás, nos casos de reincidência, a autoridade judiciária poderá determinar o fechamento do estabelecimento por até 15 dias (Ramidoff, 2012).

No entanto, nas hipóteses em que for comprovada a reincidência, por período inferior a 30 dias, o estabelecimento poderá ser definitivamente fechado e sua licença de funcionamento será cassada, consoante as alterações decorrentes da Lei n. 12.038, de 1º de outubro de 2009 (Brasil, 2009d).

O art. 251 da Lei n. 8.069/1990 prevê como infração administrativa o ato de "Transportar criança ou adolescente, por qualquer meio, com inobservância do disposto nos arts. 83, 84 e 85 desta Lei", ou seja, sem autorização judicial para viajar, nos casos em que é exigível. No entanto, esse dispositivo se encontra com aplicação mitigada em razão das Resoluções n. 51 e n. 55 do Conselho Nacional de Justiça (CNJ, 2022).

O responsável por diversão ou espetáculo público que "deixar de afixar, em lugar visível e de fácil acesso, à entrada do local de exibição, informação destacada sobre a natureza da diversão ou espetáculo e a faixa etária especificada no certificado de classificação" (art. 252 da Lei n. 8.069/1990) (Ramidoff, 2012), também pratica infração administrativa, tornando-se, assim, passível de responsabilização pelo pagamento de "multa de três a vinte salários de referência, aplicando-se o dobro em caso de reincidência" (art. 252).

É infração administrativa o ato de anunciar "peças teatrais, filmes ou quaisquer representações ou espetáculos, sem indicar os limites de idade a que não se recomendem", nos termos do art. 253 da Lei n. 8.069/1990, impondo-se, pois, ao infrator o pagamento de "multa de três a vinte salários de referência, duplicada em caso de reincidência, aplicável, separadamente, à casa de espetáculo e aos órgãos de divulgação ou publicidade" (art. 253).

A transmissão de espetáculo sem aviso de sua classificação por meio de rádio ou televisão constitui infração administrativa que impõe ao responsável direto e legal pela difusão pagamento de multa de 20 a 100 salários de referência, que, poderá ser duplicada em caso de reincidência; bem como a autoridade judiciária poderá determinar a suspensão da programação da emissora por até dois dias, essa é a previsão do art. 254 da Lei n. 8.069/1990 (Ramidoff, 2012).

A exibição de "filme, trailer, peça, amostra ou congênere classificado pelo órgão competente como inadequado às crianças ou adolescentes então admitidos ao espetáculo", constitui infração administrativa prevista no art. 255 do Estatuto da Criança e do Adolescente, o qual determina o pagamento de multa de 20 a 100 salários de referência, sendo certo que nos casos de reincidência, a autoridade poderá determinar a suspensão do espetáculo ou o fechamento do estabelecimento por até 15 dias.

As empresas que comercializem ou aluguem fitas de programação em vídeo ou material congênere – comumente denominado de "CD" ou "DVD" – se não, os acessos ao conteúdo programático, em razão mesmo do avanço tecnológico, deverão observar as recomendações e classificações do entretenimento que forem estabelecidas pelo órgão competente (art. 256 da Lei n. 8.069/1990). Não se trata de censura, mas de recomendação/classificação de tais programações, impedindo-se, assim, a venda ou a locação indiscriminada de fitas ou material congênere, em desacordo com a indicação etária atribuída pelo órgão competente. A responsabilização administrativa poderá ser de multa de 3 a 20 salários de referência, sendo certo que nos casos de reincidência, a autoridade judiciária poderá determinar o fechamento do estabelecimento por até 15 dias (Ramidoff, 2012).

O art. 78 da Lei n. 8.069/1990 prescreve que "as revistas e publicações contendo material impróprio ou inadequado a crianças e adolescentes deverão ser comercializadas em embalagem lacrada, com a advertência de seu conteúdo"; além disso, as "editoras cuidarão para que as capas que contenham mensagens pornográficas ou obscenas sejam protegidas com embalagem opaca". O art. 79 da Lei n. 8.069/1990, por sua vez, determina que as "revistas e publicações destinadas ao público infantoadolescente não poderão conter ilustrações, fotografias, legendas, crônicas ou anúncios de bebidas alcoólicas, tabaco, armas e munições, e deverão respeitar os valores éticos e sociais da pessoa e da família".

Em virtude disso, todo aquele que comercializar revistas e publicações impróprias ou inadequadas para a criança e o adolescente deverá fazê-lo por meio de embalagem lacrada, e com advertências acerca de seu conteúdo. As editoras também deverão distribuir suas publicações em embalagens opacas sempre que as capas contiverem mensagens pornográficas ou obscenas. Ademais, todo aquele que publicar e produzir (ilustrar, fotografar, legendar, comentar, anunciar, de qualquer outra forma veicular) revistas e demais publicações que se destinem ao público infantoadolescente deverá observar as limitações legais previstas no Estatuto da Criança e do Adolescente (Ramidoff, 2012).

É precisamente o conteúdo normativo disposto no art. 257 da Lei n. 8.069/1990 que remete ao cumprimento das obrigações constante nos arts. 78 e 79, sob pena do pagamento de "multa de três a vinte salários de referência, que, nos casos de reincidência, importarão na duplicidade da pena, sem prejuízo de apreensão da revista ou publicação".

O art. 258 do Estatuto da Criança e do Adolescente estabelece a responsabilização administrativa do responsável legal pelo estabelecimento ou o empresário que deixar de observar o que dispõe a legislação estatutária acerca do acesso de criança ou adolescente aos locais de diversão, ou sobre sua participação em espetáculo (Ramidoff, 2012).

A consequência legal é o pagamento de multa de 3 a 20 salários de referência, sendo certo que nos casos de reincidência, a autoridade judiciária poderá determinar o fechamento do estabelecimento por até 15 dias.

Com o advento da Lei n. 12.010, de 3 de agosto de 2009 (Brasil, 2009a), foram acrescentados ao Estatuto da Criança e do Adolescente os arts. 258-A e 258-B. A primeira figura legislativa (art. 258-A) prescreve que constitui infração administrativa a omissão da autoridade competente, ao deixar de providenciar a instalação e a operacionalização dos cadastros: de registro das crianças e adolescentes em condições de serem adotados; de pessoas interessadas na adoção; e de crianças e adolescentes em regime de acolhimento familiar e institucional (art. 50 e parágrafo 11 do art. 101). Por similitude normativa, as autoridades responsáveis pela efetuação do cadastramento de crianças e de adolescentes em condições de serem adotadas, de pessoas ou casais habilitados à adoção e de crianças e adolescentes em regime de acolhimento institucional ou familiar também incorrem nas mesmas sanções previstas para a autoridade que deixar de providenciar a instalação e operacionalização dos cadastros. A sanção administrativa prevista é a de multa de R$ 1.000,00 (mil reais) a R$ 3.000,00 (três mil reais). A segunda figura legislativa (art. 258-B) prevê como infração administrativa o fato de o médico, o enfermeiro ou o dirigente de estabelecimento de atenção à saúde de gestante deixar de efetuar imediato encaminhamento à autoridade judiciária dos casos que tiver conhecimento que a mãe ou gestante se interesse em entregar seu filho para adoção (Ramidoff, 2012).

A figura legislativa apenas obriga e, assim, responsabiliza aqueles que têm uma das condições específicas expressamente descritas, isto é, deverá ser ou médico, ou enfermeiro ou dirigente, para que se caracterize o dever legal de efetuar o encaminhamento imediato à autoridade judiciária. Por equiparação normativa, o funcionário de programa oficial ou comunitário destinado à garantia do direito à convivência familiar que deixa de efetuar a comunicação à autoridade judiciária também incorrerá na sanção prevista – multa de R$ 1.000,00 (mil reais) a R$ 3.000,00 (três mil reais), então, originariamente, destinada para os mencionados responsáveis pelo imediato encaminhamento descrito na lei (Ramidoff, 2012).

A Lei n. 13.106/2015 acrescentou o art. 258-C à Lei n. 8.069/1990, o qual passou a responsabilizar administrativamente o descumprimento da proibição estabelecida no inciso II do art. 81 (infração administrativa), que proíbe a venda à criança ou ao adolescente de bebidas alcoólicas, cominando a pena de multa de R$ 3.000,00 (três mil reais) a R$ 10.000,00 (dez mil reais); bem como a medida administrativa de "interdição do estabelecimento comercial até o recolhimento da multa aplicada".

Em virtude dessa nova regulamentação, revogou-se o inciso I do art. 63 do Decreto-Lei n. 3.688, de 3 de outubro de 1941 (Brasil, 1941a) – Lei das Contravenções Penais, que disciplinava a contravenção penal de "servir bebidas alcoólicas a menor de dezoito anos".

O art. 260 da Lei n. 8.069/1990 regulamenta as doações que podem ser realizadas aos respectivos fundos da criança e do adolescente – nacional, distrital, estatuais e municipais –, inclusive, com dedução no imposto de renda, no limite de 1% (um por cento) do imposto sobre a renda devido pelas pessoas jurídicas; e 6% (seis por cento) do imposto sobre a renda apurado pelas pessoas físicas.

A Lei n. 13.257, de 8 de março de 2016 (Brasil, 2016a), por sua vez, alterou os parágrafos 1º e 2º do art. 260 da Lei n. 8.069/1990, com o intuito de estabelecer prioridades e critérios de utilização das dotações subsidiadas e demais receitas para incentivo ao acolhimento e atenção integral à primeira infância em áreas de maior carência socioeconômica e em situações de calamidade.

A Lei n. 12.594, de 18 de janeiro de 2012 (Brasil, 2012a) – Lei do Sistema Nacional de Atendimento Socioeducativo (Sinase) – além de regulamentar o acompanhamento do cumprimento das medidas socioeducativas judicialmente determinadas ao adolescente a quem se atribuiu a prática ou envolvimento em uma conduta conflitante com a lei, alterou a redação dos arts. 260, 260-A a 206-L da Lei n. 8.069/1990, disciplinando, assim, as doações ao Fundo dos Direitos da Criança e do Adolescente, então realizadas por pessoa jurídica e pessoa física.

# Capítulo 11

## *Disposições finais e transitórias*

A edição popular é uma das principais formas de conhecimento e acesso à informação acerca dos textos legislativos que são elaborados pelo Poder Legislativo pátrio. Até porque, como se sabe, ninguém se isenta de cumprir a legislação nacional simplesmente pelo fato de não a conhecer. Por isso mesmo, a medida prevista no art. 265 é providência que se impõe para a mais ampla mobilização da opinião pública, consoante prevê o inciso VII, do art. 88 da Lei n. 8.069, de 13 de julho de 1990 (Brasil, 1990) (Ramidoff, 2012).

De outro lado, observa-se que a formatação democrática dessa nova legislação humanitária afeta à criança e ao adolescente também se preocupou com a possibilidade concreta de mutação cultural que efetivamente se opera não a partir tão-somente do texto legal. Mas, principalmente, por meio dos aparelhos ideológicos que estão muito mais capacitados à mobilização social e setorial, precisamente por cuidarem diretamente da proteção integral da criança e do adolescente, tecendo permanentemente a denominada *rede de proteção*, como o são as escolas e as entidades de atendimento e de defesa dos direitos da criança e do adolescente.

A Lei n. 13.257/2016, em linha com a orientação acerca da mobilização da opinião pública – e mesmo do senso comum (técnico) – acrescentou o art. 265-A à Lei n. 8.069/1990, que determina ao poder público o dever legal de "periodicamente fazer ampla divulgação dos direitos da criança e do adolescente nos meios de comunicação social, a qual deverá ser veiculada em linguagem clara, compreensível e adequada a crianças e adolescentes".

O instituto da *vacacio legis* também foi utilizado na implementação do Estatuto da Criança e do Adolescente (art. 266), haja vista que se tratava, à época, e, porque não se considerar também ainda hoje, uma legislação ultramoderna e superlativamente democrática, precisamente, por (re)democratizar as relações sociais regulamentadas a partir de concepções inovadoras acerca não só da subjetividade jurídica protegida - crianças e adolescentes -, mas, sobremodo, pela completa reformulação do Sistema de Justiça Infantoadolescente. Era preciso, sim, e, talvez, ainda, hoje, ampla mobilização social para que os novos valores humanitários consagrados no Estatuto da Criança e do Adolescente sejam pautados nas agendas públicas, se não, primordialmente, compartilhados culturalmente nos diversos segmentos sociais (Ramidoff, 2012).

O parágrafo único do art. 266 encontra-se em consonância com o inciso VII do art. 88, uma vez que intenta ampla divulgação e esclarecimentos acerca das novas diretrizes jurídico-políticas de viés protetivo integral da criança e do adolescente. Ao longo do tempo, já se percebeu que, muito antes da vigência legal do Estatuto da Criança e do Adolescente, essas novas diretrizes humanitárias deveriam ser amplamente divulgadas para que assim pudessem se efetivar no universo mental (cultural) e comunitário (político) dos inúmeros segmentos sociais. Isto é, desde o grupo familiar e comunitário até os lugares estratégicos e técnico-científicos (acadêmicos e profissionais) em que se desenvolvem estudos, pesquisas e extensões; quando não projetam as opções que deverão ser adotadas acerca do destino do povo e da nação brasileira (Ramidoff, 2012).

O art. 267 da Lei n. 8.069/1990 revogou expressamente a Lei n. 4.513, de 1º de dezembro de 1964 (Brasil, 1964), que tratava da "Política Nacional do Bem-Estar do Menor", bem como das instituições públicas – Fundação Nacional do Bem-Estar do Menor (Funabem) e Fundação Estadual para o Bem-Estar do Menor (Febem) – em que crianças e adolescentes eram "abrigados" e "internados" de acordo com as concepções e metodologias da época de um Estado que jamais foi democrático (constitucional) – *sub lege* –, mas sempre de direito – *per lege.*

O Estatuto da Criança e do Adolescente também revogou expressamente o Código de Menores – Lei n. 6.697, de 10 de outubro de 1979 (Brasil, 1979) – que se fundava sobre os (pré)conceitos oriundos teórico-pragmaticamente da doutrina da situação irregular, ou na excessiva discricionariedade administrativa e judicial do órgão julgador, que, por vezes, consolidava-se em uma absoluta arbitrariedade jurisdicional (Ramidoff, 2012).

# Considerações finais

Esta obra, para além de constituir comunicação técnico-profissional acerca do Estatuto da Criança e do Adolescente, por meio dos comentários das regras que regulamentam a atuação dos diversos operadores, agentes e auxiliares no Sistema de Justiça Infantoadolescentes, tem fins pedagógicos. Ela foi construído sob o propósito de auxiliar o desenvolvimento do estudo, da pesquisa e da extensão universitária acerca dos interesses coletivos e indisponíveis, dos direitos individuais e sociais e das garantias fundamentais constitucional e infraconstitucionalmente reconhecidos à criança e ao adolescente na condição de sujeitos de direito.

Em virtude dessas objetividades, buscou-se destacar em cada regra estatutária os entendimentos doutrinários e jurisprudenciais consolidados durante a existência jurídica da Lei n. 8.069, de 13 de julho de 1990 (Brasil, 1990b), bem como cada uma de suas alterações que atualizaram as regulamentações de categorias jurídico-legais especificamente constituídas para a plena efetivação da cidadania infantoadolescente.

Este livro é caracteristicamente dialético, uma vez que, em linguagem direta, procura dialogar com o(a) leitor(a) por meio da diversificação dos dispositivos de comunicação que se destinam à circulação de informações técnicas e mais precisas sobre o que se convencionou denominar *direito da criança e do adolescente.*

Contudo, observa-se que, apesar da autonomia técnica e profissional dos dados e informações veiculadas nesta obra, é de fundamental importância a interlocução multidisciplinar no estudo e na pesquisa do direito da criança e do adolescente, com base nas indispensáveis contribuições das demais áreas do saber para a mais completa compreensão dos acontecimentos sociais então contemplados pelas regulamentações dispostas na Lei n. 8.069/1990, o Estatuto da Criança e do Adolescente.

O Estatuto regulamentou, com mais especificidade e amplitude, o que se encontra disposto no art. 227 da Constituição da República de 1988, que consolidou no ordenamento jurídico brasileiro os direitos humanos especialmente destinados à criança e ao adolescente como sujeitos de direito.

O Brasil, assim, alinhou-se com a teoria e a prática internacional, então orientadas pela vertente humanitária denominada *doutrina da proteção integral*, a qual foi incorporada ao ordenamento jurídico brasileiro com o objetivo de defender e promover a efetivação de interesses, direitos e garantias indispensáveis à plenitude do exercício da cidadania infantoadolescente.

Proteger interesses coletivos e indisponíveis, direitos individuais e sociais e garantias fundamentais é reconhecê-los legal – constitucional e estatutariamente – como critérios objetivos a serem utilizados como mínimo ético para toda e qualquer intervenção estatal advinda de qualquer um dos poderes públicos, Legislativo, Executivo e Judiciário.

A previsão de instrumentos, categorias e medidas legais, ou mesmo políticas e executivas, deve ser orientada pela priorização do atendimento integral da criança e do adolescente, buscando-se e efetividade jurídica e social das decisões judiciais em prol da emancipação subjetiva desses novos sujeitos de direito.

A emancipação subjetiva a ser buscada, materialmente, constitui-se na sempre possível melhoria da qualidade de vida individual e coletiva da criança, do adolescente e dos respectivos núcleos familiares.

Dessarte, entende-se que a responsabilidade pela emancipação subjetiva da criança e do adolescente é de todos, seja por meio de medidas de prevenção, seja mediante a construção permanente de rede de proteção, bem como por intermédio da aplicação/interpretação das leis de regência – Constituição da República de 1988 e Estatuto da Criança e do Adolescente –, então orientadas pela doutrina da proteção integral, a qual consolida fundamentos e princípios humanitários (critérios hermenêuticos) para a efetivação legal, jurídica, política, econômica e social da cidadania infantoadolescente.

O Estatuto da Criança e do Adolescente, portanto, constitui-se no instrumental jurídico-legal apto para o pleno exercício dos direitos e das garantias que consubstanciam a cidadania infantoadolescente, motivo pelo qual a adequada aplicação de suas regras é fundamental para a emancipação subjetiva da criança e do adolescente, uma vez que são sujeitos de direito – e não mais objetos de tutela – que se encontram na condição humana peculiar de desenvolvimento.

# Referências


ALVES, R. B. **Direito da infância e da adolescência**. São Paulo: Saraiva. 2005. (Coleção Curso e Concurso).

BARATTA, A. Infância e democracia. In: MÉNDEZ, E. G.; BELOFF, M. **Infância, lei e democracia na América Latina**: análise crítica do panorama legislativo no marco da Convenção Internacional dos Direitos da Criança (1990-1998). Blumenau: Edifurb, 2001.

BATISTA, N. **Introdução crítica ao direito penal brasileiro**. Rio de Janeiro: Revan, 1990.

BATISTA, V. M. **Difíceis ganhos fáceis**: drogas e adolescência pobre no Rio de Janeiro. 2. ed. Rio de Janeiro: Revan, 2003.

BATISTA, V. M. **Introdução crítica à criminologia brasileira**. Rio de Janeiro: Revan, 2011.

BAZÍLIO, L. C. **Crianças e adolescentes**: produção de conhecimento em um programa de pós-graduação. Rio de Janeiro: Ravil, 2004.

BRASIL. Constituição (1988). **Diário Oficial da União**, Brasília, DF, 5 out. 1988. Disponível em: <http://www.planalto.gov.br/ccivil_03/constituicao/constituicao.htm> Acesso em: 30 jun. 2022.

BRASIL. Decreto n. 3.087, de 21 de junho de 1999. **Diário Oficial da União**, Poder Executivo, 22 jun. 1999. Disponível em: <http://www.planalto.gov.br/ccivil_03/decreto/d3087.htm>. Acesso em: 21 jun. 2022.

BRASIL. Decreto n. 5.123, de 1º de julho de 2004. **Diário Oficial da União**, Poder Executivo, 2 jul. 2004a. Disponível em: <http://www.planalto.gov.br/ccivil_03/_ato2004-2006/2004/decreto/d5123.htm>. Acesso em: 30 jun. 2022.

BRASIL. Decreto-Lei n. 2.848, de 7 de dezembro de 1940. **Diário Oficial da União**, Poder Executivo, 31 dez. 1940. Disponível em: <http://www.planalto.gov.br/ccivil_03/decreto-lei/del2848.htm>. Acesso em: 21 jun. 2022.

BRASIL. Decreto-Lei n. 3.688, de 3 de outubro de 1941. Lei das Contravenções Penais. **Diário Oficial da União**, Poder Executivo, 13 out. 1941a. Disponível em: <http://www.planalto.gov.br/ccivil_03/decreto-lei/del3688.htm>. Acesso em: 30 jun. 2022.

BRASIL. Decreto-Lei n. 3.689, de 3 de outubro de 1941. **Diário Oficial da União**, Poder Executivo, 13 out. 1941b. Disponível em: <http://www.planalto.gov.br/ccivil_03/decreto-lei/del3689.htm>. Acesso em: 23 jun. 2022.

BRASIL. Decreto-Lei n. 4.048, de 22 de janeiro de 1942. **Diário Oficial da União**, Poder Executivo, 22 jan. 1942. Disponível em: <http://www.planalto.gov.br/ccivil_03/decreto-lei/1937-1946/del4048.htm>. Acesso em: 23 jun. 2022.

BRASIL. Decreto-Lei n. 5.452, de 1º de maio de 1943. **Diário Oficial da União**, Poder Executivo, 9 ago. 1943. Disponível em: <http://www.planalto.gov.br/ccivil_03/decreto-lei/del5452.htm>. Acesso em: 21 jun. 2022.

BRASIL. Decreto-Lei n. 8.621, de 10 de janeiro de 1946. **Diário Oficial da União**, Poder Executivo, 12 jan. 1946. Disponível em: <http://www.planalto.gov.br/ccivil_03/decreto-lei/1937-1946/del8621.htm>. Acesso em: 23 jun. 2022.

BRASIL. Emenda Constitucional n. 20, de 15 de dezembro de 1998. **Diário Oficial da União**, Poder Legislativo, 16 dez. 1998. Disponível em: <http://www.planalto.gov.br/ccivil_03/constituicao/emendas/emc/emc20.htm>. Acesso em: 21 jun. 2022.

BRASIL. Emenda Constitucional n. 45, de 30 de dezembro de 2004. **Diário Oficial da União**, Poder Legislativo, 30 dez. 2004b. Disponível em: <http://www.planalto.gov.br/ccivil_03/constituicao/emendas/emc/emc45.htm>. Acesso em: 30 jun. 2022.

BRASIL. Emenda Constitucional n. 53, de 19 de dezembro de 2006. **Diário Oficial da União**, Poder Legislativo, 20 dez. 2006a. Disponível em: <http://www.planalto.gov.br/ccivil_03/constituicao/emendas/emc/emc53.htm>. Acesso em: 21 jun. 2022.

BRASIL. Lei n. 1.341, de 25 de janeiro de 1951. **Diário Oficial da União**, 1 fev. 1951. Disponível em: <http://www.planalto.gov.br/ccivil_03/leis/1950-1969/l1341.htm>. Acesso em: 29 jun. 2022.

BRASIL. Lei n. 4.513, de 1. de dezembro de 1964. **Diário Oficial da União**, Poder Legislativo, 4 dez. 1964. Disponível em: <http://www.planalto.gov.br/ccivil_03/leis/1950-1969/l4513.htm>. Acesso em: 30 jun. 2022.

BRASIL. Lei n. 5.537, 21 de novembro de 1968. **Diário Oficial da União**, Poder Legislativo, 22 nov. 1968. Disponível em: <http://www.planalto.gov.br/ccivil_03/leis/l5537.htm>. Acesso em: 23 jun. 2022.

BRASIL. Lei n. 6.697, de 10 de outubro de 1979. **Diário Oficial da União**, Poder Legislativo, 11 out. 1979. Disponível em: <https://www.planalto.gov.br/ccivil_03/leis/1970-1979/l6697.htm>. Acesso em: 30 jun. 2022.

BRASIL. Lei n. 7.210, de 11 de julho de 1984. **Diário Oficial da União**, Poder Executivo, 13 jul. 1984. Disponível em: <http://www.planalto.gov.br/ccivil_03/leis/l7210.htm>. Acesso em: 23 jun. 2022.

BRASIL. Lei n. 7.347, de 24 de julho de 1985. **Diário Oficial da União**, Poder Executivo, 25 jul. 1985. Disponível em: <http://www.planalto.gov.br/ccivil_03/leis/l7347orig.htm>. Acesso em: 29 jun. 2022.

BRASIL. Lei n. 7.560, de 19 de dezembro de 1986. **Diário Oficial da União**, Poder Executivo, 23 dez. 1986. Disponível em: <http://www.planalto.gov.br/ccivil_03/leis/L7560.htm>. Acesso em: 23 jun. 2022.

BRASIL. Lei n. 7.998, de 11 de janeiro de 1990. **Diário Oficial da União**, Poder Legislativo, 12 jan. 1990a. Disponível em: <http://www.planalto.gov.br/ccivil_03/leis/l7998.htm>. Acesso em: 23 jun. 2022.

BRASIL. Lei n. 8.069, de 13 de julho de 1990. **Diário Oficial da União**, Poder Legislativo, 16 jul. 1990b. Disponível em: <http://www.planalto.gov.br/ccivil_03/leis/l8069.htm>. Acesso em: 11 maio 2022.

BRASIL. Lei n. 8.072, de 25 de julho de 1990. **Diário Oficial da União**, Poder Legislativo, 26 jul. 1990c. Disponível em: <http://www.planalto.gov.br/ccivil_03/leis/l8072.htm>. Acesso em: 30 jun. 2022.

BRASIL. Lei n. 8.315, de 23 de dezembro de 1991. **Diário Oficial da União**, Poder Legislativo, 24 dez. 1991. Disponível em: <http://www.planalto.gov.br/ccivil_03/leis/l8315.htm>. Acesso em: 23 jun. 2022.

BRASIL. Lei n. 8.560, de 29 de dezembro de 1992. **Diário Oficial da União**, Poder Legislativo, 29 dez. 1992. Disponível em: <http://www.planalto.gov.br/ccivil_03/leis/l8560.htm>. Acesso em: 21 jun. 2022.

BRASIL. Lei n. 8.625, de 12 de fevereiro de 1993. **Diário Oficial da União**, Poder Executivo, 15 fev. 1993a. Disponível em: <http://www.planalto.gov.br/ccivil_03/leis/l8625.htm>. Acesso em: 29 jun. 2022.

BRASIL. Lei n. 8.706, de 14 de setembro de 1993. **Diário Oficial da União**, Poder Legislativo, 15 set. 1993b. Disponível em: <http://www.planalto.gov.br/ccivil_03/leis/1989_1994/L8706.htm>. Acesso em: 23 jun. 2022.

BRASIL. Lei n. 9.394, de 20 de dezembro de 1996. **Diário Oficial da União**, Poder Legislativo, 23 dez. 1996. Disponível em: <http://www.planalto.gov.br/ccivil_03/leis/l9394.htm>. Acesso em: 30 jun. 2022.

BRASIL. Lei n. 9.099, de 26 de setembro de 1995. **Diário Oficial da União**, Poder Legislativo, 27 set. 1995. Disponível em: <http://www.planalto.gov.br/ccivil_03/leis/l9099.htm>. Acesso em: 3 ago. 2022.

BRASIL. Lei n. 10.406, de 10 de janeiro de 2002. **Diário Oficial da União**, Poder Legislativo, 11 jan. 2002. Disponível em: <http://www.planalto.gov.br/ccivil_03/leis/2002/l10406compilada.htm>. Acesso em: 21 jun. 2022.

BRASIL. Lei n. 10.764, de 12 de novembro de 2003. **Diário Oficial da União**, Poder Legislativo, 13 nov. 2003a. Disponível em: <http://www.planalto.gov.br/ccivil_03/leis/2003/l10.764.htm>. Acesso em: 24 jun. 2022.

BRASIL. Lei n. 10.826, de 22 de dezembro de 2003. **Diário Oficial da União**, Poder Legislativo, 23 dez. 2003b. Disponível em: <http://www.planalto.gov.br/ccivil_03/leis/2003/l10.826.htm>. Acesso em: 30 jun. 2022.

BRASIL. Lei n. 11.114, de 16 de maio de 2005. **Diário Oficial da União**, Poder Legislativo, 17 maio 2005. Disponível em: <http://www.planalto.gov.br/ccivil_03/_ato2004-2006/2005/lei/l11114.htm>. Acesso em: 21 jun. 2022.

BRASIL. Lei n. 11.274, de 6 de fevereiro de 2006. **Diário Oficial da União**, Poder Legislativo, 7 fev. 2006b. Disponível em: <http://www.planalto.gov.br/ccivil_03/_ato2004-2006/2006/lei/l11274.htm>. Acesso em: 21 jun. 2022.

BRASIL. Lei n. 11.343, de 23 de agosto de 2006. **Diário Oficial da União**, Poder Legislativo, 24 ago. 2006c. Disponível em: <http://www.planalto.gov.br/ccivil_03/_ato2004-2006/2006/lei/l11343.htm>. Acesso em: 23 jun. 2022.

BRASIL. Lei n. 11.829, de 25 de novembro de 2008. **Diário Oficial da União**, Poder Legislativo, 26 nov. 2008. Disponível em: <http://www.planalto.gov.br/ccivil_03/_ato2007-2010/2008/lei/l11829.htm>. Acesso em: 30 jun. 2022.

BRASIL. Lei n. 12.010, de 3 de agosto de 2009. **Diário Oficial da União**, Poder Legislativo, 4 ago. 2009a. Disponível em: <http://www.planalto.gov.br/ccivil_03/_ato2007-2010/2009/lei/l12010.htm>. Acesso em: 20 jun. 2022.

BRASIL. Lei n. 12.015, de 07 de agosto de 2009. **Diário Oficial da União**, Poder Legislativo, 10 ago. 2009b. Disponível em: <http://www.planalto.gov.br/ccivil_03/_ato2007-2010/2009/lei/l12015.htm>. Acesso em: 30 jun. 2022.

BRASIL. Lei n. 12.016, de 7 de agosto de 2009. **Diário Oficial da União**, Poder Executivo, 10 ago. 2009c. Disponível em: <http://www.planalto.gov.br/ccivil_03/_ato2007-2010/2009/lei/l12016.htm>. Acesso em: 29 jun. 2022.

BRASIL. Lei n. 12.038, de 1º de outubro de 2009. **Diário Oficial da União**, Poder Legislativo, 2 out. 2009d. Disponível em: <http://www.planalto.gov.br/ccivil_03/_ato2007-2010/2009/lei/l12038.htm>. Acesso em: 30 maio 2022.

BRASIL. Lei n. 12.213, de 20 de janeiro de 2010. **Diário Oficial da União**, Poder Legislativo, 21 jan. 2010. Disponível em: <http://www.planalto.gov.br/ccivil_03/_ato2007-2010/2010/lei/l12213.htm>. Acesso em: 23 jun. 2022.

BRASIL. Lei n. 12.415, de 9 de junho de 2011. **Diário Oficial da União**, Poder Legislativo, 10 jun. 2011. Disponível em: <http://www.planalto.gov.br/ccivil_03/_ato2011-2014/2011/lei/L12415.htm>. Acesso em: 23 jun. 2022.

BRASIL. Lei n. 12.594, de 18 de janeiro de 2012. **Diário Oficial da União**, Poder Executivo, 19 jan. 2012a. Disponível em: <http://www.planalto.gov.br/ccivil_03/_ato2011-2014/2012/lei/l12594.htm>. Acesso em: 21 jun. 2022.

BRASIL. Lei n. 12.696, de 25 de julho de 2012. **Diário Oficial da União**, Poder Legislativo, 26 jul. 2012b. Disponível em: <http://www.planalto.gov.br/ccivil_03/_ato2011-2014/2012/lei/l12696.htm>. Acesso em: 24 jun. 2022.

BRASIL. Lei n. 12.955, de 5 de fevereiro de 2014. **Diário Oficial da União**, Poder Legislativo, 6 fev. 2014a. Disponível em: <http://www.planalto.gov.br/ccivil_03/_Ato2011-2014/2014/Lei/L12955.htm>. Acesso em: 21 jun. 2022.

BRASIL. Lei n. 12.962, de 8 de abril de 2014. **Diário Oficial da União**, Poder Executivo, 9 abr. 2014b. Disponível em: <http://www.planalto.gov.br/ccivil_03/_ato2011-2014/2014/lei/l12962.htm>. Acesso em: 21 jun. 2022.

BRASIL. Lei n. 13.010, de 26 de junho de 2014. **Diário Oficial da União**, Poder Executivo, 27 jun. 2014c. Disponível em: <http://www.planalto.gov.br/ccivil_03/_ato2011-2014/2014/lei/l13010.htm>. Acesso em: 20 jun. 2022.

BRASIL. Lei n. 13.046, de 1º de dezembro de 2014. **Diário Oficial da União**, Poder Legislativo, 2 dez. 2014d. Disponível em: <http://www.planalto.gov.br/ccivil_03/_ato2011-2014/2014/lei/l13046.htm>. Acesso em: 22 jun. 2022.

BRASIL. Lei n. 13.105, de 16 de março de 2015. Código de Processo Civil. **Diário Oficial da União**, Poder Legislativo, 17 mar. 2015a. Disponível em: <http://www.planalto.gov.br/ccivil_03/_ato2015-2018/2015/lei/l13105.htm>. Acesso em: 24 jun. 2022.

BRASIL. Lei n. 13.106, de 17 de março de 2015. **Diário Oficial da União**, Poder Legislativo, 18 mar. 2015b. Disponível em: <http://www.planalto.gov.br/ccivil_03/_ato2015-2018/2015/lei/l13106.htm>. Acesso em: 11 maio 2022.

BRASIL. Lei n. 13.257, de 8 de março de 2016. **Diário Oficial da União**, Poder Legislativo, 9 mar. 2016a. Disponível em: <http://www.planalto.gov.br/ccivil_03/_ato2015-2018/2016/lei/l13257.htm>. Acesso em: 20 jun. 2022.

BRASIL. Lei n. 13.306, de 4 de julho de 2016. **Diário Oficial da União**, Poder Legislativo, 5 jul. 2016b. Disponível em: <http://www.planalto.gov.br/ccivil_03/_ato2015-2018/2016/lei/l13306.htm>. Acesso em: 21 jun. 2022.

BRASIL. Lei n. 13.431, de 4 de abril de 2017. **Diário Oficial da União**, Poder Legislativo, 5 abr. 2017a. Disponível em: <http://www.planalto.gov.br/ccivil_03/_ato2015-2018/2017/lei/l13431.htm>. Acesso em: 11 maio 2022.

BRASIL. Lei n. 13.436, de 12 de abril de 2017. **Diário Oficial da União**, Poder Legislativo, 13 abr. 2017b. Disponível em: <http://www.planalto.gov.br/ccivil_03/_ato2015-2018/2017/lei/L13436.htm>. Acesso em: 20 jun. 2022.

BRASIL. Lei n. 13.438, de 26 de abril de 2017. **Diário Oficial da União**, Poder Legislativo, 27 abr. 2017c. Disponível em: <http://www.planalto.gov.br/ccivil_03/_ato2015-2018/2017/lei/l13438.htm>. Acesso em: 20 jun. 2022.

BRASIL. Lei n. 13.440, de 8 de maio de 2017. **Diário Oficial da União**, Poder Legislativo, 9 maio 2017d. Disponível em: <http://www.planalto.gov.br/ccivil_03/_ato2015-2018/2017/lei/L13440.htm>. Acesso em: 20 jun. 2022.

BRASIL. Lei n. 13.441, de 8 de maio de 2017. **Diário Oficial da União**, Poder Legislativo, 9 maio 2017e. Disponível em: <http://www.planalto.gov.br/ccivil_03/_ato2015-2018/2017/lei/L13441.htm>. Acesso em: 24 jun. 2022.

BRASIL. Lei n. 13.509, de 22 de novembro de 2017. **Diário Oficial da União**, Poder Legislativo, 23 nov. 2017f. Disponível em: <http://www.planalto.gov.br/ccivil_03/_ato2015-2018/2017/lei/l13509.htm>. Acesso em: 21 jun. 2022.

BRASIL. Lei n. 13.715, de 24 de setembro de 2018. **Diário Oficial da União**, Poder Legislativo, 25 set. 2018. Disponível em: <http://www.planalto.gov.br/ccivil_03/_ato2015-2018/2018/lei/L13715.htm>. Acesso em: 21 jun. 2022.

BRASIL. Lei n. 13.798, de 3 de janeiro de 2019. **Diário Oficial da União**, Poder Legislativo, 4 jan. 2019a. Disponível em: <http://www.planalto.gov.br/ccivil_03/_ato2019-2022/2019/lei/L13798.htm>. Acesso em: 20 jun. 2022.

BRASIL. Lei n. 13.812, de 16 de março de 2019. **Diário Oficial da União**, Poder Legislativo, 18 mar. 2019b. Disponível em: <http://www.planalto.gov.br/ccivil_03/_ato2019-2022/2019/lei/L13812.htm>. Acesso em: 22 jun. 2022.

BRASIL. Lei n. 13.824, de 9 de maio de 2019. **Diário Oficial da União**, Poder Legislativo, 10 maio 2019c. Disponível em: <http://www.planalto.gov.br/ccivil_03/_ato2019-2022/2019/lei/L13824.htm>. Acesso em: 30 jun. 2022.

BRASIL. Lei n. 13.869, de 5 de setembro de 2019. **Diário Oficial da União**, Poder Legislativo, 5 set. 2019d. Disponível em: <http://www.planalto.gov.br/ccivil_03/_ato2019-2022/2019/lei/L13869.htm>. Acesso em: 30 jun. 2022.

BRASIL. Lei n. 14.154, de 26 de maio de 2021. **Diário Oficial da União**, Poder Legislativo, 27 maio 2021. Disponível em: <http://www.planalto.gov.br/ccivil_03/_ato2019-2022/2021/lei/L14154.htm>. Acesso em: 20 jun. 2022.

BRASIL. Lei n. 14.340, de 18 de maio de 2022. **Diário Oficial da União**, Poder Legislativo, 19 maio. 2022. Disponível em: <http://www.planalto.gov.br/ccivil_03/_Ato2019-2022/2022/Lei/L14340.htm#:~:text=LEI%20N%C2%BA%2014.340%2C%20DE%2018,a%20suspens%C3%A3o%20do%20poder%20familiar>. Acesso em: 25 jul. 2022.

BRASIL. Lei n. 14.344, de 24 de maio de 2022. **Diário Oficial da União**, Poder Legislativo, 25 maio. 2022. Disponível em: <http://www.planalto.gov.br/ccivil_03/_ato2019-2022/2022/lei/L14344.htm#:~:text=LEI%20N%C2%BA%2014.344%2C%20DE%2024%20DE%20MAIO%20DE%202022&text=Cria%20mecanismos%20para%20a%20preven%C3%A7%C3%A3o,do%20%C2%A7%204%C2%BA%20do%20art.>. Acesso em: 3 ago. 2022.

BRASIL. Ministério da Justiça. Portaria n. 1.100, de 14 de julho de 2006. **Diário Oficial da União**, 20 jul. 2006d. Disponível em: <https://dspace.mj.gov.br/handle/1/811>. Acesso em: 22 jun. 2022.

CNJ – Conselho Nacional de Justiça. **Atos normativos**. Disponível em: <https://www.cnj.jus.br/atos_normativos>. Acesso em: 22 jun. 2022.

CONANDA - Conselho Nacional dos Direitos da Criança e do Adolescente. Resolução n. 139, de 17 de março de 2010. **Diário Oficial da União**, mar. 2010. Disponível em: <https://www.mpam.mp.br/attachments/article/1933/Resolu%C3%A7%C3%A3o%20n%C2%BA%20139%20do%20Conanda.pdf>. Acesso em: 22 jun. 2022.

CONANDA - Conselho Nacional dos Direitos da Criança e do Adolescente. Resolução n. 119, de 11 de dezembro de 2006. **Diário Oficial da União**, dez. 2006. Disponível em: <https://www.legisweb.com.br/legislacao/?id=104396>. Acesso em: 30 jun. 2022.

COSTA, A. C. G. da. **Aventura pedagógica**: caminhos e descaminhos de uma ação educativa. 2. ed. Belo Horizonte: Modus Faciendi, 2001a.

COSTA, A. C. G. da. **Pedagogia da presença**: da solidão ao encontro. 2. ed. Belo Horizonte: Modus Faciendi. 2001b.

COSTA, A. C. G.; COSTA, A. C. G.; PIMENTEL, A. P. G. **Educação e vida**: um guia para o adolescente. 2. ed. Belo Horizonte: Modus Faciendi, 2001.

CURY, M. (Coord.). **Estatuto da criança e do adolescente**: comentários jurídicos e sociais. São Paulo: Malheiros, 2011.

DIMOULIS, D.; MARTINS, L. **Teoria geral dos direitos fundamentais**. São Paulo: Revistas dos Tribunais, 2007.

ELIAS, R. J. **Direitos fundamentais da criança e do adolescente**. São Paulo: Saraiva, 2005.

FACHIN, L. E. **Da paternidade**: relação biológica e afetiva. Belo Horizonte: Del Rey, 1996.

GOMIDE, P. **Menor infrator**: a caminho de um novo tempo. 2. ed. Curitiba: Juruá, 2005.

KEHL, M. R. **Sobre ética e psicanálise**. São Paulo: Companhia das Letras, 2002.

MELO, O. F. de. **Temas atuais de política do direito**. Porto Alegre: Fabris, 1998.

NICKNICH, M. **Ato infracional e Poder Judiciário**: uma análise à luz do princípio da dignidade da pessoa humana. Blumenau: Nova Letra, 2010.

PALOMBA, F. **El sistema del nuevo proceso penal del menor**. Buenos Aires: Eudeba, 2004.

PARANÁ. Lei Complementar n. 85, de 27 de dezembro de 1999. **Diário Oficial do Estado do Paraná**, 2 dez. 1999. Disponível em: <http://portal.assembleia.pr.leg.br/modules/mod_legislativo_arquivo/mod_legislativo_arquivo.php?leiCod=23907&tipo=L&tplei=0>. Acesso em: 29 jun. 2022.

PASUKANIS, E. B. **Teoria geral do direito e marxismo**. Tradução de Paulo Bessa. Rio de Janeiro: Renovar, 1989.

PAULA, P. A. G. de. **Direito da criança e do adolescente e tutela jurisdicional diferenciada**. São Paulo: Revista dos Tribunais, 2002.

PILONI, V. M. de M. S.; FRANCO, V. de M. A aplicação do princípio da insignificância em matéria socioeducativa: um estudo crítico e comparativo entre o paradigma jurisprudencial brasileiro e a jurisprudência do Tribunal de Justiça de Mato Grosso. **Revista da Faculdade de Direito da Universidade Federal de Uberlândia**, Uberlândia, v. 47. n. 2. p. 134-167. jul./dez. 2019. Disponível em: <https://seer.ufu.br/index.php/revistafadir/article/view/49073>. Acesso em: 23 jun. 2022.

PRATES, F. C. **Adolescente infrator**: a prestação de serviços à comunidade. Curitiba: Juruá, 2002.

PRZYBYSZ, W.; OLIVEIRA, L. V. N. A medida socioeducativa de internação e o princípio da excepcionalidade: um estudo no centro de socioeducação de Laranjeiras do Sul - Paraná. In: ROESLER, M. R. von B.; BIDARRA, Z. S. **Socioeducação**: reflexões para a construção de um projeto coletivo de formação cidadã. Cascavel: Edunioeste, 2011.

RAMIDOFF, M. L. **Direito da criança e do adolescente**: teoria jurídica da proteção integral. Curitiba: Vicentina, 2008.

RAMIDOFF, M. L. **Direitos difusos e coletivos IV**: Estatuto da Criança e do Adolescente. São Paulo: Saraiva, 2012. v. 37. (Coleção Saberes do Direito).

RAMIDOFF, M. L. **Lições de direito da criança e do adolescente**: ato infracional e medidas socioeducativas. 4. ed. Curitiba: Juruá, 2017.

RAMIDOFF, M. L. **Sinase**: Sistema Nacional de Atendimento Socioeducativo - Comentários à Lei n. 12.594, de 18 de janeiro de 2012. 2. ed. São Paulo: Saraiva, 2016.

RAMIDOFF, M. L.; RAMIDOFF, L. M. B. Ato infracional e medidas socioeducativas. **Revista Internacional Consinter de Direito**, ano 4, n. 6, 1º sem. 2018. Disponível em: <https://revistaconsinter.com/revistas/ano-iv-numero-vi/direito-publico/adolescente-ato-infracional-e-medidas-socioeducativas/2018>. Acesso em: 23 jun. 2022.

ROSA, A. M. **Garantismo jurídico e controle de constitucionalidade material**: aportes hermenêuticos. Rio de Janeiro: Lumen Juris, 2011.

ROSSATO, L. A.; LÉPORE, P. E.; CUNHA, R. S. **Estatuto da Criança e do Adolescente comentado**. São Paulo: Revista dos Tribunais, 2010.

ROSSATO, L.; LÉPORE, P. E. **Comentários à Lei Nacional de Adoção**. 2. ed. São Paulo: Revista dos Tribunais, 2011a.

ROSSATO, L.; LÉPORE, P. E. **Direitos trabalhistas de crianças, adolescentes e jovens**. São Paulo: Revista dos Tribunais, 2011b.

SANTOS, J. C. dos. O adolescente infrator e os direitos humanos. In: ANDRADE, V. R. P. (Org.). **Verso e reverso do controle penal**: (des) aprisionando a sociedade da cultura punitiva. Florianópolis: Fundação Boiteux, 2002. v. 1.

SARAIVA, J. B. da C. **Adolescente em conflito com a lei**: da indiferença à proteção integral - uma abordagem sobre a responsabilidade penal juvenil. Porto Alegre: Livraria do Advogado, 2003.

SEABRA, G. C. **Sistema Nacional de Atendimento Socioeducativo**: Sinase – Lei 12.594/2012. 2. ed. Salvador: JusPodivm, 2019 (Coleção Leis Especiais para Concursos).

SILVA, A. F. do A.; MENDEZ, E. G.; CURY, M. (Coord.). **Estatuto da criança e do adolescente**: comentários jurídicos e sociais. 2. ed. São Paulo: Malheiros, 1996.

SILVA, E. M. C. O ECA e o ato infracional: 15 anos de falta de boa vontade. **Revista Del Rey Jurídica**, Belo Horizonte, ano 8, n. 16, p. 78-79, 1º sem. de 2006.

SILVA, M. G. **Ato infracional e garantias**: uma crítica ao direito penal juvenil. Florianópolis: Conceito, 2008.

SILVA, R. da. A construção do direito à convivência familiar e comunitária no Brasil. In: SILVA, E. R. A. da. **O direito à convivência familiar e comunitária**: os abrigos para crianças e adolescentes no Brasil. Brasília: Ipea; Conanda, 2004.

SIQUEIRA, L. (Coord.). **Comentários ao estatuto da criança e do adolescente.** Rio de Janeiro: Forense, 1991.

STF – Supremo Tribunal Federal. Súmula 149. **Diário da Justiça**, 14 dez. 1963a. Disponível em: <https://jurisprudencia.stf.jus.br/pages/search/seq-sumula149/false>. Acesso em: 21 jun. 2022.

STF - Supremo Tribunal Federal. Súmula 346. **Diário da Justiça**, 13 dez. 1963b. Disponível em: <https://jurisprudencia.stf.jus.br/pages/search/seq-sumula149/false>. Acesso em: 24 jun. 2022.

STF - Supremo Tribunal Federal. Súmula 473. **Diário da Justiça**, 10 dez. 1969. Disponível em: <https://jurisprudencia.stf.jus.br/pages/search/seq-sumula473/false>. Acesso em: 24 jun. 2022.

TAVARES, J. **Teoria do injusto penal**. 3. ed. Belo Horizonte: Del Rey, 2003.

VERONESE, J. R. P.; PETRY, J. F. C. **Adoção internacional e Mercosul**: aspectos jurídicos e sociais. Florianópolis: Fundação Boiteux, 2004.

VERONESE, J. R. P.; SILVA, M. M. da. **A tutela jurisdicional dos direitos da criança e do adolescente**. São Paulo: LTR, 1998.

VERONESE, J. R. P.; SILVEIRA, M. **Estatuto da Criança e do Adolescente comentado**: doutrina e jurisprudência. Florianópolis: Conceito, 2011.

# Sobre o autor

**Mário Luiz Ramidoff** é mestre em Direito pela Universidade Federal de Santa Catarina (PPGD-UFSC); doutor em Direito pela Universidade Federal do Paraná (PPGD-UFPR); com estágio pós-doutoral em Direito na USFC (PPGD-UFSC). É diretor executivo da Associação dos Magistrados do Paraná (Amapar); 2º vice-diretor presidente da Escola Nacional da Magistratura/ Associação Brasileira de Magistrados; membro de inúmeros conselhos editorais de revistas científicas; membro de grupos de pesquisas em programas de pós-graduação *stricto sensu* (mestrado/ doutorado); professor titular do Centro Universitário Curitiba (UniCuritiba) e da Faculdade Panamericana de Administração e Direito (Fapad). Foi Promotor de Justiça do Ministério Público do Estado do Paraná; e, atualmente, pela regra do quinto constitucional, é desembargador no Tribunal de Justiça do Estado do Paraná. É autor de vários livros e artigos científicos publicados em revistas jurídicas e especializadas em direito da criança e do adolescente, direitos coletivos, direitos da adolescência e da pessoa idosa, direito penal, direito processual penal, criminologia, política criminal, jurisdição e Ministério Público.

Os papéis utilizados neste livro, certificados por instituições ambientais competentes, são recicláveis, provenientes de fontes renováveis e, portanto, um meio responsável e natural de informação e conhecimento.

FSC
www.fsc.org
MISTO
Papel produzido a partir de fontes responsáveis
FSC® C103535

Impressão: Reproset
Março/2023